运营与供应链管理系列

物流管理
——面向总成本的一体化挑战

主　编　楼高翔

副主编　李　琳　陈　骏

科学出版社

北　京

内 容 简 介

本书强调物流管理的总成本观，即以降低总成本作为物流管理的总目标，通过平衡物流运作成本和缺货成本，进而把物流决策纳入一个统一的总成本框架中，使读者能更好地理解物流管理的决策过程。此外，本书从物流系统角度讨论了各物流主体、物流活动之间的绩效关系，着重分析物流环节之间的一体化挑战及其应对，凸显物流一体化的管理难度和管理价值。物流总成本目标和应对物流一体化挑战是贯穿本书的核心思想。

本书适用于物流和供应链管理类大学本科专业的教学，可作为物流管理、物流管理概论等课程的教材，也可作为物流从业人员和相关专业硕士研究生的参考用书。

图书在版编目（CIP）数据

物流管理：面向总成本的一体化挑战 / 楼高翔主编. —北京：科学出版社，2024.7

运营与供应链管理系列

ISBN 978-7-03-070619-5

Ⅰ. ①物…　Ⅱ. ①楼…　Ⅲ. ①物流管理　Ⅳ. ①F252.1

中国版本图书馆 CIP 数据核字（2021）第 228825 号

责任编辑：王京苏 / 责任校对：姜丽策
责任印制：张　伟 / 封面设计：蓝正设计

科学出版社出版
北京东黄城根北街 16 号
邮政编码：100717
http://www.sciencep.com
北京华宇信诺印刷有限公司印刷
科学出版社发行　各地新华书店经销
*
2024 年 7 月第　一　版　开本：787×1092　1/16
2024 年 7 月第一次印刷　印张：15 3/4
字数：370 000

定价：58.00 元

（如有印装质量问题，我社负责调换）

前　言

物流始于军事后勤，其内容从简单的货物运输和仓储发展到如今包含实物流、交易流、信息流和资金流的众多活动，管理目标也从单一的效率需求转变为成本效率并重的复合绩效需求。同时，物流能力对提升企业竞争优势的重要性也大大加强，甚至可以成为企业的核心竞争力之一。物流活动的复杂化、管理目标的多元化和其日益增强的重要性，对管理者取得良好的物流绩效提出了更高的要求和挑战。

在上述背景下，物流成本目标和效率目标两者之间的冲突、物流活动之间的绩效冲突，成为困扰物流管理者的最大难题。因此，本书首先基于物流总成本思想，通过平衡物流运作成本和缺货成本，以降低总成本作为物流管理的总目标，将物流成本目标和物流效率目标纳入一个统一的决策框架中，让读者更好地理解和定位物流管理的绩效目标。其次，本书从物流系统视角评价、理解和整合协调物流主体、物流活动之间的绩效冲突，在各章节内容中着重强调物流各职能、各主体之间的一体化挑战及其应对，凸显物流一体化的管理难度和管理价值。物流总成本目标和应对物流一体化挑战是贯穿本书的核心思想。

本书主要面向物流管理、物流工程和供应链管理（supply chain management，SCM）等大学本科专业学生，可作为本科物流管理课程的教材，也可以作为物流从业人员和管理类硕士，尤其是物流和供应链方向的工商管理硕士的物流管理参考用书。

党的二十大报告指出："我们要坚持教育优先发展、科技自立自强、人才引领驱动，加快建设教育强国、科技强国、人才强国，坚持为党育人、为国育才，全面提高人才自主培养质量，着力造就拔尖创新人才，聚天下英才而用之。"①教材是教学内容的主要载体，是教学的重要依据、培养人才的重要保障。在优秀教材的编写道路上，我们一直在努力。

本书由华东理工大学商学院楼高翔（第1、2、3、6、7章）、李琳（第4、10、11章）和陈骏（第5、8、9章）共同编写。全书由楼高翔统稿，马海程、赖致轩、向璐和裘银浩参加了编写工作。

本书编写过程中参考了大量的相关文献，在此向相关作者表示衷心的感谢。由于水平所限，书中存在不足之处在所难免，恳请读者和专家批评指正。

楼高翔

2024年6月27日

---

① 习近平：高举中国特色社会主义伟大旗帜 为全面建设社会主义现代化国家而团结奋斗——在中国共产党第二十次全国代表大会上的报告，https://www.gov.cn/xinwen/2022-10/25/content_5721685.htm[2022-10-25]。

目 录

第1章 物流管理概述

物流是现代社会实体经济运行的基础。准确理解物流及物流管理的基本内涵、管理目标和核心挑战是实施高效物流管理的前提。一方面，在生活中多数人对物流的理解仅停留在“运输和仓储”乃至“快递”这样一些简单、直观的印象上；另一方面，包括物流从业人员在内的专业人士，大多也缺乏从系统高度对物流管理价值及其难点的准确认知。基于此，本章将首先从物流及物流管理定义的历史变迁出发，介绍物流管理内涵的变化和发展；其次，提出物流管理的根本目标是降低物流总成本这一贯穿全书的基本观点；最后，从系统角度说明物流一体化将是现代物流管理面临的核心挑战，也是物流管理的价值所在。

1.1 什么是物流和物流管理

物流，狭义上可以简单地理解为“物的流通”，广义上可以延伸为“围绕实体产品流通而进行的物资流、信息流和资金流”。

有关物流管理的定义有很多，本书将借鉴美国供应链管理专业协会（1963 年美国实物配送协会成立，1985 年更名为物流管理协会，2005 年再次更名为供应链管理专业协会）从 1963 年至 2003 年的 5 个有关物流和物流管理的定义，来说明物流管理内涵的发展过程。

1.1.1 1963 年定义

美国实物配送协会在 1963 年把物流管理定义（以下简称 63 定义）为：

“物流管理是为了计划、执行和控制原材料、在制品库存及制成品从起源地到消费地的有效率的流动而进行的两种或多种活动的集成。这些活动可能包括但不限于：顾客服务、需求预测、交通、库存控制、物料搬运、订货处理、零件及服务支持、工厂及仓库选址、采购、包装、退货处理、废弃物回收、运输、仓储管理。”

在 63 定义中，我们可以注意到：物流管理对象仅为实体产品；管理目的只关注效率而不包括成本；管理活动则聚焦于“物的流动”。

1.1.2 1986 年定义

1985 年，随着经济活动对“物流”的英文用词更多地采用“logistics”而非“physical distribution”，美国实物配送协会也更名为美国物流管理协会，并于 1986 年重新把物流定义（以下简称 86 定义）为："物流是对货物、服务及相关信息从起源地到消费地的有效率、有效益的流动和储存进行计划、执行和控制，以满足顾客要求的过程。该过程包括进向（inbound）、去向（outbound）、内部和外部的移动及以环境保护为目的的物料回收。"

在 86 定义中，物流的管理对象不仅是实体产品，还增加了"服务及相关信息"；管理目的不仅关注效率，同时也关注成本（效益），综合为"满足顾客要求"；管理活动主要围绕"流动和储存"展开。

1.1.3 1998 年定义

1998 年美国物流管理协会将物流定义修订（以下简称 98 定义）为："物流是供应链过程的一部分，是对货物、服务及相关信息从起源地到消费地的有效率、有效益的流动和储存进行计划、执行和控制，以满足顾客要求。"

98 定义强调了物流的供应链特征，即需要从供应链过程的视角理解和管理物流活动。

1.1.4 2002 年定义

美国物流管理协会于 2002 年 1 月初进一步修订了物流定义，只在 98 定义中加上了"反向"一词。修订后的定义（以下简称 02 定义）为："物流是供应链过程的一部分，是对货物、服务及相关信息从起源地到消费地的有效率、有效益的正向和反向流动和储存进行计划、执行和控制，以满足顾客要求。"

02 定义通过增加"反向"这一关键词，凸显了逆物流的重要性。

1.1.5 2003 年定义

美国物流管理协会 2003 年对物流和物流管理的定义做了最近一次修改（以下简称 03 定义），03 定义为："物流管理是供应链管理的一部分，是对货物、服务及相关信息从起源地到消费地的有效率、有效益的正向和反向流动和储存进行计划、执行和控制，以满足顾客要求。"

03 定义重新强调物流活动中"管理"的价值，也是说明"物流"和"物流管理"具有显著差异的重要信号。

1.2 为什么要进行物流管理

为什么说物流和物流管理具有显著差异呢？这就涉及物流活动和物流管理活动的不同目的。

物流活动的目的是实现物的流通，即物体的时空转换——在恰当的时间内实现空间移动。但物流管理的目的则有显著不同，物流管理不仅要考虑实现物流的价值属性——物流效率，更重要的是满足物流的成本约束——物流效益。

因此，企业和社会为什么要进行物流管理？其动因主要是降低物流运作成本和（或）提升物流效率，即降本增效。

1.2.1 降低物流运作成本

物流运作成本是指实施物流活动产生的直接成本，企业经营活动中的物流运作成本主要包括但不限于以下内容。

（1）运输成本。

（2）仓储保管成本。

（3）库存持有成本。

（4）物流信息系统成本。

从宏观层面看，社会物流总费用仍然高昂。例如，根据中国物流与采购联合会的数据，2020 年我国社会物流总费用为 14.9 万亿元，同比增长 2.0%，占国内生产总值（gross domestic product，GDP）的比率为 14.7%，与上年基本持平。从企业层面看，制造业和流通行业的物流费用占企业产值的比重通常都在 30%以上。再加上库存持有成本，庞大的物流运作总费用给企业造成了沉重的成本压力。因此，降低物流运作成本是企业进行物流管理的主要诉求。

1.2.2　提升物流效率

物流效率是指满足顾客对物流服务要求的能力，在物流实践中通常被称为物流服务水平。物流服务水平的衡量指标主要包括以下内容。

（1）交付时间：衡量了物流交付速度。

（2）交付一致性：衡量了物流质量绩效，包括物流准确性、货物完好率等。

（3）可靠性：物流系统达到固有交付时间和交付一致性水平的可靠程度。

（4）物流弹性：物流系统应对内外部变化的响应和恢复能力。

随着信息技术的发展和商业环境的变化，市场对物流效率的要求也在不断提高。通过物流管理提升物流服务水平意味着企业能更好地满足客户的物流需求，甚至能使物流管理成为企业的核心竞争力。

1.3　物流管理的目标——降低物流总成本

通过物流管理实现降本增效已成为业界的共识，但在管理实践中，物流管理者往往会面对降本与增效相冲突的两难困境。降低物流运作成本的一个常见的后果是物流服务水平也会降低；反之，提升物流服务水平，通常也会带来物流运作成本的增加。例如，企业通过减少仓库数量来降低仓储成本，但这往往会导致运输距离的增加从而使得交付时间延迟；此时，要想通过提升运输的速度来保证交付时间，常见的做法是采用成本更高的溢价运输，那么运输成本又会增加。

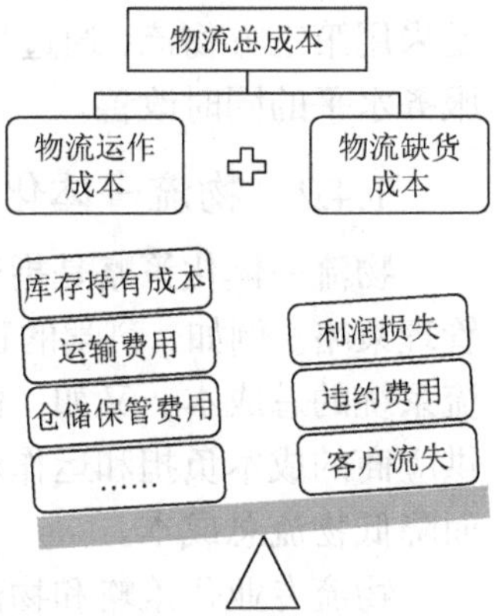

因此，如何恰当地设定并平衡物流降本和增效目标，把这两个相互冲突、不同量纲的目标放在一个统一的框架内进行科学决策，是物流管理者最先要面对的问题。对此，物流总成本思想为物流管理者系统理解物流管理目标并实施正确的管理活动提供了决策框架，这也是贯穿本书各章的核心思想。

图 1.1　物流总成本的构成

物流总成本的构成如图 1.1 所示。

物流总成本管理的思想可以表述为以下几点。

（1）物流服务水平可以转换为对应的缺货成本。

（2）物流总成本由物流运作成本和物流缺货成本两大部分加总而成。

（3）物流管理的根本任务是降低物流总成本。

（4）物流管理活动即使带来了某项成本的上升，但只要能降低物流总成本，该项管理活动就是必要且有价值的。

降低物流总成本，需要对物流全过程的所有环节进行运作成本和服务水平评价，并在此基础上寻找能降低物流总成本的有效管理策略。

1.4 现代物流管理面临的核心挑战——物流一体化

进入21世纪以来，商业和技术环境的变化对物流的降本增效提出了越来越高的要求。持续降低物流总成本成为制造和流通企业获取竞争优势的战略能力之一。

一个完整的物流过程涉及采购、运输、仓储、生产、包装和配送等众多环节，其物流绩效又和顾客服务、需求预测、订单处理、库存控制等多种管理行为紧密相关。从上述环节和管理行为出发，降低物流总成本有众多的管理策略选择。根据管理策略是否作用于单一物流环节，可以把物流管理策略分为专业化和一体化两类。

1.4.1 物流专业化策略

物流专业化策略是指通过专业的设备、方法和管理手段提升某一物流环节物流绩效的管理策略。这种物流绩效的提升可能是物流运作成本的改善，可能是物流服务水平的提高，也可能是两者兼而有之。物流专业化策略可以有效提升上述物流绩效。例如，先进的仓储设备可以提高物品出入库效率，ABC分类法（activity based classification）能有效地降低库存成本，集中式采购和批量运输可以降低物流成本等。最具有代表性的物流专业化策略是采用第三方物流，通过将物流功能外包给专业的物流服务商，实现物流运作成本和物流服务水平的同时改善。

1.4.2 物流一体化策略

物流一体化策略是指通过对多个物流环节的整合和协调，实现物流总成本改善的物流管理策略。例如，科学的物流网络规划，通过对仓储节点和运输路径的总体优化，降低物流系统的总成本；又如，供应商管理库存（vendor managed inventory，VMI）虽然增加了供应商的成本负担和运作难度，但通过供需双方更紧密的合作，可以显著减少库存规模从而降低物流总成本。

物流专业化策略和物流一体化策略都是实现物流总成本改善的管理手段，但无论是从管理复杂性、管理难度还是从管理价值来看，物流一体化都更具有挑战性。

物流一体化的管理难点在于以下几个方面。

（1）准确评价管理策略对不同物流环节绩效的影响。

（2）理解物流环节内部及各个物流环节之间的绩效冲突。

（3）整合和协调各物流环节的利益及行为，实现物流总成本的最优。

相比物流专业化策略，物流一体化策略涉及的物流环节更多，管理难度更大，成功实施后获取的物流竞争优势也更明显。因此，物流一体化被认为是现代物流管理面临的核心挑战，也是物流管理的主要价值所在。

第2章 供应链管理

物流管理是供应链管理的一部分。要想深入学习物流管理的内容，首先需要了解供应链管理的概念。通过本章对供应链管理产生背景和基本思想的介绍，希望读者能够理解供应链管理的目的和价值，即通过企业内外部的分工和协调来实现供应链绩效的最大化。虽然现实中各企业实施供应链管理的方式不同，但可以按照产品需求波动性的大小大致分为两个方向——低成本供应链和响应型供应链。低成本供应链旨在通过企业之间紧密稳定的合作关系实现总成本的最小化；响应型供应链则通过快速重构的伙伴关系来响应市场需求的变化。这两种供应链的融合也为供应链管理开拓了新的思路。

本章的学习还将有助于理解贯穿本书的两个重要概念——总成本和一体化。我们将供应链总成本分为运作成本和缺货成本，这两种成本不仅紧密相关而且相互矛盾，因此我们强调从总成本的角度来理解企业决策。一体化是供应链管理的核心理念，它强调供应链内外部的分工和协调，以及供应链可视化和物流一体化。我们通过常见的牛鞭效应来探讨供应链中企业所面临的一体化挑战。这些思想将为后续章节中有关物流管理内容的学习奠定基础。

引入案例：疫情下的中国制造——供应链中的危与机

供应链有多重要？制造业环环相扣，每个节点都盘根交错。一件服装的背后有着纱线、面料、辅料、商标等多个链条，一台汽车的生产涉及上万个零部件。供应链决定着成本控制。我国供应链网络的强大主要在于很多供应商可以用较低的成本生产出高质量的零部件和半成品。供应链同样决定着效率提升与产业安全。迪尚集团有限公司不久前转产防护服。企业董事长朱立华说："很多材料、辅料来自不同供应商，一个地区生产受阻，就会受到影响。"受一些国家终端消费、配套供应等影响，东南亚不少企业也面临着订单缺失和生存压力增加的问题，出现了"马太效应"。国际分工不断深化，全球供应链体系不断扩展、深度交织，供应链能否处于优势地位是衡量一国竞争力的重要指标。工业和信息化部赛迪研究院政策法规研究所所长栾群说："此时，供应链的重要性以及合作共赢的意义更加凸显。"

在栾群看来，疫情如同一次对制造业的全面"体检"。市场波动、链条中断、成本上涨……疫情之下，不少制造企业感受到了来自供应链的压力。有弹性的企业才能更好地生存。疫情发生以来，国内众多服装、电子、汽车企业能够迅速转产口罩，靠的是稳定而灵活的供应链。不少中小企业开始着力储备可替代的供应商、完善产业链条。而很多大企业，已经在布局或加强对供应链的掌控。申洲国际集团控股有限公司是国内最大的服装加工制造企业，凭借对纱线、数码印花、面辅料加工等全产业链的掌控能力，短时间内完全复产，订单没有受到影响。“要把核心环节放在国内，在海外去做制造的延伸。”申洲国际集团控股有限公司董事长马建荣说。工业和信息化部也特别提出加快工业互联网试点示范推广普及，以加大对供应链的整合。此举旨在实现信息、技术、产能、订单共享，实现精准配置与高效对接，从而加强供应链的协同。

“风险与挑战更加凸显团结协作的重要意义，”山东省社会科学院二级研究员张卫国说，“中国要为维护全球供应链稳定贡献中国力量，也为国际企业分享发展机遇。”

请结合案例思考以下问题。

（1）供应链为何如此重要？供应链的目的和价值体现在哪里？

（2）疫情给供应链的发展带来哪些机遇与挑战？

（3）疫情之下，企业应该如何进行供应链管理？

2.1　供应链管理的目的和价值

供应链管理是一门复杂的学科。在此我们删繁就简，希望读者能够理解供应链管理中的核心思想和基本概念。本节将通过对供应链管理的产生背景、基本思想和与物流管理之间关系的阐述，让读者明白供应链管理的目的和价值。

2.1.1　供应链管理的产生背景

1. 管理模式的转变

20 世纪 80 年代之前，传统制造业主要关注成本和质量。企业通过机械化、标准化和流水线的作业方式大大缩减了生产成本，简化了管理复杂度，提高了产品质量，并充分利用规模效益来获取竞争优势。然而这样的管理模式降低了生产柔性，增加了资本风险。

传统的运作管理模式推动了纵向一体化（vertical integration）概念的形成与兴起。企业通过投资自建、兼并重组或收购等形式向上下游扩张，涉足原材料加工或产品分销等阶段，从而形成了纵向一体化。例如，内蒙古蒙牛乳业（集团）股份有限公司和内蒙古伊利实业集团股份有限公司通过建设奶源基地，涉足牛奶供应，以形成后向一体化。一些服装和电子产品品牌商通过设立专卖店或以特许经营的形式对分销和销售渠道进行控制，从而形成前向一体化。纵向一体化有助于降低企业与供需市场之间的交易成本，减少资源获取的不确定性，进一步开发产品设计和经营管理技术，提高市场进入壁垒，增加垄断利润，以获取竞争优势。

然而，随着外部环境的剧烈变化，纵向一体化的劣势更加明显。在新的环境下，消费者更加追求个性化产品，需求不确定性日益增加，市场竞争日益激烈。全球化和信息化加快了技术创新，增加了企业纵向整合的难度。越来越多的企业意识到快速和及时响应带来的竞争优势。市场已经从基于成本和质量的竞争逐渐过渡到基于时间和柔性的竞争。在纵向一体化战略下，企业不仅面临来自更多领域的竞争，而且被迫从事更多甚至不擅长的活动，丧失了分工和专业化优势，反而延长了产品的交付时间。另外，高资本投入增加了财务风险，更高的资产专用性也提高了市场退出壁垒。企业通过大量投资涉足更加广泛的领域，拥有更多专用性设施和生产设备。当市场急剧变化时，企业被迫改造生产线，对产品进行更新换代甚至退出市场。此时专用性的高额资产就降低了企业的灵活性，成为企业改革的障碍。在这种环境下，管理思想和组织模式亟须改变。

在 20 世纪 80 年代中后期，横向一体化（horizontal integration）的理念掀起了企业管理领域改革的浪潮。更多的企业开始专注于核心业务的开发，将非核心业务外包，并与同行业的竞争对手通过契约的形式结成战略联盟（strategic alliance），或者在同一产业或部门内进行兼并和收购，从而形成横向一体化。例如，从 1991 年开始，海尔集团公司并购了十几家生产空调、冰柜和洗衣机的企业，迅速扩大自己的市场份额。海尔集团公司（以下简称海尔）专注于自己的核心能力，如先进的管理技术和资本运作能力，来支持被并购企业的生产运营，从而实现优势互补、合理化分工与战略协同。横向一体化的核心是通过产业内的分工与协调实现资源整合，支持分散式网络化制造和开放式的产品开发与生产。它可以通过生产能力的扩张实现规模经济，降低单位生产成本，获得更高的市场份额和垄断利润，并有效减少竞争对手的数量。另外，战略联盟的形成可以有效地应对市场变化，企业间可以通过优势互补和快速重构的伙伴关系提高双方的响应能力，提高生产的灵活性和抗风险能力。

但是，横向一体化给管理带来了巨大挑战。生产规模的大幅增加对生产、物流和销售能力提出了更高要求。外包注重企业关系管理，并且可能面临渠道失控、商业机密泄露和管理成本上升等问题；战略联盟的形成不仅要求有共同的战略目标和愿景，而且需要风险分担或利益共享，并有效管理联盟内的合作关系；兼并和收购则需要快速和强有力的组织重构能力，并可能出现企业文化不兼容的现象。总之，横向一体化要求有效实施企业内外部的分工与协调，加强企业内部管理和外部关系管理，促进了供应链管理的产生。

2. 生产和流通配送领域的变革

生产和流通配送领域的变革也推动了供应链管理的产生。20 世纪 80 年代初期，日本企业的产品以高质量、低成本的优势在国际上取得广泛关注，随之涌现了大量研究日本企业与供应商之间关系的文章，这促进了由传统的采购管理到供应链管理的思想转变。国内学者刘丽文概括了这些变化的主要特点。首先，日本制造商与供应商的关系不仅是简单的交易关系，更是一种紧密的合作关系；其次，这是一种长期的关系，并有助于减少供应商数量；再次，供应商会参与制造商早期的产品开发，进行有效的信息沟通，并在成本和质量改进上互帮互助；最后，双方甚至会在资金上相互支持，形成持续的投资关系。这些变化改变了管理者对企业关系管理的认知，并强调了供需双方之间分工与协调的思想。

流通配送领域的变革体现在制造商、分销商和零售商之间关系的转变上。20 世纪 80 年代中期，面对全球化的冲击，美国服装业提出了快速响应（quick response）的解决办法，并迅速扩展到了美国的整个零售业。快速响应系统强调了由制造商主导的推动式（push）生产方式向消费者主导的拉动式（pull）生产方式的转变。它鼓励制造商、分销商和零售商结成联盟，通过信息共享和控制库存来共同实施改进活动。它还指出从供应链的角度对整个生产和分销网络进行集成，以缩短运作周期，这也体现了供应链管理中的集成思想。

3. 理论和技术的发展

供应链管理的产生离不开理论发展和技术进步的推动。20 世纪 90 年代，艾利·高德拉特（Eliyahu M. Goldratt）提出了约束理论，认为系统内各环节的最优之和不等同于系统的整体最优，并提出了寻找和消除瓶颈的方法。这推动了供应链管理充分考虑供应、产能和运输能力等约束条件，致力于提供全面的整体优化方案。同期，哈默（M. Hammer）和詹姆斯·钱皮（James A. Champy）提出了企业流程再造（business process reengineering）的观点，该观点强调以流程为中心，重构企业业务活动，打破按职能分工的组织方式，改善企业绩效的衡量标准。供应链管理借助这种流程观点，强调对供应链的关键流程进行管理。

另外，这些管理活动的实施都离不开网络和信息技术的支持。这些技术的进步大大提高了供应链管理的效率。

2.1.2　供应链管理的基本思想

供应链管理最重要的是集成思想。它要求把整个供应链看成一个集成系统，对系统内的每个企业进行有效分工，并通过协调维持一定的稳定性，从而对整个供应链系统进行集成管理。

1. 供应链的概念

供应链是生产及流通过程中，围绕核心企业，将所涉及的原材料供应商、制造商、分销商、零售商直到最终用户等成员通过上游和或下游成员连接所形成的网链结构。图 2.1 描述了一种常见的以制造商为核心企业的供应链结构。

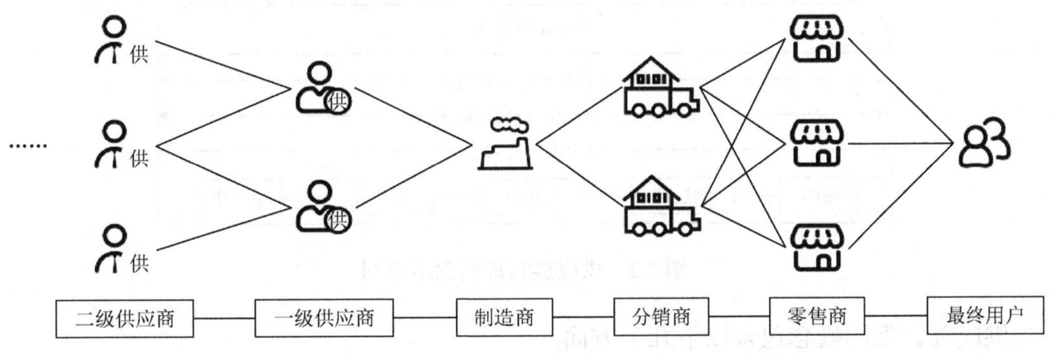

图 2.1　以制造商为核心企业的供应链结构示意图

我们可以从以下几个方面理解供应链的定义。

首先，供应链涉及生产和流通过程。生产是通过改变原材料的物理形态或性质来创造价值，并借助劳动力和生产资料将生产要素转化为有形或无形的产品。流通则与物流和商流紧密相关，它既包括产品在空间和时间上的移动，也包括所有权的转移。

其次，供应链中往往存在核心企业。一般来说，核心企业是供应链中掌握关键技术或能力，或者处于关键位置的企业。它是推动供应链形成的主要动力，往往也是供应链内外关系的主要管理者。

再次，供应链的成员一般包括供应商、制造商、分销商、零售商和最终用户，并根据产品流的顺序将其分为上游企业和下游企业。但并不是所有的供应链都包括这些主体，有时供应链内部会存在一定程度的纵向一体化。但链的终端一定是最终用户，即终端消费者。这说明供应链要以消费者需求为导向。

最后，供应链是一种网链结构，这意味着链上的每个环节都可以有多个节点，从而形成一个网络。每个节点企业都是动态和开放的，可以根据契约选择加入或离开供应链。因此，供应链内部既存在不同环节的分工，又存在不同环节之间及同一环节的不同节点之间的协调。

总的来说，供应链的形成需要有共同的目标，如通过降低总成本或提高服务水平来增加整体竞争力，这促使这些利益相关者紧密地连接起来，通过分工与协调追求共同利益。

2. 供应链管理的概念

供应链管理是利用信息技术全面规划供应链中的商流、物流、资金流及信息流等，并进行计划、组织、协调与控制的各种活动和过程。图 2.2 根据定义描述了供应链管理的概念。

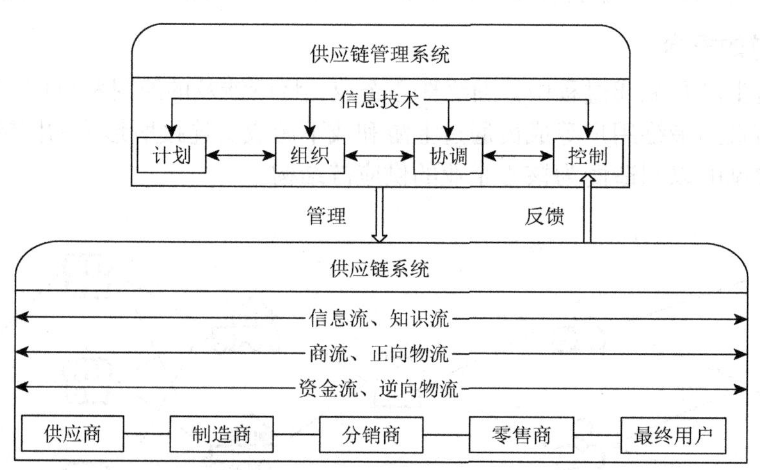

图 2.2 供应链管理概念示意图

供应链管理的概念包含以下几个方面。

首先，实施有效的供应链管理需要强大的信息技术支持。及时准确的信息不仅能够减少供应和需求的不确定性以降低库存和缺货成本，而且能够加强对生产和物流活动的有效监管，从而降低运作成本并提高服务水平。信息技术还可以支持供应链关系管理，加强供应链内外部的交流与合作。因此，一个良好的供应链管理系统是实施供应链管理必不可少的工具。

其次，供应链管理的对象主要包括商流、物流、资金流和信息流。实际上，它还应包括知识流。这些物质和信息的流动贯穿了整个供应链。从流程的角度来看，供应链管理实际上就是对这些物质和信息的流动进行监督和控制，使它们能够不间断地、高效率和高效益地正向或反向流动。这意味着供应链管理不应聚焦于单个企业的职能，而应从流程的观点进行理解。美国运营管理协会（American Production and Inventory Control Society,

APICS）制定了供应链运作参考（supply chain operations reference，SCOR）模型，包括计划、采购、制造、交货、退货。APICS 还制定了全球供应链论坛（global supply chain forum，GSCF）模型，包括客户关系管理、供应商关系管理、客户服务管理、需求管理、订单履行、制造流程管理、产品开发与商业化和退货管理。总之，这两个模型强调了供应链管理的流程观点。

最后，供应链管理的手段主要包括计划、组织、协调和控制，具体内容如下。

计划的制订是实施的前提，它涉及供应链管理的方方面面，主要包括企业资源计划、需求计划、采购计划、生产计划、物流计划（如运输计划、库存计划等）、销售和作业计划等。一个成功的供应链计划应该能够同时考虑供应链上的各种资源、能力和约束，通过分工提高资源利用率，并实现信息的可见性。供应链计划的目标应该与供应链战略相匹配。供应链战略是一种全局的、长期的供应链发展模式，它决定了供应链的整体目标和基本运作方式；而计划则体现了一种局部的、短期的供应链运作方式。有效的供应链计划应该在供应链战略框架内进行，能够推动供应链整体战略目标的实现。

供应链管理还强调对供应链组织结构和业务流程进行重构以满足适应性要求。实施纵向一体化的企业拥有十分庞大的组织结构，内部管理费用高居不下，且组织效率低下，难以适应快速变化的市场要求，这迫使企业进行组织重构。而在横向一体化下，资源互补的企业通过战略联盟或供应链契约的形式有效地组织起来，并根据外部环境的变化不断调整、灵活改变组织结构，这也体现了分工的思想。传统的组织内分工导致了日益精细繁杂的业务活动，致使内部组织结构过于复杂。而企业流程重构要求按照经营流程对业务进行合并。一个合适的经营流程应该能够对顾客产生价值，并且往往属于跨职能活动。供应链内的企业应按照关键流程将属于同一流程的工作进行合并，从而打破传统的按职能分工的组织模式，这也体现了供应链管理的流程观点。

高效的供应链管理还应对供应链成员、跨企业和跨职能活动进行有效的协调。企业之间往往具有利益冲突，因此有效的供应链协调机制必不可少。供应链协调不仅包括上下游企业之间的协调，还应包括同一阶段上战略伙伴之间的协调。协调的目的是实现双赢，即提高双方的利益。只有协调双方达成有效的合作和合理的利益分配机制，才能提高整体收益，这体现了供应链关系管理的思想。跨企业活动则更加需要供应链企业之间的协调合作来提高整体绩效。例如，供应链管理者可以组织一个独立的物流部门以协调供应链上所有企业之间的运输活动。该组织应包括物流专业人员和主要企业的管理人员，以最大化整体绩效为目标，共同实施跨企业物流。跨职能活动则需要不同职能活动之间的协调和集成。例如，采购部门往往需要和生产部门及上游企业的销售部门进行协调合作，共同完成采购活动。

优秀的供应链管理者还应合理控制各个流程的运作和供应链总成本，如生产控制、库存控制和提前期控制等。根据控制发生的时间顺序，我们可以将控制活动分为事前控制、事中控制和事后控制。事前控制是通过准确的预测消除失误和降低不必要的成本投入；事中控制是利用信息的可见性对作业活动和资金流进行实时监管并及时共享信息；事后控制则是通过绩效衡量和事后反馈机制对供应链运作流程、组织和系统进行评估和改进。事后反馈机制对供应链管理来说至关重要，它能帮助管理者评估供应链的运作情况，并及时修正和改进供应链的计划、组织和协调方法，使供应链向符合战略目标的方向发展。

总之，供应链管理需要借助信息技术使供应链中的各种流程活动产生价值，从而形成一条增值链。每个流程的运作都是为了最大化供应链的整体绩效，而不是专注于自身利益的最大化，这需要强有力的计划和执行能力。这样才能将分散在各行各业的相关企业凝聚成一股力量。

3. 供应链管理的主要内容

根据上述对供应链管理概念的解释，我们大致可以归纳出供应链管理的主要内容，如图 2.3 所示。这些内容之间相互联系、互相支持，共同构成了整个供应链管理体系。

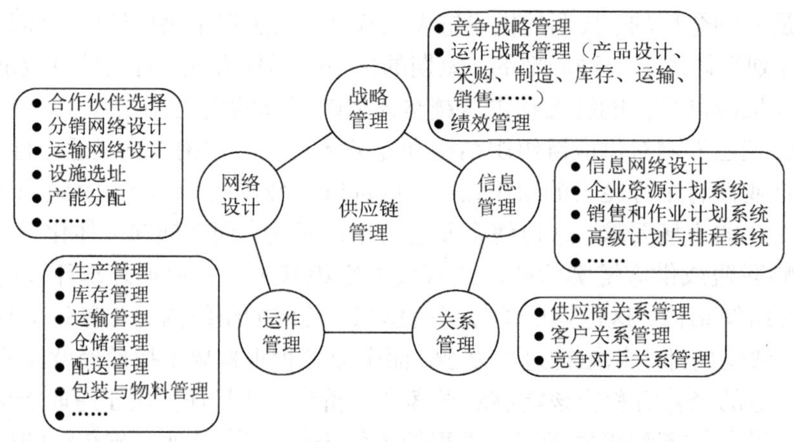

图 2.3　供应链管理的主要内容

供应链管理的主要内容包括：①供应链战略管理；②供应链网络设计；③供应链信息管理；④供应链运作管理；⑤供应链关系管理。

供应链战略管理明确了供应链的发展目标和运行方式，主要包括竞争战略管理、运作战略管理和绩效管理。供应链战略应与竞争战略相匹配。基本的竞争战略包括成本领先战略、产品差异化战略和集中化战略。供应链中各企业和职能部门应该保持一致的战略目标，并相互支持，共同增强供应链的核心竞争力；反之，不一致的战略目标可能降低供应链绩效。例如，如果销售部门致力于提供多种类型的差异化产品，而生产部门却希望精简生产线以降低生产成本，则各部门战略目标之间就会产生冲突，会降低客户服务水平。为了避免产生上述现象，供应链内部需要进行有效的协调和控制。供应链企业间应该通过协商达成一致，制定共同的目标和愿景，并通过绩效管理评估现有系统的运行状况，及时调整供应链的发展方向，以实现整体战略目标。

有效的供应链网络设计是构建一个高效运转的供应链系统的基础，主要包括合作伙伴选择、分销网络设计、运输网络设计、设施选址和产能分配等。供应链网络配置往往是企业决策的约束条件，因此它决定了企业实现战略目标能力的上限。例如，一个复杂的运输网络设计注定无法大幅降低运输成本；一个多层次的分销网络设计难以大幅缩短提前期，进而降低了制造商对市场的响应能力和客户服务水平。实施纵向一体化的供应链大幅精简了供应网络，往往造成重资产、高成本和低柔性等问题。此时如果将非核心业务外包，把更多的零部件供应商或第三方物流服务商纳入供应网络，则可以增加供应链的响应能力。因此，管理者需要对供应链网络进行合理的计划和组织，它体现了供应链管理中的分工思想。

供应链信息管理支持供应链的各种活动，主要包括信息网络设计和相关供应链信息系统的开发与实施等。供应链信息系统可以提供交易支持、管理控制、决策分析和战略规划等功能，常见的有企业资源计划系统、销售和作业计划系统、高级计划与排程系统等。信息系统还具有强大的集成潜力，这体现了供应链管理的集成思想。例如，中国远洋海运集团有限公司通过大量投资开发国际船舶代理系统，集成了 150 多家国际船舶公司和 20 多个分散的业务系统，并通过集约化改革统一了服务标准，全面提升了服务水平。供应链内还可以通过共享信息，支持企业间的分工与协调。信息管理还是计划和控制的核心。几乎所有的供应链计划都需要借助信息系统进行制订，而控制离不开信息的反馈。

供应链运作管理是供应链正常运行的保证，主要包括生产管理、库存管理、运输管理、仓储管理、配送管理、包装与物料管理等。它将供应链计划付诸实践，目的是在保证一定的服务水平的情况下降低运作成本和减少失误。由于这些运作流程往往具有跨职能的性质，如生产管理需要生产部门与采购部门甚至销售部门进行有效的沟通和合作，因此它需要强有力的组织、协调和控制能力。我们将在后续章节中详细阐述供应链中的各项运作管理。

供应链关系管理较好地体现了分工和协调的思想。从管理对象的角度来看，它可以划分为供应商关系管理、客户关系管理和竞争对手关系管理。供应商关系管理强调通过信息共享、协同合作和共同规划推动供应商发展。例如，处于核心地位的制造商往往会帮助供应商进行技术改进，以提高原材料质量并降低采购成本。同时，供需双方需要订立合理的协调合同进行利益分配。客户关系管理强调以客户为中心实现客户成功。不同于仅仅满足客户期望的客户满意理念，客户成功要求重视客户的真实需求，而这需要企业与客户之间进行充分沟通与紧密合作。供应链上任何相邻的环节都是供应与需求的关系，因此每个企业都会面临供应商关系管理或客户关系管理。供应与需求体现着分工的思想，但又存在着相互冲突的利益，因此供需双方需要实施合理的协调机制以达成有效的合作。另外，供应链同一环节的不同节点之间存在着竞争，需要进行竞争对手关系管理。但在横向一体化实践中，竞争对手之间往往存在合作竞争关系。例如，在横向的战略联盟中，提供相同或相似产品或服务的竞争对手之间并不是纯粹的竞争关系，它们会通过技术上的交流等方式进行合作，并签订联盟协议以追求共同的战略目标或共同应对外界的风险与挑战。这种合作竞争需要有效的协调机制。

4. 供应链管理所倡导的管理理念

供应链管理也改变了传统的管理理念。著名学者马士华总结了管理理念的一些变化，具体内容如下。

（1）纵向一体化转向横向一体化。这是管理模式的转变。

（2）从职能管理转向过程管理。这体现了供应链管理的流程观点。

（3）从产品管理转向顾客管理。这强调了以需求为导向、以客户为中心的思想。

（4）从企业间交易性管理转向关系性管理。这说明了协调与合作的重要性。

（5）从物质管理转向信息管理。这强调了信息技术的重要作用。

（6）从零和竞争转向多赢竞争。这是竞争方式的转变，体现了互利共生的理念。

（7）从实有资源管理转向虚拟资源管理。这表明了供应链上资源共享的特点。

（8）从零售商管理库存转向 VMI。这体现了供应链成员间的协调与合作。

（9）从简单的多元化运营转向核心竞争力管理。这是战略目标的转变。企业将集中资源提高核心竞争力，而把非核心业务外包，外包体现了分工与协调的思想。

（10）延迟制造。这是分销方式与功能的转变。

5. 供应链管理的目的和意义

通过以上分析，我们可以较为清楚地理解供应链管理的概念、内容和管理理念，即什么是供应链管理。此外，我们还需要知道为什么进行供应链管理。我们将通过对供应链管理目的和意义的阐述让读者明白实施供应链管理的原因所在。

供应链管理的实践来源于对供应链中企业进行有效分工与协调的要求，并服务于供应链的整体绩效。供应链绩效一般包括质量、成本和时间，即追求较高的质量、降低供应链总成本和缩短交付时间。另外，随着外界环境的变化，越来越多的企业开始关注柔性和可持续性。由于供应链管理遵循以客户为中心的管理理念，所以无论是产品质量、交付时间、柔性还是可持续发展，其目的都是满足客户不断变化的真实需求。而供应链管理的主要目的之一就是追求高水平服务。但总体而言，只要企业愿意投入足够多的资金，就可以提高服务水平。例如，企业可以大幅投资于物流管理，通过储存足够多的库存并采用高昂的航空运输方式来缩短交付时间，但这也带来了巨大的成本投入。因此，供应链管理的主要任务在于成本和服务水平之间的权衡，其核心目的在于保持较高服务水平的同时降低供应链总成本。

成功的供应链管理可以实现多种效益。1997 年，PRTM（Pittiglio Rabin Todd & McGrath）咨询公司关于供应链管理的调查显示，企业通过实施供应链管理可以使管理成本降低 10%以上，准时交货率提高 15%，订单满足的提前期缩短 25%～35%，增值生产率提高 10%以上，资产运营业绩提高 15%～20%，库存降低 3%～15%，现金流周转周期减少 40～65 天。总之，供应链管理可以优化运营、降低成本、改善客户服务水平和加快资金周转，由此会增加供应链的核心竞争力和市场占有率。

2.1.3 供应链管理和物流管理的关系

供应链的概念最早出现在物流管理文献中。在 20 世纪，很多学者甚至将供应链管理等同于物流管理。实际上，这两个概念大有不同。

要想理解供应链管理和物流管理的关系，我们首先需要了解物流和物流管理的概念。物流是物品从供应地向接收地的实体流动过程，根据实际需要，将运输、储存、装卸、搬运、包装、流通加工、配送、回收、信息处理等基本功能实施有机结合。物流管理是为了以合适的物流成本达到用户满意的服务水平，对正向及反向的物流活动过程及相关信息进行的计划、组织、协调与控制。而美国 CLM 对物流管理的定义更能说明两者之间的关系。该定义认为，物流管理是供应链管理的一部分，其对货物、服务和相关信息从起源地到消费地的有效率、有效益的正向和反向流动与存储进行计划、执行和控制，以满足客户需求。

一般来说，供应链管理和物流管理具有以下关系，如图 2.4 所示。

物流管理是供应链管理的一部分。这说明供应链管理包括物流管理，其区别在于物流管理不涉及生产制造过程。

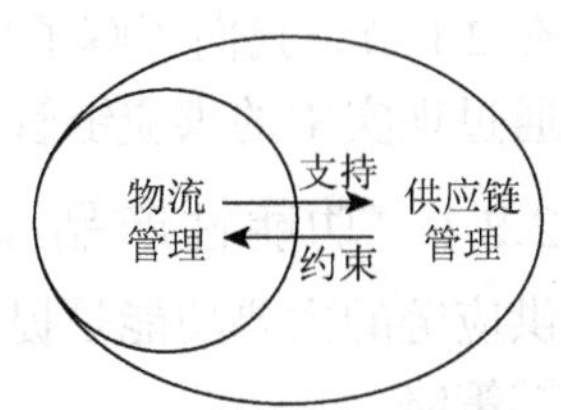

图 2.4　供应链管理和物流管理的关系

良好的物流管理可以提升供应链管理绩效。供应链管理的目的在于保持高水平服务的同时降低供应链总成本，其绩效主要体现在服务水平和总成本上。而物流管理可以在这两个方面提供支持。一方面，物流管理能够实现供应链上的价值增值。这说明物流管理可以为客户创造价值，提供高水平服务。物流价值一般体现在采购和分销活动上。有关数据显示，在耐用消费品（如汽车、家用电器）领域，生产制造所带来的价值增值大约占供应链价值的 10%～15%，剩余价值则由物流活动产生。而在日用品领域，物流活动所带来的价值增值可以高达 90%～95%。另一方面，良好的物流管理可以降低供应链总成本。合理的物流规划与运作可以直接降低物流运作成本，并且能够协调制造活动，降低生产成本。快速响应的物流系统可以及时满足客户需求，不仅有助于营造良好的企业形象，而且能够降低缺货成本。

供应链管理为物流管理提供了运作框架。这说明物流管理活动要在供应链管理框架内进行。一是物流战略要符合供应链战略要求；二是物流网络设计要依附于供应链网络结构；三是物流信息属于供应链信息管理的一部分；四是物流运作是供应链运作管理的主要内容之一；五是物流管理活动需要良好的供应链关系的支持。另外，这也说明了物流管理要随着供应链的变化而变化。例如，2017 年起兴起的新零售模式推动了双渠道供应链的发展，并对物流管理提出了新的要求。产品不仅要配送到零售门店，还要按照线上销售情况直接配送到消费者手中。这迫使企业管理者重新规划物流网络，合理分配线上和线下库存，并提供更加及时准确的物流服务。

在供应链管理环境下，物流管理要具备新的特点。例如，供应链管理要求物流活动具有可溯性和可视性，且物流信息要在供应链上进行网络式传递而不是逐级传递。供应链对提高柔性的要求需要多种形式运输网络的支持，而对缩短交付时间的要求则需要快速和直接配送。为了降低缺货成本，企业可能需要更多的库存和更短的提前期。为了专注于核心业务的开发，供应链可能需要纳入物流服务提供商，如第三方物流和第四方物流。第三方物流是指独立于供需双方，为客户提供专项或全面的物流系统设计或系统运营的物流服务模式。而第四方物流的概念是由美国埃森哲咨询公司提出的，指的是通过调集和管理组织自己的和具有互补性的服务提供商的资源、能力和技术，来提供一个综合的供应链解决方案的供应链集成商。它们之间的主要区别在于第三方物流提供具体的物流业务功能，而第四方物流通过调用和整合各种物流资源（包括第三方物流的资源）来提供集成服务。总之，它们都属于物流外包的范畴。

总体来说，物流管理要满足供应链管理的要求，并服务于供应链管理。它是供应链管理的重要组成部分。因此，学习物流管理首先要了解供应链管理的目的和价值。

2.2 供应链管理的两个方向

在 2.1 节，我们了解了什么是供应链管理及为什么要进行供应链管理。而在本节，我们将通过现实中的供应链管理实践来探讨如何进行供应链管理。

2.2.1 功能性产品和创新性产品

供应链的主要功能是提供令客户满意的产品或服务。在此，我们主要关注基于产品的供应链策略。

美国学者费舍尔（M. L. Fisher）认为供应链的设计要以产品为中心。产品的很多性质都会对供应链设计产生影响，如生命周期、多样性、复杂度等。但要从需求波动性的角度考虑，它可以分为有稳定需求的功能性产品（functional products）和需求不稳定的创新性产品（innovative products）。费舍尔还归纳出了它们的主要区别（表 2.1）。

表 2.1 功能性产品和创新性产品之间的区别

需求特征	功能性产品	创新性产品
产品生命周期	超过 2 年	3 个月至 1 年
边际贡献率	5%～20%	20%～60%
产品多样性	低（10～20 种）	高（上千种）
平均预测失误率	10%	40%～100%
平均缺货率	1%～2%	10%～40%
季末降价率	0	10%～25%
按订单生产的提前期	6 个月至 1 年	1 天至 2 周

功能性产品主要用来满足消费者的基本需求，如香皂、牙膏、洗衣粉等日用品和粮食、食用油等生活必需品。这些产品的主要特征在于生命周期长、品种少、需求较为稳定。需求稳定的好处在于预测的精准度较高，方便企业提前制订生产、库存和销售计划。但是，稳定的需求也会吸引大量竞争对手，且竞争对手之间的产品差异性较小，这使得产品的价格弹性很大，导致边际利润较低。

创新性产品是为了满足特定需求而生产的产品。一般来说，它是在满足消费者基本需求的基础上增加了特殊的功能，或者在技术或外观上具有革命性。这样的产品包括时尚品和具有高新技术的电子产品（如手机、电脑）等。这些产品的主要特征在于生命周期短、品种多、需求变化快。而且由于产品的功能较多或满足特定需求的特点，其边际利润一般较高，这会吸引模仿者进入市场侵蚀企业的竞争优势。因此，企业为了生存和发展，需要不断地创新，提高技术壁垒，增加产品的差异化程度。另外，创新性产品的生命周期较短，品种繁多，这进一步增加了需求预测的难度和缺货的可能性。

2.2.2 低成本供应链和响应型供应链

1. 两种类型供应链的定义和比较

每种类型的产品都有适合自己的供应链策略。

功能性产品的需求较为稳定，可预测性强，易于保持市场的供需平衡。因此，企业无须投入大量的资源用于需求预测和营销活动。稳定的需求也易于实现供应链的物理功能（physical function），即以最低的成本进行生产和物流活动。因此，生产此类产品的企业应把主要的精力放在提高运营绩效上，而不是放在对市场的响应上。采用该策略的供应链被称为有效性供应链（efficient supply chain），它的主要目的在于降低总成本。因此，我们也可以称之为低成本供应链（low cost supply chain）。

创新性产品的需求波动较大，预测难度较高，较难保持市场供需平衡。因此，企业需要投入大量的资源用于需求预测和响应市场的变化。不稳定的需求需要供应链实现市场中介功能（market mediation function），即合理分配多种产品以匹配不同市场的需求。因此，生产此类产品的企业应把主要的精力放在及时响应市场的变化以满足消费者需求上，而不是放在降低运作成本上。采用该策略的供应链被称为响应型供应链。

表2.2从多个方面比较了两种供应链的不同。这体现了供应链管理的两个截然不同的方向：一是致力于降低总成本，二是致力于及时响应。前往两个方向的途径也大有不同。

表2.2 低成本供应链和响应型供应链之间的区别

比较内容	低成本供应链	响应型供应链
定义	通过企业之间紧密稳定的合作实现总成本最低的供应链	通过快速重构的伙伴关系响应需求的快速变化的供应链
首要目标	以尽量低的成本有效地供应可预测的需求	最小化缺货、集中降价和剩余库存所带来的损失以快速响应不可预测的需求
产品特征	产品技术和市场需求相对平稳的功能性产品	产品技术和市场需求变化很大的创新性产品
产品设计策略	最大化绩效和最小化成本	模块化设计以尽可能延迟产品差异
供应商选择策略	以成本和质量为核心进行选择	以速度、柔性和质量为核心进行选择
制造策略	保持较高的设备利用率和生产率	配置缓冲库存和超额生产力以支持柔性制造
库存策略	形成较高的库存周转率并最小化整个供应链的库存	配置重要的零部件和成品的缓冲库存
运输策略	低成本运输	快速运输
提前期策略	只要不增加成本就尽可能缩短提前期	大量投资以缩短提前期
供应链中的企业关系	紧密稳定的合作关系	快速重构的伙伴关系
实现途径	战略联盟、零库存、VMI、准时制（just in time，JIT）生产和精益生产等	虚拟企业、敏捷制造和延迟策略等

形成低成本供应链的方法有战略联盟、零库存、VMI、JIT生产和精益生产等。战略联盟要求企业间具有一致的战略目标和长期稳定的合作关系；零库存则强调物料始终处于周

转状态而不以仓储的形式存在，从而降低库存成本；VMI 是供应商和买方在库存管理上达成的合作性策略以改善库存管理，降低库存成本；JIT 生产通过看板管理将正确的物料以正确的数量在正确的时间送入正确的地方以进行正确的生产，从而加速半成品库存的周转，它还是精益生产的一个重要工具；精益生产则聚焦于消除所有“浪费”（从客户角度看不产生增值的活动）和保证均衡生产。

形成响应型供应链的方法有虚拟企业、敏捷制造和延迟策略等。虚拟企业是利用网络技术快速形成的短期的动态联盟，目的是集中资源以适应市场的快速变化；敏捷制造是一种高度集成化的制造技术，通过结合柔性生产技术、高素质劳动力和灵活高效的管理方法，快速配置企业内外部的各种资源，以及时响应市场需求；延迟策略则是为了适应大规模定制化的生产要求，将产品的最后制造或配送阶段延迟到收到客户订单后进行，以减少预测风险。

2. 不同类型产品和供应链的匹配策略

通过以上分析，我们可以很容易地理解两种类型的产品和两种类型的供应链之间的对应关系，图 2.5 描述了不同的匹配策略。

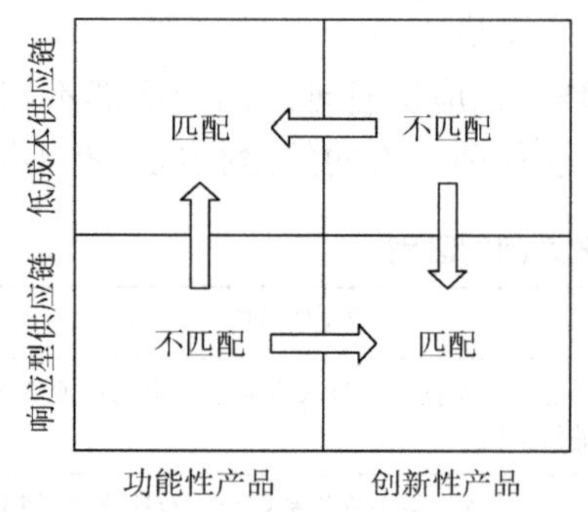

图 2.5　不同类型产品和供应链的匹配策略

在现实中，很少有企业处于策略矩阵的左下角。因为对于功能性产品而言，稳定的需求和有限的利润往往能够使企业意识到低成本供应链的好处，而不会去追求快速响应。即便企业处于左下角，它们也可以通过向上或向右移动来达到合理的配置。向上的移动代表企业转换供应链的类型，由快速响应转向降低成本；向右的移动代表企业改变产品的类型，重新设计产品以赋予其更高的创新性。

然而，很多企业会处于策略矩阵的右上角，它们往往并没有意识到这样做的坏处。为了增加利润并获得更大的竞争优势，企业往往会对产品进行创新。无论是技术驱动的创新还是市场驱动的创新，企业常常会无意识地从功能性产品转向创新性产品，以满足不断变化的需求。否则，不强调创新的产品战略将使企业面临被市场淘汰的风险。但一些企业往往意识不到这种创新性产品对快速响应能力的需求。管理人员有时仍会保持以往基于成本的竞争策略，致力于削减产品的转换成本，制订针对新产品的精益生产计划等。但他们会发现，无论怎样努力地降低供应链总成本，企业的库存成本和缺货成本总是居高不下，服务水平却下降了。这是因为管理者没有意识到此时改进供应链响应性的收益要远远大于降低供应链成本的收益。因此，管理者要从根本上解决问题，提高供应链的响应性。

处于策略矩阵右上角的企业有两种改变现状的方法。

一是向下移动，提高供应链的响应性。这需要管理者对供应链进行重新设计，彻底改变以往的低成本运作和管理模式。

二是向左移动，削减产品的创新性。越是创新性高的产品，其需求的波动性越大。企业可以适当减少不必要的创新，包括降低产品的复杂度和多样性，即提高产品的标准化程度。但由于创新的普遍性，很少有企业会采取这种做法，因为它们很难意识到这种做法的好处。费舍尔提供了一个汽车公司降低产品多样性的例子，可以帮助我们理解这种好处。美国的汽车分销渠道就像一个沙漏。顶端的汽车制造商设计并生产了 2000 万种产品，但底部的不同地域的消费者却只能选择 20 种左右的类型，这是因为处于瓶颈位置的分销商和零售店往往只提供少数几种类型的产品。这样做的好处在于可以更加准确地预测每个地方的消费者的需求，以便实施低成本运营。中国移动通信集团四川有限公司（以下简称四川移动）提供了一个提高产品标准化的例子。2016 年，四川移动开始大量倡导精细化管理模式，在全省仓储中心标准化运营的基础上，推动前端设计标准化以减少个性化需求，从而有利于仓储物资的品类化管理。这种管理模式大大降低了库存总量，优化了库存结构，使四川移动能够以更低的成本提供更加优质的通信服务，年产生直接经济效益大约 2.4 亿元。

然而，至于向哪个方向移动，取决于企业调整供应链类型与改变产品类型所需的成本大小。这需要全面的成本衡量，包括显性成本和一些隐性成本，如供应链调整的风险和因为产品创新性的降低所带来的客户流失等。

2.2.3　两种供应链的融合

实际上，低成本和快速响应并不是两个完全平行的方向，它们之间存在交点。供应链的推动式和拉动式运作方式有助于理解它们之间的界限。

推动式供应链一般以制造商为核心，以产品生产为驱动力，以需求预测为基础，通过规模化生产降低成本，图 2.6 简单地描述了推动式运作方式。

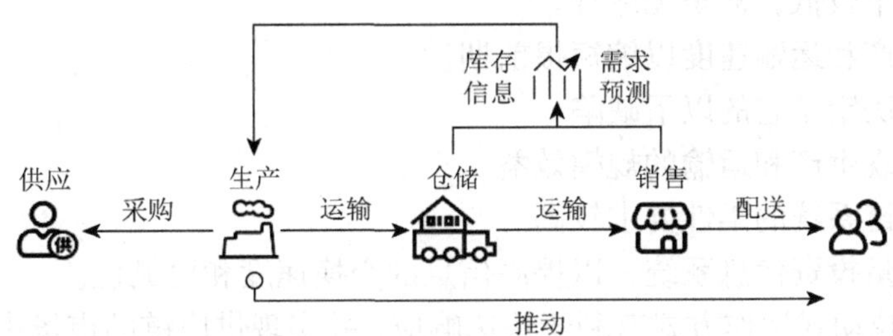

图 2.6　推动式运作方式

它具有以下特点。

（1）通过历史订单预测需求，并根据长期预测和库存情况来安排采购和生产计划。

（2）强调低成本采购，注重成本和质量。

（3）采用按库存生产（make to stock，MTS）方式，即按照已有的标准产品或产品系列进行生产以持续补充库存。

（4）设置较高的安全库存以应对需求波动。

（5）追求生产和运输的规模效益。

这些特点决定了它的以下缺陷。

（1）不适合需求波动性较大的市场。

（2）库存水平较高、风险较大。

（3）提前期太长。

（4）响应性差导致服务水平下降。

由此可以看出，推动式运作方式虽然有利于降低成本，但不利于快速响应。它主要实现了供应链的物理功能，因此较为适合功能性产品和低成本供应链。

拉动式供应链一般以最终用户为核心，以消费者需求为驱动力，以实际订单为基础，通过协调市场和生产的一致性尽量满足客户的真实需求，图 2.7 简单地描述了拉动式运作方式。

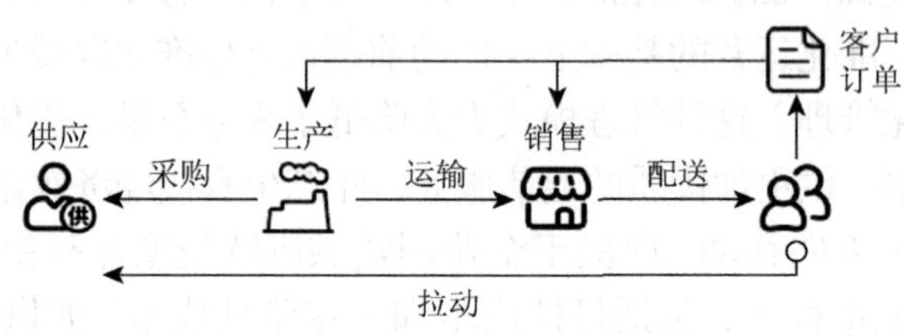

图 2.7　拉动式运作方式

它具有以下特点。

（1）根据客户的真实需求来安排采购和生产计划。

（2）强调采购的灵活性、交付速度和质量。

（3）采用订货型生产（make to order，MTO）方式，即按照客户订单进行定制化生产以满足客户需求。

（4）库存水平较低，甚至无库存。

（5）追求生产和运输速度以缩短提前期。

这些特点也决定了它的以下缺陷。

（1）难以实现生产和运输的规模效益。

（2）对供应链系统的柔性要求较高。

（3）需要大量投资信息系统，以提高信息的交换速度和可见性。

可以看出，拉动式运作方式有利于快速响应，并实现供应链的市场中介功能，因此它较为适合创新性产品和响应型供应链。

但是在现实中，为了在满足快速响应的基础上尽量降低成本，一些企业采用了推–拉式（push-pull）运作方式，即一些流程采用推动式，另一些流程采用拉动式的运作方式。这样的供应链被称为推–拉式供应链，两种运作方式的交点被称为推拉边界，如图 2.8 所示。

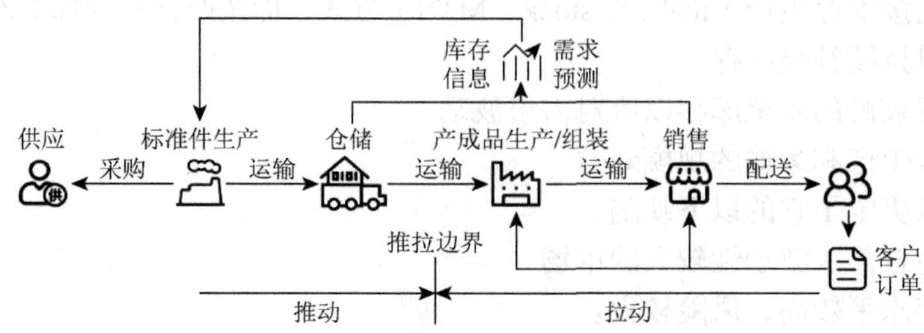

图 2.8　推–拉式供应链中常见的推拉边界

以戴尔公司为例，其在供应链后端采取推动式生产方式，根据长期需求预测生产标准零部件，而在供应链前端采取拉动式生产方式，在客户订单到达后，再根据订单进行产成品生产和组装，然后将最终产品直接配送给客户或国美电器等大型零售店。这种做法也叫作生产延迟（production delay）。这样不仅可以充分利用零部件的规模化生产来降低生产成本，利用长期需求预测波动性较小的特点来降低不确定性，而且可以实现对客户需求的快速响应。

兼顾低成本和响应性的供应链至少要具备以下几个能力。

（1）以需求为导向、以客户为中心的柔性运营能力。

（2）强大的供应链整体管理能力，包括产品设计、采购、生产、配送和销售等各个环节的计划、组织、协调和控制。

（3）强大的信息系统和高度整合的信息管理能力。

2.3　供应链总成本概念

通过前面的学习，我们知道供应链管理的核心目标之一在于降低总成本。那么什么是供应链总成本，又如何控制供应链总成本呢？在本节，我们将简要介绍供应链总成本的构成和成本控制的指导思想。

2.3.1　供应链总成本的构成

学界普遍认可的供应链总成本的概念是由苏沃林（S. Seuring）和哥德巴赫（M. Glodbach）提出的。他们将供应链总成本划分为直接成本、作业成本和交易成本三个层次。直接成本发生在企业内部，是与生产有关的直接费用，包括原材料成本、劳动力成本和机器成本等；作业成本发生在企业内外部，是由采购、仓储、生产设备管理、销售、配送等作业活动产生的与产品生产没有直接关系的成本；交易成本发生在供应链成员之间，是因交易活动而产生的相关费用。

实际上，这种分类方式主要考虑了供应链的显性成本。这些显性成本易于识别和管理，且有利于传统的会计核算。但越来越多的企业意识到在成本绩效中仅仅考虑显性成本远远不能反映真实的运营情况，因为运营的好坏会带来不同的隐性成本，而这些成本也在供应链总成本中占据了较大的比重。隐性成本不易被发现和衡量，且难以体现在会计核算中。最常见的隐性成本包括因缺货而带来的销售机会损失、客户流失和供应商关系恶化等。这些成本对供应链管理来说也至关重要，因为如果企业只追求降低正常运营活动所产生的成本，如降低库存或缩减生产线等，那么可能会导致更大的缺货损失，反而不利于提升供应链的整体利润。

因此，我们综合考虑了供应链中的显性成本和隐性成本，认为供应链总成本主要包括运作成本和缺货成本。运作成本也可被称为运营成本，是与供应链的正常运营活动相关的成本，它包括显而易见的直接成本、作业成本和交易成本等；缺货成本指因供应中断而带来的额外成本，包括因供应中断造成的直接损失、因补货而带来的额外费用，以及因未满足客户要求而产生的信用损失、额外关系维护成本和未来销售机会损失等。缺货成本实际上包括显性成本和隐性成本，因此衡量起来更加困难。例如，对于未来销售机会损失而言，缺货不仅可能导致现有消费者在未来不再购买公司产品，而且可能导致潜在消费者的流失。

有关估计表明，1个消费者会将其对产品或服务的不满告诉其他9个潜在的消费者，这将给未来产品销售带来重大影响。因此，准确地衡量缺货成本是企业面临的重点和难点之一。

供应链中的企业通过改善运作可以减少缺货风险，进而降低缺货成本。缺货成本与供应的稳定性和响应性有关，其大小实际上反映了对客户的不同服务水平。而改善运作往往需要企业投入更多的成本。因此，运作成本和缺货成本实际上具有一定的相关性。

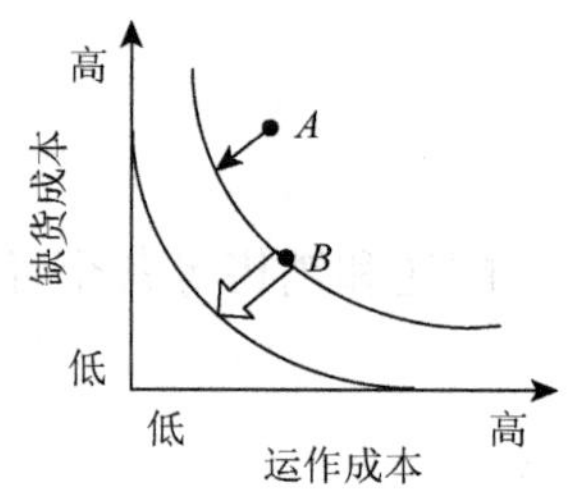

图 2.9 运作成本–缺货成本效率边界曲线

我们在此提出运作成本–缺货成本效率边界曲线，以描述这两种成本之间的关系，如图 2.9 所示。可以认为在效率边界曲线上的供应链总成本相同，这代表着在现有技术和能力下所能达到的最低总成本。因此，该曲线也可以被称为供应链总成本无差异曲线。随着运作成本的降低，缺货成本会快速增加；反之，企业要降低缺货成本，必须增加运作成本以改善运营。在较低的缺货成本下，运作成本的增加将不会产生显著效果。此时，企业的运作状态在既有的技术和能力下已接近最优。反之，在较高的缺货成本下，运作成本的细微增加即可以显著降低缺货成本。另外，在效率边界曲线外的供应链（如 *A* 点所示）并没有达到最佳效率，其可以通过改善成本控制等方式向最低总成本无差异曲线（效率边界曲线）移动。而在效率边界曲线上的供应链（如 *B* 点所示）可以通过提高运营技术和供应链管理能力等方式向更低的总成本无差异曲线移动。

因此，面向总成本目标的企业决策应综合考虑运作成本和缺货成本及它们之间的负相关性，并通过权衡这两种成本的大小来从整体上降低供应链总成本。

2.3.2 供应链总成本的控制

如何控制供应链总成本？苏沃林和哥德巴赫归纳了具体的成本管理方法，如目标成本法、ABC 分类法、生命周期成本法和改善成本法等。这是从操作层面提出的控制方法，具体的实施过程将在后续的章节中有所涉及。在此，我们结合 2.3.1 节对供应链总成本概念的阐述，从战略层面上提出供应链总成本控制的三大指导思想。

1. 供应链总成本控制应从整体最优的角度出发

在供应链管理尤其是物流管理中，存在一种常见的效益背反（悖反）现象，又称二律背反。它指的是某一功能要素的优化和利益发生的同时，必然存在另一个或几个功能要素的利益损失，反之亦然。上述供应链中运作成本和缺货成本之间的关系就是一个典型的例子。

供应链管理中普遍存在这一现象。例如，在供应环节，企业大幅压低采购成本，可能导致供应商提供更多质量低下的产品，从而降低成品率，带来更多的产品质量损失。在生产环节，小批量定制化的生产方式虽然无法充分产生规模效益，且需要更多的生产设备投资并支付更多的劳动力成本，但它加快了供应链的响应速度，从而大大降低了库存成本和缺货成本。在配送环节，企业通过减少配送中心数量将产品库存集中管理，这样可以降低固定资产投资，减少仓储成本并加快库存周转率，但同时，配送中心数量的减少势必造成运输距离的增加，这样不仅直接增加了运输成本，而且可能增加了因提前期延长而带来的缺货成本。在流通加工环节，节省包装成本可能导致货物损毁，不符合标准的包装将不利于产品存储、运输和装卸，由此带来更高的库存、运输和人工成本。上述例子都体现了供应链中各成本之间的效益背反。

实际上，只要某一决策所带来的成本效益大于由此带来的成本损失，该决策就有利于降低供应链总成本。这意味着我们不应该从单一流程或企业的角度考虑，而应从整体的角度来优化供应链总成本。

2. 供应链总成本控制的实施重点应与供应链类型相匹配

不同类型的供应链侧重于不同类型的成本控制。例如，低成本供应链应强调运作成本的降低，因为其产品属于功能性产品，边际利润较低且需求波动性较小，所以由缺货所带来的利润损失较少。此时，如果企业大量投资于快速响应以降低缺货成本，则由此带来的增益效果将不会过于显著，反而因响应速度的提升大幅增加了运作成本，这将导致供应链总成本的增加。这是因为在低成本供应链中，企业每一笔资金用于降低运作成本所带来的效益要远大于用于降低缺货成本所带来的效益。

反之，响应型供应链应强调缺货成本的降低，因为其产品属于创新性产品，边际利润较高且需求波动性较大，所以由缺货所带来的利润损失较多。此时，供应链管理者在从整体考虑供应链总成本的情况下，应致力于降低缺货成本，由此可大幅降低供应链总成本。对于需求波动性较大的行业，企业可以通过大幅投资于自营工厂和物流中心的建设，不惜成本地进行空运以提高响应速度，从而大幅降低缺货成本，并加快资金周转，这样反而可能降低其供应链总成本。

因此，管理者在控制供应链总成本时，应考虑自身的供应链类型，针对不同类型的供应链制定侧重点不同的成本控制方法。

3. 供应链总成本控制的有效实施需要合理的成本分配机制

在整个供应链上实施总成本控制面临的困难之一是如何协调各方成本。受传统会计制度的影响，每个企业甚至每个部门都希望追求自身利润最大化，致力于降低自身成本。而各成本之间的效益背反关系致使供应链各环的节目标存在冲突，进而导致供应链失调。这与供应链总成本控制的整体观点相违背。例如，对于响应型供应链来说，管理者希望主要通过提高响应性降低供应链总成本，因此致力于小批量定制化生产和快速运输。这会带来生产成本和运输成本的快速增加，因而可能受到来自生产部门和运输部门的阻力。

如果阻力来自企业或集团内部，管理者可能需要针对不同部门重新制定不同的绩效衡量方法，以激励各方共同努力，向总体目标靠近。例如，企业对快速响应的要求需要各零售商大量投资于需求预测，并加快库存周转，但这会增加零售商的客户管理成本和库存管理成本。因此，企业可以将预测准确率和库存周转率纳入零售商的绩效考核之中，以降低相关成本的增加给零售商绩效带来的不利影响。

如果阻力来自供应链上的其他企业，管理者可能需要制定相应的正式或非正式契约，如上下游企业间的成本分摊合同等，以激励各方达成合作，实现共赢。例如，为了实施精益供应链管理，丰田汽车公司与向其提供战略性零部件的供应商达成战略合作，通过投资与技术指导帮助其供应商降低生产成本和改进产品质量，以降低供应链总成本。

只有供应链上的所有企业达成共识，总成本控制才能够顺利实施。这也意味着供应链总成本的控制不仅要追求效果，还要追求效率。因此，管理者需要制定合理的机制协调供应链各方的成本目标，并优化成本绩效的衡量方法，以使各方成本之和向总成本最低的方向前进。

2.4 供应链一体化挑战

在现实中，供应链管理往往面临许多来自内外部的挑战，如因牛鞭效应而带来的供应链失调，因客户需求和竞争环境变化而带来的产品变革，因政府政策变化而带来的生产方式和管理模式的转变，因全球化而带来的提前期延长、供应链失误和中断风险增加等。这些挑战推动企业不断完善供应链管理方法，实施供应链一体化（supply chain integration）战略。

2.4.1 牛鞭效应

1. 牛鞭效应的内涵

我们以供应链中常见的牛鞭效应为例探讨一体化实施的必要性。根据著名学者李效良等的定义，牛鞭效应描述了这样一种现象：发给供应商的订单往往比客户的需求具有更大的方差（需求扭曲），且这种扭曲将以放大的形式向上游传播（方差放大）。简而言之，牛鞭效应描述了一种订货量的波动大于需求量的波动且在供应链上被逐级放大的现象。这种现象广泛出现在各行各业中，图 2.10 描述了两个行业中的牛鞭效应，出于保密原因，未披露具体数据，但仍能观测到需求和出货量的变化趋势。其中，牛鞭效应的取值为出货量方差与需求方差的比值，出货量可以很好地衡量下游的订单量。

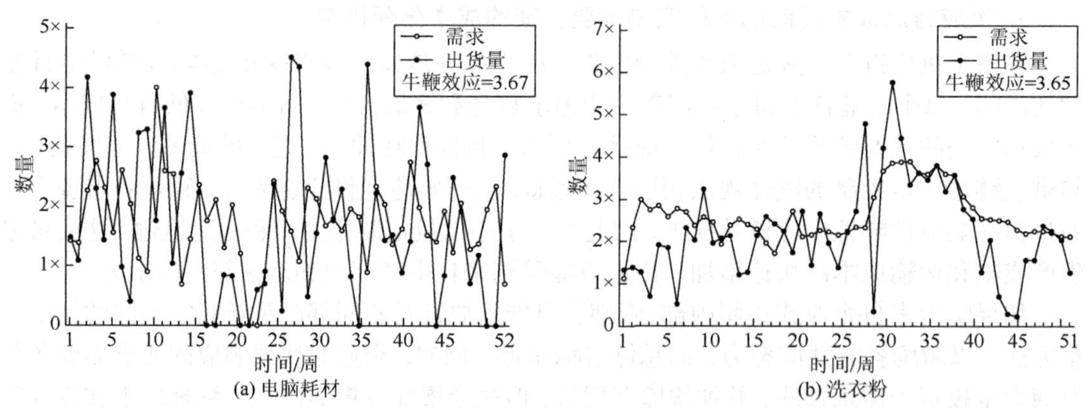

图 2.10 牛鞭效应的经验证据

资料来源：Wang 和 Disney（2016）

纵坐标 1×，2×，3×，…表示相关数字乘以具体数值，出于保密原则，相关数值和单位未被披露

牛鞭效应最早由杰伊·福雷斯特（J. W. Forrester）发现并提出，他认为这一现象产生的原因在于供应链系统的复杂性和信息反馈的困难性，以至于企业难以理性地做出订购决策。因此，他主张采用系统动力学的方法对供应链系统进行建模和仿真，以帮助供应链管理者从整体角度进行决策。

约翰·D. 斯特曼（J. D. Sterman）设计了一个著名的“啤酒游戏”用来在课堂上直观地展现牛鞭效应。游戏中的 4 个参与者分别扮演零售商、批发商、分销商和生产商，从而形成一条供应链。零售商可以获得真实的市场需求信息，而其他决策者只能从下游企业获得订单信息。游戏在 4 年内进行了 48 次，但结果总是相差无几：订货量总是在向供应链向上游移动过程中被逐级放大（图 2.11），由此导致供应链总成本为最优成本的 5～10 倍。斯特曼认为产生这一现象的原因在于参与者各自决策而没有形成一个有效的整体，从而不能合理地估计存在时间延迟的信息反馈。因此，他建议企业培养管理者的系统思维。

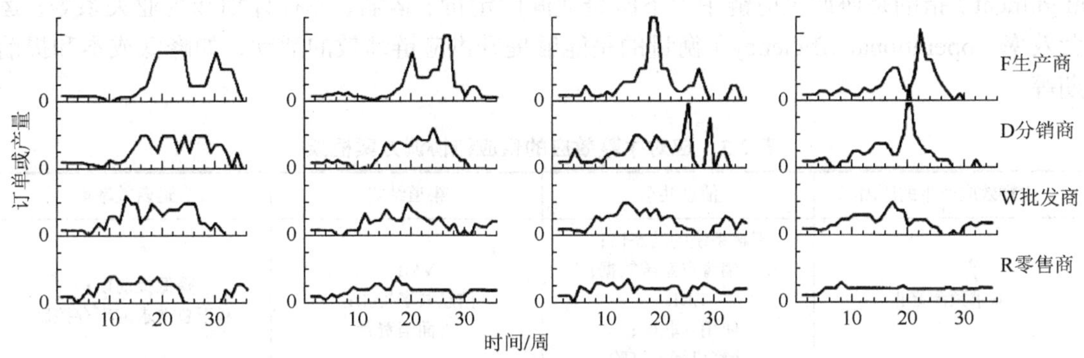

图 2.11　“啤酒游戏”中的 4 次实验结果

资料来源：Sterman（1989）

2. 牛鞭效应产生的原因

李效良等的研究使牛鞭效应引起了学术界和企业界的广泛关注。他们指出牛鞭效应会导致效率低下，包括过度的库存投资、糟糕的客户服务、收益损失、错误的产能计划、无效的运输和错过正确的生产时间等。他们还在订单管理者理性决策的基础上，结合运作管理中的系统思维，提出了牛鞭效应产生的四种原因：①需求预测修正；②批量订购；③价格波动；④短缺博弈。

下游企业会根据历史需求特征预测未来需求走势并修正现有的需求计划，从而提前增加或减少订单，造成需求信息扭曲。而上游企业只能以下游企业的订单作为需求信号，并进一步进行预测和决策，从而加剧信息的扭曲程度。

出于降低总库存成本的考虑，下游企业通常采用经济订货批量（economic order quantity，EOQ）模型进行批量订购。多个下游企业的订货时间分布可能具有随机性、正相关性或均匀性。然而李效良等证明，无论时间分布如何，三种情况下订货量的方差都要大于买方面临的实际需求的方差，从而产生牛鞭效应。

上游企业的价格策略会影响下游企业的订购决策。当上游企业的产品价格在一定范围内波动时，下游企业往往会选择在低价时增加订货，而在高价时减少订货，这会增加订单的波动性。另外，上游企业的短期价格促销也会导致不正常的订货现象，从而加剧牛鞭效应。

当上游企业的生产能力不足以满足客户订单时，往往会根据下游企业的订货量进行限额配给。意识到这点，下游企业通常会增加订货量以获得更多的配额，这会进一步加剧缺货。实际上，即便上游企业的生产能力充足，在信息不对称下，只要下游企业认为面临缺货风险时，就会采取上述策略，从而加大订单的波动性。

3. 牛鞭效应的应对方法

理解牛鞭效应产生的原因和危害可以帮助管理者采取措施缓解这一现象。李效良等还认为通过供应链协调可以有效应对牛鞭效应，并归纳了常见的应对方法，如表 2.3 所示。信息共享指的是需求信息能够从下游企业及时传递到上游企业；渠道结盟（channel alignment）指的是协调供应链中上下游企业间的定价、运输、库存计划和企业关系等；运营效率（operational efficiency）衡量的是能够提升供应链绩效的活动，如降低成本和提前期等。

表 2.3 应对牛鞭效应的供应链协调方案框架

牛鞭效应产生的原因	信息共享	渠道结盟	运营效率
需求预测修正	理解系统的动态性； 使用销售点系统数据； EDI； 使用互联网； 计算机辅助订购	VMI； 信息共享折扣； 直面消费者	降低提前期； 基于总需求的库存控制
批量订购	EDI； 网上订购	卡车装载分类折扣； 交货预约； 企业合并； 物流外包	通过 EDI 或电子商务降低固定的订货成本； 计算机辅助订购
价格波动		连续补货计划； 天天低价	天天低价； ABC 分类法
短缺博弈	分享销售、产能和库存数据	基于历史销售的分配	

注：EDI 即电子数据交换（electronic data interchange）

上述框架强调了供应链协调的重要性。如果供应链各环节的目标存在冲突或者信息传递存在延迟或扭曲，供应链将无法实现有效协调，即供应链失调。在 2.3 节中，我们简要介绍了由供应链各环节成本目标之间的冲突而引起的供应链失调。本节的牛鞭效应则体现了由信息传递的延迟和扭曲所带来的另一种失调。供应链失调会对供应链绩效产生不利影响，包括增加各项运作成本和提前期、减少产品的可获得性水平和盈利水平、降低客户服务水平、增加缺货成本等。因此，供应链管理者可以通过供应链协调来提升供应链绩效。

2.4.2 供应链一体化管理

供应链协调实际上是供应链一体化的核心理念之一。供应链一体化不同于纵向一体化，它更偏向横向一体化的概念。鲍尔索克斯（D. J. Bowersox）等认为，供应链一体化指的是在关键资源受限的情况下，多个企业之间的合作关系。著名学者马士华总结了鲍尔索克斯等阐述的一体化思想，他认为一体化管理是供应链管理的核心理念，其核心意义在于使企业能够与合作伙伴在供应链运作上实现协同性，实现供应链合作伙伴的资源共享，并协调支持供应链所有企业的协同运作，从而取得整体最优的绩效水平，达到提高供应链整体竞争力的目的。因此，供应链一体化具有整体观与合作观。它将供应链看作一个整体，通过系统思维审视供应链系统中各元素之间的相互关系，并强调企业之间的合作，这种合作体现了分工与协调的思想，图 2.12 简要描述了供应链一体化管理的基本理念。

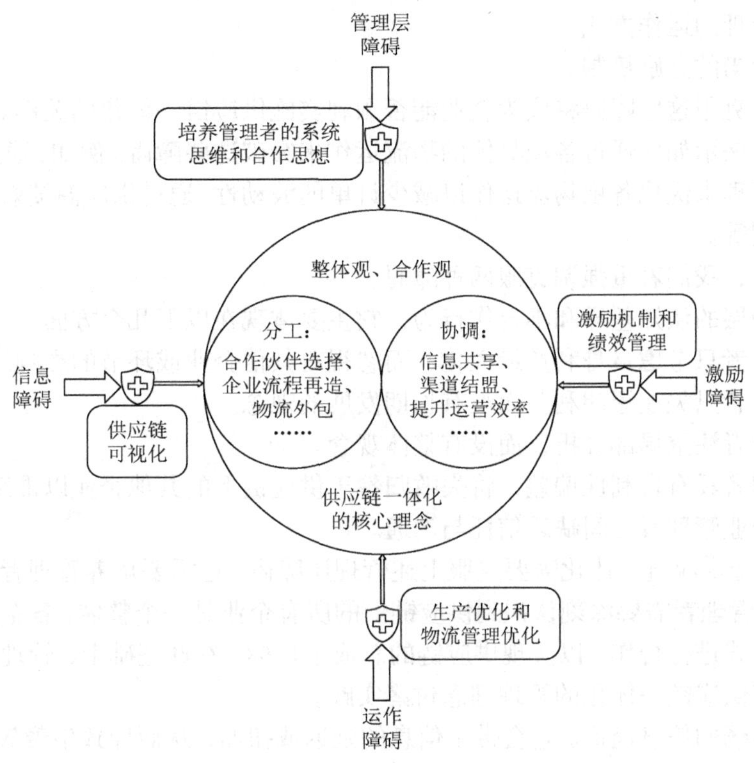

图 2.12　供应链一体化管理的基本理念

一体化中的分工主要指企业间的分工，它是合作的基础。分工的动力来自企业的关键资源受限，无法单独完成供应链上的所有功能。分工需要选择契合的合作伙伴，并重构自身的业务流程，使企业可以专注于核心业务的开发，这样能够提高企业的生产效率和技术水平。大包大揽而不强调分工的经营模式会使企业重资产、成本高且效率低下，如同上述纵向一体化的弊端。但是，如果分工太细，容易造成供应链结构过于复杂，降低供应链的响应性和透明度，增加协调难度，扩大牛鞭效应等。因此，一个良好的分工至关重要。它能推动供应链上生产过程的统一、联合与协作，从而有利于一体化的实施。外包是一种常见的分工方式，我们将在后续章节中详细阐述物流外包的思想。

一体化中的协调指的是供应链协调，它是合作的主要手段。它强调通过信息共享、渠道结盟和提升运营效率等手段减少供应链各环节之间的目标冲突并缓解信息延迟和扭曲。乔普拉（S. Chopra）和迈德尔（P. Meindl）提出了缓解信息扭曲、实现供应链协调的几项管理行为，包括使目标和激励保持一致、提高信息的透明度和准确性、提高运作绩效、设计有助于稳定订单的定价策略、构建战略伙伴关系和信任等。我们将在后续章节中具体展示供应链中各环节的协调方式，如采购管理一章中的 JIT 采购、配送管理一章中的共同配送、库存管理一章中的 VMI 等。

然而，供应链一体化的实施可能面临一些障碍，这些障碍往往表现在以下方面。

（1）管理层的认知差异和不合作行为。

（2）不通畅的信息通道。

（3）不合理的运作方式。

（4）不恰当的激励机制。

企业能否克服这些障碍将成为企业能否顺利实施供应链一体化的关键。我们将在后续章节中向读者展示如何通过各项具体的物流运作来突破这些障碍。例如，通过运输、仓储、配送和库存管理来优化各项物流运作以减少订单的波动性；通过供应商绩效管理来提供合理的激励机制等。

在本章中，我们着重强调克服两种障碍。

一是管理层的认知差异和不合作行为，它主要体现在以下几个方面。

（1）管理者只考虑自身利益最大化，而忽视对其他企业或环节的影响。

（2）管理者只关注短期利益而没有长期发展的观念。

（3）管理者注重局部分析，而没有整体观念。

（4）管理者具有自利性偏差，将失败归咎于供应链上的其他企业以推卸责任。

（5）各企业管理者之间缺乏信任与沟通。

因此，实施供应链一体化需要克服上述管理层障碍。这需要培养管理者的系统思维和合作思想，即管理者需要深刻认识到供应链上的所有企业是一个整体，各企业需要通过分工与协调的方式进行合作，以实现供应链的总成本目标。在此基础上，管理者还需要采取相应的行为将供应链一体化的管理理念付诸实践。

二是不通畅的信息通道。它会带来信息的延迟或扭曲，从而导致牛鞭效应的产生。因此，供应链一体化的一个实施重点是实现供应链可视化。它是指在供应链的业务合作伙伴之间捕获和传递准确、及时和完整信息的过程。供应链可视化具有三个广泛的特征：①信息的可访问性；②信息质量；③信息有用性。

其中，信息有用性是供应链可视化区别于信息共享概念的关键特征。信息共享强调的是信息的可访问性和质量特征；而信息有用性则强调了信息在企业运营中的效用。苏摩帕（S.Somapa）等从过程角度归纳了供应链可视化的关键特征，如表 2.4 所示。这种过程观点更有利于理解供应链可视化的作用和意义。

表 2.4　供应链可视化的关键特征

关键特征	关键特征定义	子特征	子特征指标举例
自动化特征	能够捕获基本信息并在供应链上传递或整合	自动化的信息捕获	自动标识与数据采集技术水平
		自动化的信息传递或整合	企业间信息系的级别
信息特征	供应链上下游企业间共享合格信息的程度	信息及时性	信息共享的频率
		信息准确性	共享数据与现实的接近程度
		信息完整性	符合参与者要求的信息量和类型

续表

关键特征	关键特征定义	子特征	子特征指标举例
转型特征	使访问的信息和业务流程保持一致，并利用该信息创造业务价值	运营效率	利用共享信息提高的业务流程绩效
		战略能力	市场感知能力和建立关系的能力

供应链可视化需要企业大量投资于信息技术和信息系统的开发，提高各项业务的信息化水平。例如，为了实现单据流和信息流的统一，京东物流依托区块链和电子签名技术开发了一个可信单据签收平台——链上签。它能够及时处理物流配送中的异常问题，并将修改的数据实时上传，使买卖双方可以及时获取准确的信息，由此实现物流配送环节的可视化。供应链可视化还需要供应链协调的支持。所有企业需要在信息共享上达成合作，使有用的信息及时、准确和完整地在供应链上以网络化的形式传递，并快速整合以帮助管理者决策。但反过来供应链可视化也服务于供应链协调，通过透明化、可视化的信息和共享能力使企业间协调成为可能。

供应链一体化的另一个实施重点是物流一体化。它将物流的各项机能从起点到终点有机地串联起来，整合成完整的物流系统。物流一体化的目标在于快速响应、减少差异、降低库存、集拼运输、质量保证和生命周期支持等。它强调对整个物流增值过程进行管理，以实现高效果、高效率、高关联和持续发展。物流的增值活动包括采购、运输、仓储、配送和库存等，这些活动均可以实现供应链上的价值增值。我们将在后续章节中一一阐述如何管理物流中的各项增值活动，并将它们作为一个整体来实施物流一体化。

另外，技术的发展和社会的进步给物流一体化管理带来了更多挑战。它们能够改变物流活动的增值方式，提升物流一体化管理的价值。例如，面对大宗商品物流成本高、信息化程度低等问题，山西快成物流科技有限公司作为山西省综合排名第一的第三方物流企业，运用互联网、物联网和大数据等技术，自主研发大宗商品智慧物流供应链管理平台，形成了商流、物流、数据流、资金流和票据流的一体化闭环管理。该平台不仅推出了“快慧通”智慧物流管理系统，还着重提供物流金融服务，并为企业提供第四方物流管理业务。高度整合的物流平台可帮助运输车辆全年减少1亿公里的空载里程，节省2亿元的燃油费，并减少 8 万吨碳排放，从而大幅提升了物流一体化管理的价值。我们将在后续章节中通过智慧物流、物流金融、物流外包和电商物流等内容的介绍来展示现代化的物流一体化管理。

思　考　题

1. 请简述供应链管理的目的和价值。

2. 请比较供应链管理的两个方向。

3. 不同供应链中的推拉边界往往存在差异，试结合现实案例，指出其供应链中的推拉边界。

4. 请结合课外资料，分析快时尚供应链如何同时兼顾低成本和快速响应。

5. 现实中，企业往往面临某一或某些环节的成本困扰，如库存成本、运输成本、配送成本或生产成本等，试从某一成本角度出发，结合本章所述的供应链总成本控制的指导思想，谈谈如何进行成本控制。

6. 请谈谈参与“啤酒游戏”的心得体会，分析牛鞭效应产生的原因，并提出应对方法。

7. 试分析全球疫情给供应链一体化带来的挑战，并结合现实中某一企业或行业的案例，为供应链管理者提出相应的解决办法。

第3章

采购管理

采购活动是在供应链内连接企业运作系统与供应商的纽带，并与物流活动紧密相关。采购管理的目标是以最低的总成本实现及时采购，进而协助企业的生产业务，这体现了总成本控制的思想。尤其是，我们强调了战略性采购，它是一种以降低总成本为导向的采购方式，是以最低总成本建立业务供给渠道的过程。

本章介绍了采购管理的一般概念，并根据供应链的两种类型，提出了与低成本供应链和响应型供应链相匹配的四种采购战略及一些常见的采购策略；详细描述了供应商管理的五步流程，包括供应商搜索、评估、筛选、绩效管理和集成；阐明了采购成本控制的意义，尤其强调了全面采购成本管理的重要作用；最后以 JIT 采购为例，详细介绍了采购管理所面临的一体化挑战。希望通过本章的学习，读者能够了解采购管理的总成本控制思想和 JIT 采购所面临的一体化挑战。

引入案例：海尔的采购模式

创立于 1984 年的海尔，如今已迈过 30 余年的风风雨雨，从一个濒临破产的集体小厂转变成国内家电行业的龙头企业，这一跨越式发展，主要得益于企业采购模式的更新换代。

海尔的全球采购由公司的全球商品委员会统一指导推进，利用全球化网络进行集中采购，以规模优势降低采购成本。借助公司全球采购运营平台，公司不同地区的运营部门可共享全球采购资源，从而实现规模效应。2019 年累计实施完成协同采购项目 432 个，实现原料供应链效率最大化。

自 1998 年海尔便开始进行供应商网络的优化，打散原来的供应商体系，重新选择供应商，进而形成强强联合、合作共赢的局面。对供应商的评价主要侧重质量、成本、交货期、能否参与早期设计过程等方面。同时与供应商搭建公平、互动、双赢的采购协助平台，保持长期的合作伙伴关系，这能帮助海尔获得更好的产品设计和对产品变化更快的反应速度。通过精简供应商队伍，海尔的供应商一下子从 2200 多家缩减到 721 家，其中世界 500 强企业有 59 家。整合供应商资源所带来的效益显而易见，海尔不仅可以采购到高质量的零部件，还获得了巨大的经济效益，在实施供应商网络优化的第二年采购成本就下降了 5 亿元。

海尔率先提出了三个 JIT 的管理，即 JIT 采购、JIT 原材料配送、JIT 成品分拨物流。在 JIT 采购环节上，海尔实现了信息同步、采购与备料同步，以及距离同步，这大大降低了采购环节的费用。信息同步保障了信息的准确性，实现了准时采购。采购与备料同步，使供应链上原材料的库存周期大大缩减。目前已有 7 家国际化供应商在海尔建立了 2 个国际工业园，艾默生等 12 家国际化分供方正准备进驻工业园。与供应商、分供方的距离同步有力地保障了海尔 JIT 采购与配送。

请结合案例思考以下问题。

（1）海尔为什么要优化供应商网络？

（2）对于海尔来说，JIT 采购在其发展中发挥了什么样的作用？

（3）试分析海尔采购模式的特点、作用和优劣势。

3.1 采 购 概 述

《供应链服务术语》（SZDB/Z 295—2018）对采购的定义是企业在一定条件下从供应商处获取产品或服务作为企业资源的经营活动。在不同的行业中，采购可能会有不同的称呼。例如，在制造业中购买物料或部件的过程通常被称为采购；从传统意义上来说，政府部门的采购行为通常叫作物料的获得；在零售业和批发业中，购买是最常用的词；而在其他行业中采购也可以称为流入物流。

采购活动是连接运作系统与供应商的纽带，如图 3.1 所示。采购的主要工作包括制订采购计划、选择供应商、谈判协商、下达采购订单、进货运输、验收接货、通知财务部门付款等。采购部门和财务部门与供应商在计划安排、供应连续性、套头交易、投机买卖等方面进行协同合作，并与供应商一起从事新项目和新货源的研发工作。

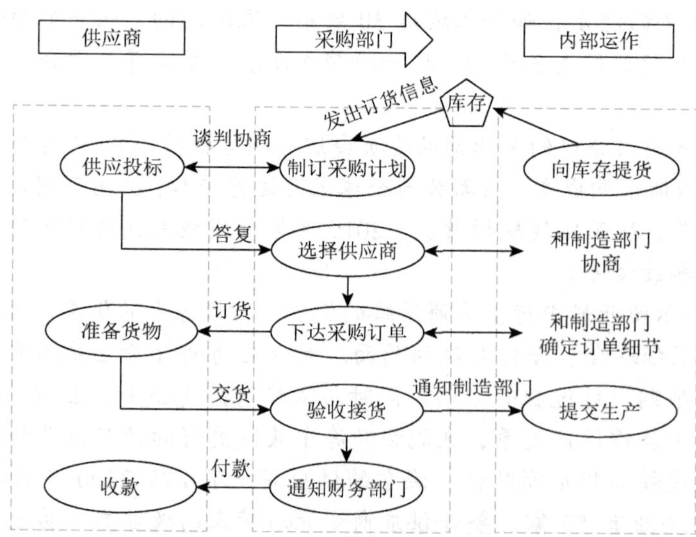

图 3.1 采购部门运作流程示意图

3.1.1 采购管理目标

采购管理的主要目的是以最低的总成本实现及时采购，进而协助企业的生产业务。随着供应链一体化管理的重要性日益增加，企业管理人员对采购活动的重视程度也逐渐增加，这使得采购能力逐渐成为企业盈利的关键能力之一，同时也促使采购人员在供应链中扮演新的角色。采购已经从过去单纯的购买行为逐渐发展为企业之间的合作行为：从供应商处获得足够的支持，从而更好地完成企业的生产和营销战略。其中，企业的采购目标应当集中于适当的供应商开发、实现库存最小化、提高质量、技术创新及所有权总成本的最小化等工作上。

1. 适当的供应商开发

适当的供应商需要满足采购方的质量标准，并能提供合理的价格。除此之外，企业要与供应商保持良好的合作伙伴关系，只有这样才能确保供应链稳定。

2. 实现库存最小化

供应商需要在适当的时间、适当的地点准时、足量地提交正确的货物来保持供应的持续，从而实现库存的最小化。

3. 提高质量

采购对于企业产品的质量而言是一个至关重要的环节。因为产品的质量取决于原材料和零部件的质量，如果使用了质量较差的原材料或零部件，那么最终产成品就可能无法满足客户的质量要求。因此，企业和供应商必须同心协力，共同提高产品的质量。

4. 技术创新

在供应链一体化管理的时代，企业单方面的创新实践所带来的收益甚小，因此企业希望供应商能够协助设计新产品并改进现有产品，并成为企业技术创新的重要来源。

5. 所有权总成本的最小化

采购人员意识到，不仅要考虑物料的采购价格，同时其带来的服务、维修成本及生命周期成本也不可小觑。因此，目前的采购模式已经从买卖双方之间的对立转变为双方之间的合作，即采购人员从重视采购价格转变为重视所有权总成本。

3.1.2 战略性采购

战略性采购是一种以降低总成本为导向的采购方式，是以最低总成本建立业务供给渠道的过程，而不是以最低采购价格获得当前所需原材料的简单交易。战略性采购以降低整体供应链总成本为宗旨，涵盖整个采购流程，通过充分平衡企业内部和外部优势，汇总企业资源，最终支撑企业的可持续发展。这种理念符合现代企业采购管理的“组织（organization）、思维（thinking）、操守（ethics）、绩效（performance）”模型，即OTEP模型。

OTEP模型更多地强调战略采购而非单一成本降低。因为只有从系统上考虑供应链的总成本才是真正的降本做法。该模型是基于企业成本与竞争需求，从企业整体优化出发，从采购组织、采购思维、采购操守与采购绩效四个维度建立的采购模型。

1. 采购组织

组织力就是生产力。企业需要建设基于战略服务目标与绩效管控目标的采购组织与制度流程，规范采购体系，降低采购风险，以提高采购能力。

企业的主要工作任务或目标如下。

（1）协助采购组织明确组织任务与职能。

（2）协助规范采购组织目标、流程、制度与跨部门信息反馈。

（3）协助构建基于组织绩效目标的采购组织体系与考核系统。

（4）协助采购组织，以提高采购能力。

2. 采购思维

采购思维即采购精神。企业需要考虑以下几个问题：采购部是成本中心还是盈利中心？采购甲方的心态是什么？为何说采购盈利和投资回报高？企业与供应商是怎样的关系？采购如何从被动操纵转化为主动决策？

企业的主要工作任务或目标如下。

（1）明确采购财务功能，即采购盈利。

（2）构建采购与供应的供应链逻辑，协助采购工作者立体、全面地看到采购的任务与目标。

（3）建设采购心态，即营利性采购思维。

（4）协助企业的实际采购活动，充分认识采购的组织财务价值，以实现职业采购思维。

3. 采购操守

采购操守是采购职业中必须遵守的最低道德底线和行业规范。它具有基础性和制约性的特点。凡是采购从业者必须坚守采购操守。

企业的主要工作任务或目标如下。

（1）建设健康的采购职业化发展规划。

（2）明确采购职业伦理。

（3）理解主动与被动的采购。

（4）构建采购知识产权、秘密信息、技术资料和其他资源的规范管理。

（5）制定企业的采购操守准则。

4. 采购绩效

采购绩效是采购的核心。企业需要考虑以下几个问题：采购工作者实现采购价值绩效需要何种能力？实现采购价值的工具有哪些？如何构建采购工作者的绩效能力雷达图，以实现相应采购绩效的财务指标？

企业的主要工作任务或目标如下。

（1）理顺采购战略与采购任务的关系。

（2）培养供应商开发、筛选、评估和管理能力。

（3）培养降低采购成本与商务谈判的能力。

（4）构建涉及计划、仓储、生产、配送中心、调度等部门的系统性绩效评价体系。

（5）探索辅助采购的工具与方法，实现技能落地。

OTEP 模型构建的最终目的就是建设采购管理组织、优化采购运营流程、构建职业采购团队和实现企业降本增效。

3.1.3 采购战略

采购战略是企业通过分析自身的产品需求、市场状况等制订的具有指导性、全局性、长远性的采购工作计划。从供应链的角度来看，采购战略是为生产制造和服务战略而服务的，而生产制造与服务战略则是为供应链战略而服务的。因此，在讨论如何借助采购实现企业可持续发展之前，企业需要先将目光放大至全局，从供应链战略的角度来思考问题。

根据一般产品的特点，可以将供应链分成两个大类——传统的低成本供应链和响应型供应链。其中，根据产品数量和种类的差异，传统的低成本供应链可以分为渠道供应链和精益供应链；同理，响应型供应链也可以分为柔性供应链和敏捷供应链。企业根据不同的供应链战略，采取相应的采购战略，如图 3.2 所示。

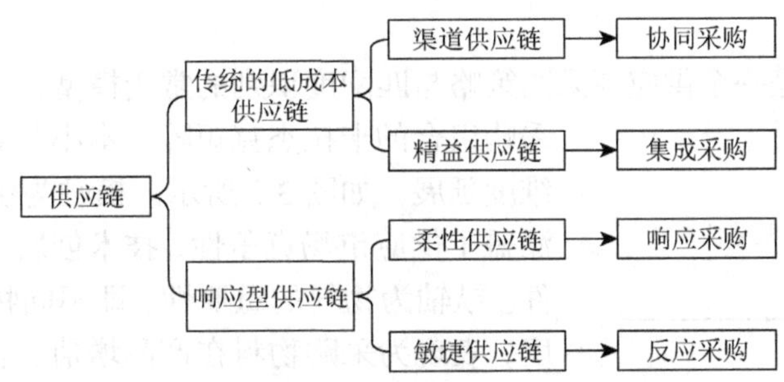

图 3.2 不同类型供应链所对应的采购战略

1. 渠道供应链的协同采购战略

渠道供应链的产品数量多、种类多。企业需要一个庞大的团队来管理供应链，需要对产品质量、交期、服务、成本等要素进行管控，如沃尔玛等大型超市。这类企业涉及的产品种类丰富，导致管理成本较高而管理效果往往较差。因此，这类企业会采取协同采购战略，将具有共性的产品汇聚到几个渠道商那里进行管理，增加规模效益来节约成本，提高效率。该战略的特点是追求质量至上，产品品种较为单一，生产成本较低，但能快速满足需求。

2. 精益供应链的集成采购战略

精益供应链以降低总成本为导向，其产品数量多、种类少。由于这类产品的市场竞争较为激烈，企业最终只能通过价格战来争取市场份额，如丰田等汽车制造企业。这类企业会采取集成采购战略。它是在协同采购战略的基础上，通过上下游集成，形成精益化制造，从而保持低水平的库存，最终实现总成本最低。

3. 柔性供应链的响应采购战略

柔性供应链的市场需求通常是个性化定制需求，这导致每种产品的数量和种类都很少，如高端定制品牌行业。对于这类个性化市场，企业通常需要采取响应采购战略，即通过快速搜索适合的供应商来进行多品种、小批量的采购行为。

4. 敏捷供应链的反应采购战略

敏捷供应链的产品数量少、种类多，往往采取大规模定制和模块化生产，如戴尔的计算机等。这类企业需要供应链的快速响应，因此通常采取反应采购战略。它将产品的最后制造和配送延迟到收到客户订单后再进行，以减小预测风险。其特点是存在供应链延迟，满足大规模定制和标准化模块的生产方式，并且需要供应商快速反应。

3.1.4 采购策略

制定采购策略的目的在于确定物料采购及操作执行的管理原则，从而提高采购效率、规范采购操作，最终控制采购的总成本水平。但是，制定有效的采购策略是一个较为复杂的过程，要根据不同的策略目标制定不同的采购策略。首先，要确定哪些产品或服务必须向供应商购买，而哪些又可以在企业内部生产或加工；其次，根据物料的重要性和市场的复杂度制定不同的采购策略，并与供应商进行协商交易；最后，对不同产品或服务制定最佳采购策略，从而形成采购策略组合。

1. 物料分类

卡拉杰克模型是一个供应商采购策略与匹配度识别的常用模型，为企业带来了适用于采购组合的卡拉杰克矩阵。本小节对卡拉杰克模型做多维度延展，如图 3.3 所示。横轴为供应市场的复杂度，涵盖了供应市场竞争性、技术创新、物流成本等市场条件。纵轴为物料的重要性，即不同物料对利润的影响程度，表现为采购物料在产品增值、总成本、产品收益等方面的战略重要性。

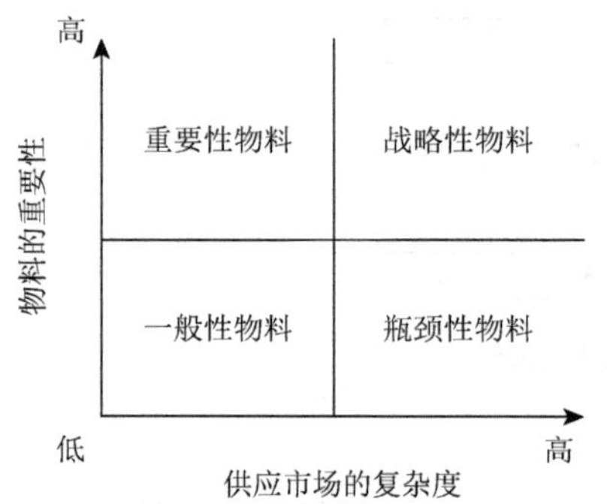

图 3.3 卡拉杰克的物料分类矩阵

由此将物料分为四大类：①重要性物料；②战略性物料；③一般性物料；④瓶颈性物料。

重要性物料可选择的供应商较多，且替换供应商较为容易。它不仅具有标准化的产品质量标准，还能为买家带来较高的利润。这种高收益、低风险的采购物料叫作重要性物料，如基本的原材料紧固件和涂料等。在这种物料的采购中，采购企业占据主动地位，因此不怎么依赖供应商。此时，相对应的采购方式也比较简单，企业只需在完善的采购招标程序下，选择合适的供应商，即可对目标项目定价并达成协议，继而按约完成供应程序。

战略性物料在企业竞争战略中占据核心地位，具有至关重要的作用。这也意味着较高的供应风险，如供给稀缺或运输困难等风险。关于高收益、高风险的战略性物料的采购，是企业采购策略的重心，如汽车发动机、中央处理器等。为了确保战略项目按计划采购，企业需要通过严格的筛选程序，选择力量均衡的供应商，并与其建立紧密的战略联盟关系，让供应商尽早介入，从而在共同创造、垂直整合中，提升长期价值。

一般性物料是指供给丰富、采购容易、影响较低的一般性采购项目，如办公用品等。这类项目具有同样标准化的产品质量。由于低收益、低风险，对应的采购方式应以减少相应的成本投入为主。

瓶颈性物料具有高风险、低收益的特征。虽然它们的战略重要性较弱，但却只能由某一个或者少数特定供应商提供，存在供应商垄断或运输不便等风险，如某些食品添加剂或汽车零部件等。在瓶颈性物料的采购中，供应商占主导地位，因此不会与采购企业建立相应的依赖关系。如果采购企业想降低供应风险，应该以数量保险合同、VMI 等方法为核心制定采购策略。与此同时，企业还应积极寻找潜在的供应商。

2. 具体策略

有效的采购策略有助于企业对供应链进行一体化管理。买卖双方建立起一种紧密的合作关系，是实施采购策略的前提。具体而言，采购策略可分为四种：①分散采购；②集中采购；③供应商运作一体化；④价值管理。

分散采购顾名思义就是谁使用谁购买，企业的各部门自行满足其采购需求，如文秘员工负责基本办公室用品的购买，而清洁员工负责清洁用具的购买。分散采购能够就地购买，节约运输成本。

集中采购是将所有采购任务交由一个专门部门负责，并进行批量合并。企业想要开展有效的采购策略，需要采取的措施之一就是减少供应商的数量，从而实现批量合并，集中购买。但之前关于采购的文献通常强调多渠道供应的重要性，认为多渠道供应是企业最佳的采购策略。这种方法确实有很多优点，但只有减少供应商的数目，实现批量合并的采购活动，才能使采购在买方的业务中发挥杠杆作用。

表 3.1 为单一渠道和多渠道的优缺点比较。显而易见，单一渠道购买会增加企业的风险。因此企业在减少供应商数量的同时，必须对供应商进行严格的筛选、选择和认证，批量合并、集中购买。相关的咨询公司已经指出，企业进行集中购买后，在采购价格和其他成本因素方面的节约金额相当于采购总额的 5%～15%，集中采购可以享受数量折扣、与供应商发展良好关系、为企业带来相当可观的成本节约。

表 3.1 采购渠道的优缺点比较

优缺点	单一渠道	多渠道
优点	更易实施供应商质量保证以提高质量 关系密切、持久，便于沟通，保密性好 较强的依赖可以激发更大的忠诚和积极性 容易在新产品/服务开发过程中进行合作	采购方可以通过竞争性招标将价格压低 某个供应商出现问题时，可以随时改换其他供应商 可以从多渠道获得知识和技能
缺点	一旦供应出现问题，就会受到严重损失 供应商容易受采购方订货数量波动影响 如果没有其他竞争对手存在，供应商可能会抬高价格	难以激发供应商的忠诚 难以实施有效的供应商质量保证 在沟通方面需要投入更多精力 供应商对新工艺进行规模投资的可能性不大 难以实现规模经济

供应商运作一体化指的是企业与供应商成为合作伙伴或形成联盟，目的是当买卖双方进行运作活动时，努力降低总成本。只有将各个企业的创新能力结合起来，才能够形成协同优势，而任何企业都无法通过独立运营实现这种优势。实现供应商运作一体化的方式多种多样，如买方允许卖方进入自己的销售和订单信息系统，通过建立 EDI 系统，提前向卖方发出采购计划的通知，可以有效地缩短订货时间，减少错误。卖方提前获得了需求信息，使得自身可以更准时、有效地安排生产，满足需求。因为减少了需求不确定性带来的风险，所以企业运作的总成本能得到进一步的降低。

价值管理是一种更深入的供应链一体化管理，它不仅关注买卖双方的合作过程，还将目光聚集在如何建立更加广泛和持久的合作关系上。实现价值管理的重点就是让供应商在早期就参与到产品设计之中，因此在采购阶段企业就可以跟供应商相互配合，进一步降低所有权总成本。价值管理要求企业内外部的多个参与者对产品/服务进行密切协作。只有采购、生产、销售、物流及供应商团队共同努力，才能提高运作效率、降低总成本。

3. 采购策略组合

帕累托效应（又称二八定律）依旧适用于采购领域，即数量少的原材料、部件和服务占用了较多的投资金额。对于不同的物料要采用不同的采购策略。根据前文提及的四种物料，本小节提出四种采购策略：①常规采购；②瓶颈采购；③杠杆采购；④关键采购。

表 3.2 从供应商管理模式、基本策略、采购策略、安全库存、订购批量和评价标准等多个方面对比了四种物料。

表 3.2 四种物料采购策略的对比

比较内容	一般性物料	瓶颈性物料	重要性物料	战略性物料
供应商管理模式	一般交易关系	稳定长期合作	一般合作关系	战略合作伙伴
基本策略	管理成本最低	灵活策略	库存成本最低	双赢策略
采购策略	常规采购	瓶颈采购	杠杆采购	关键采购
安全库存	最小	高	低	中
订购批量	经济批量	大	小	中
评价标准	业务效率	来源可靠性	采购成本 库存成本	长期可得性 质量可靠性

常规采购针对的是那些占企业总采购资金比例较小并且采购风险较低的物品，即对一般性物料的采购。这种采购策略适用于经济批量订货，且安全库存最小，其管理成本最低。

瓶颈采购代表了一个特殊的采购问题，这类采购品占公司总采购资金的一小部分，通常会一次性进行大批量订货，安全库存高，且采购风险很高，采购不到会给公司带来严重的运作问题，即对瓶颈性物料的采购。瓶颈采购策略的重点就是维持多个采购来源，并且在可行条件下签订长期合约，以保持持续供应。

杠杆采购和常规采购相似，通常进行小批量订货，安全库存低，因此杠杆采购下的库存成本最低。杠杆采购涉及的采购风险很低，即对重要性物料的采购。批量合并、集中采购和供应商一体化运作在杠杆采购中时有运用。

关键采购主要针对那些预算很大并且对组织成功至关重要的战略性产品或服务，即对战略性物料的采购。由于这类采购品在企业生产中占据非常重要的地位，并且涉及很大的风险，因此关键采购强调通过优选供应商来实现战略性物料的集中采购。在进行关键采购时，供应商一体化运作与价值管理是首选的采购方法。

有效的采购战略最终依靠物流实现，物流与采购活动将企业与其供应商连接起来，因此如何针对 JIT 采购开展有效的物流活动对于实现采购目标来说具有重要意义。

3.2 供应商管理

供应商管理是指基于企业供应链战略进行的供应商搜索、评估、筛选、绩效管理与集成等综合性工作的总称。在现代供应链管理中，供应商资源是企业的战略资源，从这个意义上来说它也是采购战略的重要内容。

供应商管理涉及五步流程。第一步是供应商搜索，针对具体的采购项目，对供应商进行分类管理。第二步是供应商评估，对供应商的分类结果进行评判。第三步是供应商筛选，在评估的基础上选择合适的供应商，既能满足今天的需求，也能满足明天的需求。这三步结合起来就是战略寻源，其产物是合格供应商清单。第四步是供应商绩效管理，统计、管理并改善供应商的绩效，确保供应商能够满足公司的需求。第五步是供应商集成，让供应商在早期就介入产品设计，让供应商与企业系统、流程对接，以便进一步降低成本、提高效率、改善供应链的绩效。

供应链类型的不同导致企业在供应商管理时的侧重点不同。低成本供应链更关注供应商评估和绩效管理，而响应型供应链更关注供应商搜索和评估。

3.2.1 供应商搜索

1. 供应商分级管理

对供应商进行分级管理的目的是整合供应商，以简单化的供应来应对复杂化的需求。模块化是供应链分级管理的必要条件，其好处就是把不同的生产模块给不同的供应商，做好后再组装到一起。例如，汽车行业的采购与制造就是模块化的典型例子，如表 3.3 所示。通常所说的汽车行业主要是指主机厂和一级供应商，因为这类供应商相对较为强大和完善，并聚焦于汽车行业。而二级和三级供应商往往服务于多个行业，其产品具有较大的通用性。

表 3.3 汽车供应链的各级供应商

供应链层级	名称	职责
第一级	主机厂，如通用、丰田、大众	负责整车的设计、组装和营销
第二级	一级供应商，如安波福、博世、江森自控	负责模块的设计与制造，如传动装置、座椅、仪表盘就属于典型的模块
第三级	二级供应商，如英特尔、英伟达	提供像芯片这样的关键产品和技术
第四级	三级供应商	提供生产各模块和组件的原材料、零部件等

2. 供应商搜索渠道

根据所需的物料对供应商进行分级后，就需要在对应的层级上搜索相应的供应商。供应商搜索环节的关键问题就在于搜索渠道的拓展。常见的供应商搜索渠道如下。

（1）国内外采购指南：不同领域内都有相应的采购指南刊物和杂志。

（2）国内外产品发布会：那些领域内影响力大的企业，通常会通过发布会发布新产品，或者在各类展销会上做新产品的发布。

（3）政府相关的统计报告与刊物：在政府的月度、季度、年度统计报告中，可以挖掘到具有较好的资质和较强的合作性的供应商。

（4）竞争对手的供应商：企业可以与竞争对手的供应商合作，来提高自身竞争力。

（5）招标采购：通过招标公告来发布采购需求，企业可以按照法定的招标程序对供应商进行评估、筛选。

（6）定制：对于一些定制化的产品，由于客户需求特殊，难以找到专门的供应商，企业可以通过有能力的供应商进行定制。

（7）大数据：企业可以通过互联网、各类交易网站，或者网络展销会来搜索开发新的供应商。

3.2.2 供应商评估

在搜索供应商后，企业需要对供应商的资质进行评定管理。只有通过完善的认证过程，企业才能够对供应商的产品、生产和服务能力产生全面认知，并对供应商进行有效评估。企业应该根据以下四个因素评估供应商资质。

（1）公司评估：包括公司信誉、财务状况稳定性、地区或地理位置等内容。

（2）产品评估：主要从质量和价格两方面进行。

（3）设备评估：评估供应商的生产量、质量保证、员工素质等内容。

（4）服务评估：主要包含生产提前期、按时运送、供应商的柔性能力、产品或服务改变等。

四个因素的具体评估内容如表 3.4 所示。

表 3.4 供应商评估清单

评估因素	评估指标	评估内容
公司评估	信誉与财务状况稳定性	评估供应商的企业信用报告，了解供应商信誉 企业需要考查供应商过去三年及以上的年度财务报表和分类账目，对财务状况进行全面分析，了解供应商财务状况 供应商是否严重依赖其他买主，使我们承担其优先满足其他买主的风险
	地理位置	供应商是否就在附近
产品评估	质量	其是否具有完善的质量管理体系 是否具有某种质量标准认证，如 ISO9000、TS16949 认证等 是否实施全面质量管理
	价格	供应商对既定商品组合报价合理吗 供应商愿意协商价格吗 供应商是否愿意联合起来共同降低成本与价格
设备评估	生产量与质量保证	有哪些程序确保生产量 质量问题及纠正措施有文件证明吗 为判断和改正货物不符的原因做过调查工作吗 分析供应商具备哪些检测和检验手段 针对采购所需物料，供应商是否具备检测和测试能力 供应商是否有相应的测试环境
	员工素质	是否有经过训练的人员

续表

评估因素	评估指标	评估内容
服务评估	生产提前期与按时运送	供应商能提供的生产提前期是多少 供应商有什么确保按时运送的程序 供应商有什么证明和纠正运送问题的程序
	柔性能力	柔性工厂——机器设备是否能够自由移动、车间隔板是否容易拆装，以及生产用件是否能随时获得、易于组合 柔性过程——供应商能否实现多产品混合生产 柔性工人——工人是否掌握多种生产技术
	产品或服务改变	当产品或服务改变时，供应商给出了多少预先通知 关于变化，买方需要投入到什么程度

对供应商的调查结束后，企业的评估成员需要对供应商的综合能力进行量化打分，用量化的数据对供应商进行完整评估。在设计量化表格时，一定要基于公司战略、行业特点和产品特点等完成相应指标的选择。

设计量化表格后，企业需要获得量化评估数据。具体获得数据的方法主要包括以下三种。

（1）问卷调查法：评估小组成员设计、发放和收集调查问卷，并对问卷数据进行统计分析的调查方法。该方法是使用较为广泛的一种方法。

（2）现场调查法：评估小组成员通过现场观察进行信息收集和确认的调查方法。

（3）访谈会议调查法：评估小组成员邀请相关被调查者，通过集体座谈的方法了解企业情况的调查方法。

企业只有有效运用评估模型，重视供应商的每一条数据，并进行相应的取舍和加权，以数据为基础，才能做出科学的供应商评估决策，找到真正需要的供应商。

3.2.3 供应商筛选

在供应商评估的基础上，企业需要筛选合适的供应商作为未来的合作伙伴，并与供应商建立长期关系。供应商筛选是品类战略的关键构成，需要考虑以下三点。

（1）规模效应：把有限的钱花在有限的供应商身上，把自己做成大客户，获得规模优势和更好的支持。

（2）竞争的充分性：有足够的供应商，保持充分的竞争性。

（3）供应风险：控制供应风险，确保供应链不中断。

基于供应商的历史绩效和潜力进行评估后，企业就可以选择合适的供应商、制定合作的规则、签订合适的合同、达成合作协议。

3.2.4 供应商绩效管理

通过前三步的战略寻源，企业可以得到一份合格的供应商清单。在此之后，企业应当以采购战略的目标为基础，对供应商进行绩效管理，有效识别供应商的实力和价格水准，以发挥供应商的优势。

1. 供应商绩效的设计流程

供应商绩效的设计流程共有以下六步。

第一步是明确采购战略与目标。对于不同的采购产品，企业应当重点考查对应的核心指标，如对办公产品的采购，企业应当考查产品品质和价格。

第二步是货物、工程、服务的差异化设计。对于企业的大品类要有一个广泛的行业分类与定义。

第三步是组建考评项目。企业根据采购目标、行业分类、采购品类设计并组建具体的考核指标。这是一个非常关键的步骤。

第四步是定义考评项目。为了减少评估小组成员对考评项目的差异化理解带来的测量风险，企业要对评估项目指标进行定义。

第五步是确定项目权重。企业需要对不同指标设置差异化的权重数据，以满足支撑企业战略引导的要求。

第六步是确定评估方法。根据考评指标的特点，制定不同的评估方法以供评估小组参考使用，如问卷调查法、访谈法、现场确定法等。

2. 供应商绩效方案

企业应根据与供应商合作的情况来决定供应商的考核周期。许多企业用固定周期的方法，如每月或每季度考核供应商。这样对于短期暴露的问题，供应商可以及时修正。

根据顾客最关心的产品特性，即高质量、低价格、快速交货、良好的服务和外形新颖等，企业对供应商的绩效管理可以从以下几个指标考虑：成本、质量、交货、服务、技术和员工。

执行成本价格绩效管理时，企业应该参考以下三个价格评价指标。

（1）采购价格变化等于实际价格减去计划价格。

（2）采购价格变化百分比等于实际价格除以计划价格。

（3）采购价格总变化等于实际价格和计划价格的差值乘以年采购数量。

通过以上三个价格评价指标能够清楚地看到实际价格与计划价格是否存在明显差异，以及每一批次的生产价格是否与上一批次生产价格相差过大。如果出现较大的数据波动，企业应当要求供应商出示详细说明。

对于质量的考核，企业应该考虑以下三个方面。

（1）考查供应商物料入库时的质量状况。

（2）测试供应商产品的坏损率。

（3）考查供应商新产品的手工样件与试生产的完成状态。它是指在与供应商正式签订采购协议前，通过对供应商能力的审核，对样品品质的分析，来确定品质要求是否达到要求。

供应商经常会出现延期交货的现象，这会给企业生产带来很大的影响。如果供应商频繁出现延期交货，就意味着其业务能力有限，存在赶工期的现象。且因为其匆忙交货，产品很容易出现各种各样的问题，同时也影响了产品的成本。如果供应商的交期绩效始终很低，企业应当及时更换供应商。这是保持产品质量，有效控制成本的关键手段。对交货绩效的考核，企业至少需要考虑以下几个指标。

（1）送货数量的稳定性。

（2）时间遵守率。

（3）批量遵守率。

（4）特定产品计划遵守率。

相比于成本、质量和交货绩效，服务绩效在某种程度上对产品并不会产生直接作用，但它能够反映供应商的专业能力和服务态度，尤其是对问题的处理态度和能力，这直接决定了供应商是否有继续合作的必要性。对于供应商服务绩效的考核可以从以下几个维度进行。

（1）态度沟通。

（2）技术支持说明。

（3）文件单据的准确性。

（4）完整的包装外观。

（5）供应商完整的库存服务。

供应商能否不断地提供新技术，向企业定期发布各类新技术、新产品的说明书，将体现出供应商的核心技术能力。供应商不断进行新技术开发，意味着其技术能力过硬、内部管理完善，是值得信任的供应商。

员工素质决定了企业内部运转的效率，企业应当关注供应商的人才储备数量，一线工人的专业培训工作能力等，这些都会直接影响生产质量和效率。

3.2.5 供应商集成

供应商集成是供应商管理的最高阶段，就是把供应商集成到企业的供应链里面，与供应商建立供应链联盟。这就意味着让供应商早期介入产品开发，通过电子商务等信息化手段，有效地传递生产计划，共享图纸规范，以促进协作。

在具体生产阶段，供应商集成就是通过JIT采购、VMI等方式，把供应商与公司的生产系统对接起来。在JIT采购的订单驱动模式下，企业对客户的所有订单进行生命周期管理，进而降低相应的交易成本，并使供应链系统能够及时响应客户的需求，从而降低库存成本，提高物流的速度和库存周转率。VMI 的远距离供货对采购方来说资金占用少，仓库空间占用大；而对供应商来说，降低了其运输成本，并使其与采购方的合作关系更加紧密。综上，实施JIT采购、VMI使供应商的生产排程更加平稳，生产效率更高，因此生产成本也就更低，整个供应链的库存也更低，问题就更容易暴露，也更适合对供应商进行持续改进。

3.3 采购成本控制

3.3.1 采购成本构成

采购成本控制绝不是简单地降低产品的采购价格，而是对企业管理过程中所涉及的运营综合成本（包括运输、质量检验、返修与客户投诉等成本）的控制。从采购成本的结构来看，我们可以将采购成本拆分为以下内容。

（1）产品价格：从供应商处获取的原材料价格、研发设计成本、生产制造成本、仓储物流成本及供应商的利润等。

（2）订单处理成本：包括订单识别与分析成本、谈判成本、合同与检验成本等。

（3）采购管理成本：包括事务费用（管理费用、办公费用）、仓储管理费用、销售管理费用、售后服务费用等。

从采购成本的若干构成部分来看，企业对采购成本的控制，绝不仅是采购部门的责任，还涉及研发、生产、仓储、财务和销售等各个部门。因此，只有企业的各个部门相互合作，承担起相应的重任，才能实现采购成本的全系统有效控制。

3.3.2 降低采购成本的意义

统计资料显示，在制造业，对原料、零配件、机器设备的采购金额大概占总销售额的50%，部分企业采购额占比甚至高达70%。因此降低采购成本对企业成本管控有着重要意义。调查表明，采购成本每降低1%，相当于企业业绩提高10%～15%。由于采购成本占据企业资金的大部分，故对采购成本的有效控制，对企业业绩和财务指标有着重要影响，能够为企业带来超额收益。

在绝大多数行业中，采购价格对财务指标都具有巨大的杠杆作用。便于理解，我们引入一个例子：一家企业的采购成本占其总收益的50%，税前纯利润率为5%。即1万元的销售额中，利润500元，采购成本5000元，其他成本4500元。假设所有成本费用均随着售价变动。如果企业想将利润率提高至10%，也就是利润变成550元，则企业有以下两种决策。

（1）销售额提高10%至1.1万元。此时，税前利润11元，而采购成本随之增至5500元，其他成本为4950元。

（2）采购成本降低50元，其他成本保持不变。此时，销售额仍为1万元。

很明显，企业只需要缩减1%的采购成本，就可以达到增加10%的销售额所带来的利润收益。对于大多数企业而言，降低采购成本是提高利润的最优决策。

3.3.3 采购价格分析

企业有必要对供应商的报价进行分析，来评估其合理性。对采购价格的分析方法有以下几种。

（1）历史数据法：用供应商的报价与历史交易数据相比较，来评估当下价格的合理性。

（2）横向比较：供应商有大量系列产品或者相类似产品时，详细了解不同产品之间的报价差异与成本动因后做横向比较，以评估某产品报价的合理性。

（3）运用经验法：如果企业在某个领域有丰富的工作经验，对产品结构、产品工艺、材料耗用、品质管理等了如指掌，可以对产品进行主观评价。

（4）货比三家法：采购人员对三家或以上的供应商进行比价，以选择定价合理的供应商。

（5）市场价格法：可以在原材料的市场价格的基础上进行简单计算，来评估其加工品报价的合理性。

（6）价值分析法：价值工程（value engineering，VE）或价值分析（value analysis，VA）是以功能分析为核心，用最低的成本来实现必要的功能。

在此，我们简单介绍VE/VA方法。产品的价值V与产品的功能F和成本C有关。价值等于功能和成本的比值，即产品的性价比。

$$V = F / C \tag{3.1}$$

通过应用价值分析，企业可以把产品的成本分解到每一个配件的目标价格并与供应商报价进行比较。提高价值的基本途径有以下五种。

（1）提高功能，降低成本，则价值提高。

（2）功能不变，成本降低，则价值提高。

（3）功能有所提高，成本保持不变，则价值提高。

（4）功能略有下降，成本大幅度降低，则价值提高。

（5）以成本的适当提高换取功能的大幅度提高，则价值提高。

3.3.4 全面采购成本管理

全面采购成本管理是基于企业竞争需要对产品从设计到交付全过程，以及运营管理、风险等全要素进行成本管理的方案。

我们知道，成本发生在具体过程中，且由无数具体问题累积而成。因此，降低与管控采购成本的过程，实际上就是预防和解决具体问题的过程。因此，在思考如何降低成本之前，应该系统、全面地思考采购成本的构成要素，企业应该从以下几个方面开展全面采购成本管理。

1. 物料分析

物料分析需要明确物料的基本信息，包括具体的物料需求部门、物料的名称、型号和数量，以及采购的预算。

2. 明确采购的目标

采购目标应该是以最低的总成本，为企业获取满足需求的外部物料和服务。具体的目标包括实现整个企业物资供应，在不间断的物料流和物资流中，保障企业生活和生产的正常运作；使库存投资和损失保持最小；在保持采购的基础上，不断提高质量；与供应商建立稳定的关系合作关系；等等。

对于单个项目的全面采购成本管理的目标而言一般有以下五点内容。

（1）战略目标：该采购项目在企业整体战略目标中发挥的作用。

（2）总成本水平目标：此次采购项目的总成本水平目标。

（3）单项成本控制目标：由于采购成本发生在各个环节，因此，需要明确各个环节的成本控制目标，如管理费用、研发费用、财务费用等。

（4）单位产品成本目标：针对每单位产品，确定其成本目标。

（5）成本降低目标：基于对过往同类采购项目的成本分析，确定此次采购项目的成本降低目标。

企业应基于上述五大目标，将全面采购成本管理落实到每个采购项目中，并根据相应的目标制定采购计划与实施周期。

3. 采购计划与实施周期

采购计划是供应链计划的核心内容。企业需要根据生产计划，明确详细的采购物料项目，并做出采购预算和时间预测，这将直接影响采购成本。

4. 供应条件

除了对主要采购物料的品种、数量、规格、质量、价格和运输方法等内容进行分析之外，企业还需要明确其他供应条件，如JIT供应、交付要求、付款条件与期限、技术升级换代、折旧退让等，因为这些条件都涉及后续采购成本的产生。

5. 生产工艺标准化

引入生产工艺标准化对降低产品的制造成本有着重大的意义。工艺标准化不仅能减少企业的设计经费，还能保证产品质量，提高管理和经济效益，从而达到全面采购成本管理的目标。

6. 采购风险

即使企业有着完善的采购计划，还是可能会发生各种采购风险。例如，因采购预测不准，导致物料供应不足或超出预算；因供应商产能下降，导致产品质量不符合订单要求等。这些风险会影响全面采购成本管理的效果，甚至会增加采购成本。采购风险不能消除，但可以通过一定的手段和措施有效地防范和规避，将采购风险的发生概率降至最低。

3.4 采购管理一体化挑战

我们以JIT采购为例探讨采购管理的一体化挑战。大野耐一将JIT采购总结为："与传统采购面向库存不同，JIT采购直接面向需求，其采购运输直达需求点。用户需要什么，就送什么，品种规格符合客户要求；用户需要什么质量，就送什么质量，品种质量符合客户需求，拒绝次品和废品；用户需求多少，就送多少，不少送，也不多送；用户什么时候需要，就什么时候送货，不晚送，也不早送，非常准时；用户在什么地点需要，就送到什么地点。"

3.4.1 JIT生产

JIT采购离不开JIT生产。图3.4描述了传统生产方式和JIT生产方式的不同。以一周5天为例，传统的大批量生产方式为：先生产完15A，再生产25B，最后制造10C。而JIT小批量混流的生产方式为：每天都生产3A、5B、2C。传统的大批量生产方式对供应商来说，生产波动性大，导致库存较高；而JIT生产除了能够实现自身企业的零库存，还可以促使上游供应商减少库存，为供应商实现零库存创造条件。JIT生产对供应商的需求较为均衡，因此能够实现零库存。

● 传统生产方式（大批量）：
15A 25B 10C…
● JIT生产方式（小批量）：
3A 5B 2C 3A 5B 2C 3A 5B 2C 3A 5B 2C 3A 5B 2C…

图3.4 传统生产方式与JIT生产方式的对比

1. JIT生产的优缺点

JIT生产有以下两个优点。一是最大限度地实现低成本、高质量。JIT生产需要通过持续地改善才能逐渐实现，如作业的自主改善、品种切换的优化、生产时间的优化等。这些改善直接提高了效率、降低了成本、保证了质量。二是实现最小的在制品和库存。全生产链的同期混流生产，使各个环节的中间在制品最小。同时物料也是按照JIT排序形式上线，实现了最小的库存量。这样在现场就最大限度地减少了物流空间，降低了运转成本。

但相较于大批量生产，JIT 生产也存在不少的问题。一是大批量生产的产品属于一次性生产的产品，其产品质量较好，而小批量生产很难保持质量始终不变。二是小批量生产会导致运输次数增加、运输规模经济下降，导致运输成本增加、满载率下降及换线次数增加。

2. JIT 生产满足的条件

JIT 生产需要满足混流、连续、柔性三个条件。

第一个条件是混流生产。其生产计划并不是对单一品种、单一客户的生产计划，企业需要考虑各种规格、各种需求的产品来应对不同的市场竞争和客户需求，因此要在生产线上进行混合流动生产，即混流生产。但是混流生产并不容易，其最大的问题就是要考虑均衡。由于不同品种产品的工艺、时间和品质的不同，其生产时间也会有所不同。如果随意安排，依然会造成很大的浪费。所以在混流计划中要根据生产节拍来实现生产均衡。

第二个条件是连续生产。只有每个环节和过程不间断地流动起来，才能有效减少在制品库存，从而降低成本。

第三个条件是柔性生产。从操作层面要考虑多能工，即需要培养具有操作多种机器设备能力的作业人员；从设计层面要考虑通用化，即对产品的基础部分进行通用化设计，使零部件无须改变就能适用于大多数产品；从采购层面要考虑模块化，即对供应商进行集成管理，从而节约运输成本和交易成本；从设备工装层面要考虑快速换型，即在产品生产换线过程中，将产品模具的更换时间、生产启动时间或调整时间等尽可能减少，这样可以显著地缩短机器安装和设定换模所需的时间，从而节约成本。

3. JIT 生产的设计战略

JIT 生产的设计战略有以下三个。

（1）通用化设计：对产品的基础部分，如汽车的底盘、车架、动力传送系统等，进行通用化设计。

（2）模块化设计：把产品按机能进行分割，实现模块化生产、减少不同品种间的生产浪费。

（3）标准化设计：产品的零件、模块的种类尽量减少，以实现标准化设计。

4. JIT 生产的实施策略

JIT 生产的实施策略主要包括以下三个。

（1）同期化：推进生产各个环节的同期化和物料零件供应的同期化。

（2）均衡化：各个生产环节的生产节拍尽量保持一致，而对于特殊节拍的产品，可以考虑在生产线外进行处理。

（3）自动化：JIT 生产导致物流量大幅增加，因此需要尽量考虑搬运的自动化。企业需要使库房、现场配料区、生产线之间的物流实现搬运自动化。

5. JIT 生产的推进

JIT 生产的推进绝对不是一时一事就能成功的，而需要持续研究、持续改善、持续推进。JIT 生产追求高效率、低成本、高质量，但是在推进的初期，可能会影响生产效率和质量等，这是暴露问题的过程。企业不能因为出现一点问题就认为 JIT 生产不适合本企业。

只有不断暴露问题、不断解决问题、不断深化 JIT 生产，才能够最终实现高效率、低成本、高质量的 JIT 生产体系。JIT 生产的推进过程就是精益思想的循序渐进地形成过程。

3.4.2 JIT 采购流程

采购是制造的上游，采购的产品质量、成本和时间直接影响了制造的产品质量、成本和时间。有些制造环节的质量问题，往往源于零部件的问题。JIT 的制造体系要求将零部件的质量不良率降低到零。所以，确保采购零部件的质量也是 JIT 生产的一个重要环节。JIT 生产需要零件的准时送达，这不但加强了对仓库的要求，更强调了采购环节的重要性。对供应商的开发、供应商的管理都是 JIT 生产上游重要的环节。

大野耐一建立了 JIT 生产和采购模型，并总结了完整的 JIT 采购流程，具体内容如下。

（1）创建管理团队，全面处理 JIT 相关事宜。

（2）制订计划，确保 JIT 采购按计划实施。

（3）与供应商建立伙伴关系，在紧密合作中主动交流、互相信赖、确保供应。

（4）先在某种产品或某条生产线进行试点工作，并不断改善推广。

（5）做好供应商培训工作，真正做到目标一致、互相认可，并视情况办理免检证书，以进一步提高采购效率。

（6）确定交货方式，当生产线需要某种物料时，该物料刚好送达生产线。

（7）在持续完善和改进中，不断总结经验教训、修正供应条件、扩大 JIT 采购成果。

同时，为了制造适应市场需求的产品，企业需要根据市场需求对产品进行创新，并对生产和采购环节进行创新。JIT 的创新思想在采购和生产方面有所相同，都是需要从产品、流程和思维三个方面进行不断改善和创新。但 JIT 采购和 JIT 生产之间也有细微差异，如表 3.5 所示。

表 3.5 JIT 生产和 JIT 采购所需的创新策略差异

创新策略	JIT 生产	JIT 采购
产品创新	加强优势产品经营 加强产品规划及开发能力 制定自制外包战略	促进购买 开发具有技术力及竞争力的供应商 制定自制外包战略
流程创新	正确的市场及快速反应 大幅降低流程成本 供应商组合	低成本采购及业务的效率化 对应网络时代的公共购买变革 以买方为主导的采购物流组合
思维创新	基于信息共享的机制革新 以顾客为导向 共享有价值的生产信息 提高生产目标及评价的透明度	培育具有战略思维的采购人员 以顾客为导向 共享有价值的采购信息 改善质量、成本和交货期

3.4.3 JIT 采购的核心内容

为了尽可能消除库存和浪费，JIT 采购的作业流程必须极大地精简。想要发挥这一效果，企业就必须在供应条件谈判中紧紧把握 JIT 供应原则。JIT 供应原则的核心内容在于需求拉动、精益计划与零库存，减少供应商数量和采用小批量采购策略。

传统的采购模式一般是多头采购，即在多个供应商中择优采购，但JIT供应的理想供应商数量只有一个，即每个物料只有一个供应商，也即单源供应。在单源供应中，提高供应商管理效率有利于降低采购成本，并建立长期稳定的合作关系。企业必须在较少供应商和小批量采购的策略下，占据供应条件谈判的主动地位，并基于产品质量、交货期、批量柔性等条件对供应商进行严格筛选。只有这样才能实现价格、质量等供应条件的最优化，并与供应商建立稳固的长期合作关系。但为了避免依赖性过大的潜在风险，企业也要视情况选择单源或较少的供应商。

除此之外，相较于传统采购，JIT采购还有以下不同，如表3.6所示。

表3.6 JIT采购和传统采购的区别

比较内容	JIT采购	传统采购
采购批量	小批量、送货频率高	大批量、送货频率低
供应商选择	长期合作、单源供货	短期合作、多源供货
检查工作	逐渐减少、最后消除	收货、点货、质量验收
协商内容	长期合作关系质量和合理价格	获得最低价格
运输	准时送货、买方负责安排	较低成本、卖方负责安排
产品说明	供应商革新、强调性能	买方关心设计，供应商没有创新
包装	小且标准化的容器包装	普通包装，没有特地说明
信息交换	迅速可靠	一般要求

虽然相比传统采购，JIT采购优势明显，但其也面临以下局限。

首先，JIT采购的适用范围是低成本供应链。企业周围需有多个供应商，形成本地化的产业集聚，才能实现稳定、快速和低成本的供货响应。例如，上海嘉定的汽车制造业和深圳的电子制造业等。

其次，JIT采购会增加物流成本。由于企业物料需求的不确定性，大批量采购必然存在仓储和资金浪费的风险。因此，小批量采购成为JIT供应的必然选择。但小批量采购带来的多批次采购，也必将增加供应商的运输成本。而要解决这一问题，最佳的方式是选择距离较近的供应商，或者企业也可要求供应商就近建立临时仓库。除此之外，企业可以针对多个供应商实现循环取货（milk run）配送，即按照既定的路线和时间依次到不同的供应商处收取货物，同时卸下上一次收走货物的空容器，最终将所有货物送到生产企业仓库或生产线的一种公路运输方式。

最后，JIT采购需要跨部门合作。JIT采购并非依靠采购单个部门就能实现，其需要生产、质量、运输多个职能部门与采购部门协同合作。JIT采购不是一句口号、一句宣传语，而是一个不断完善和改进的过程，需要在实施过程中不断总结经验教训，从降低运输成本、提高交货的准确性和产品质量、降低供应商库存等多个方面进行改进，进而不断提高JIT采购的运作绩效。

思考题

1. 请简述战略性采购的内涵。

2. 请比较四种采购战略的差异和适用范围。

3. 请从采购策略的角度出发，举例比较四种物料的差异。

4. 请结合具体案例，阐述企业如何进行供应商管理。

5. 请结合具体案例，描述企业采购成本的构成，并谈谈采购人员应如何进行全面采购成本管理。

6. 试阐述 JIT 采购所面临的一体化挑战有哪些，并结合具体案例，为某一企业 JIT 采购的实施提出建议。

第4章

物流运输管理

国家每年都会统计和公布社会物流总费用(也称为社会物流总成本)等物流相关指标，这些指标可以综合性地反映国家物流行业的整体状况。其中，社会物流总费用，指的是报告期内国民经济各方面用于社会物流活动的各项费用支出的综合，包括三大部分：运输费用、保管费用和管理费用。运输费用几乎占据了社会物流总费用的半壁江山。因此，对物流运输进行分析和控制，不仅有助于企业降低物流总成本，更能有效助力物流总成本的规划。然而，运输与物流的其他功能要素，运输成本与运输服务水平之间的效益背反矛盾非常突出。例如，库存量的降低虽然能够减少库存成本，但也因频繁补货而增加了运输费用；包装费用的节约可能导致装卸搬运过程中的货物破损，从而带来运输效率的降低和运输成本的增加。因此，企业要综合考虑储存、包装、装卸搬运、流通加工、物流信息处理等所有可能的影响因素，来选择运输方式、规划运输线路、设计运输节点，并进行运输整合，这样才能从总体上降低物流总成本。这体现了总成本管理的思想，也给运输企业带来了物流一体化的挑战。

本章从运输与物流运输的概念出发，介绍了五种基本的运输方式和运输的三项基本原理，强调了运输与其他物流活动之间的交互作用，以及总成本管理的思想；其次，着重介绍了集装箱运输和国际多式联运的运输模式，以及如何进行国际集装箱多式联运的组织与管理；最后，从运输方式选择、运输线路设计、运输节点选址、运输整合与合理化的角度出发，阐述了基本的物流运输决策方法，并介绍了运输绩效的评价原则和评价指标。希望读者通过本章的学习，能够深入理解物流总成本控制的思想，掌握物流运输管理的具体方法，了解现代化运输的发展趋势，并体会运输管理所带来的一体化挑战。

引入案例：危化品运输安全事故频发

重特大事故的发生给人民生命财产安全带来了巨大损失，危险化学品（以下简称危化品）生产与运输的安全形势日益严峻。根据应急管理部的统计，我国危化品运输在 2018 年发生重大事故 2 起、死亡 43 人；2019 年 1 月至 8 月发生重特大事故 3 起、死亡 103 人，其中江苏响水“3·21”特别重大爆炸事故导致 78 人死亡。

2020 年 6 月 13 日，位于 G15 沈海高速温岭市大溪镇良山村附近的高速公路上，一辆装载量约为 20 吨的液化石油气槽罐车发生爆炸，造成重大人员伤亡。截至 2020 年 6 月

15日7时许，该事故共造成20人死亡。2020年7月15日15时10分左右，位于山东东营港经济开发区的危化品专用停车场内，一辆装载轻质油的车辆发生冒罐燃烧，导致车辆起火爆炸，该事故造成8人烧伤。

有专家预测，此类危化品运输事故相继发生，预计会成为整个危化品运输市场大洗牌的导火索。随着监管的严格、不合格企业的清退，未来市场的集中度将越来越高，头部企业有望获得更大份额。

实际上，2018年出台的《危险货物道路运输规则》里增加了危险货物运输条件豁免、国际多式联运等相关要求，细化了各参与方的职责和义务。2020年，交通运输部贯彻落实中央领导同志重要批示，印发《关于切实做好危化品运输等重点领域安全生产工作 坚决遏制重特大安全生产事故的紧急通知》，强调全力做好危化品运输安全管理工作，加强危化品道路运输安全监管执法，严格实施对车辆和驾驶员的动态监控；加强港口危化品储存和作业安全管理，强化港口危化品集中区域重大风险评估和管控；严格进行水路危化品运输安全管理，严禁超范围、超能力和船舶带病运输；加强对危化品车辆停放、船舶停泊的安全管理；并全面加强相关各行业重点领域的重大安全风险防范等。

请结合案例思考以下问题。

（1）我国危化品运输行业特重大事故发生原因是什么？

（2）我国危化品运输行业的特点和困境分别是什么？

（3）运输行业的专业化和规范化究竟有什么重要作用？

4.1 物流运输管理概述

运输是人类社会的基本活动之一，是现代社会人们所熟悉的一种社会经济活动。

在日常生活中，人们上下班乘坐公共汽车，外出旅游时乘坐火车或飞机；在国际贸易中，汽车、火车或飞机将商品从一个地区或国家运送到另一个地区或国家；在工业生产中，不同的运输工具将各种原材料、零部件从供应地运送到港口、车站或仓库。这些活动都属于运输活动，都实现了人或物的空间位移，也都涉及公共线路（如公路、铁路）、运载工具（如汽车、火车、飞机）、设施设备（如桥吊、叉车）、组织管理技术和客货对象（人或物）等几个方面的要素。所以，在传统的观念中，运输就是借助公共运输线路及其设施和运载工具，通过一定的组织管理技术，实现人与物的空间位移的一种经济社会活动。

但是，并非所有人或物的空间位移都是运输活动。如果没有使用一般公认的运输工具，或者直接目的不是为了完成空间位移，而是为了完成某项特定任务，那么这些活动就不属于运输的范畴。比如，城市的输电、供暖和电信传输活动，洒水车、消防车和环境监护车的作业活动等。所以，我们有必要对运输有更为清晰的认知和理解。

4.1.1 运输的定义与特点

1. 运输的定义

在《中华人民共和国国家标准：物流术语》（GB/T 18354—2021）中，运输的定义为：利用载运工具、设施设备及人力等运力资源，使货物在较大空间上产生位置移动的活动。

运输的概念中提及的“位置移动”，往往包括许多伴随的操作业务，如图 4.1 所示。货物从 A 仓库经过公路运输送到 B 工厂和 C 零售门店，汽车运送物品的过程经过了运输站点 D。在起点 A 处可能要进行盘点、包装、装配等，在 D 点可能要进行中转、搬运、卸下、换装等，而在终点 B 和 C 则可能进行卸下、搬运、理货、入库等必要的操作。

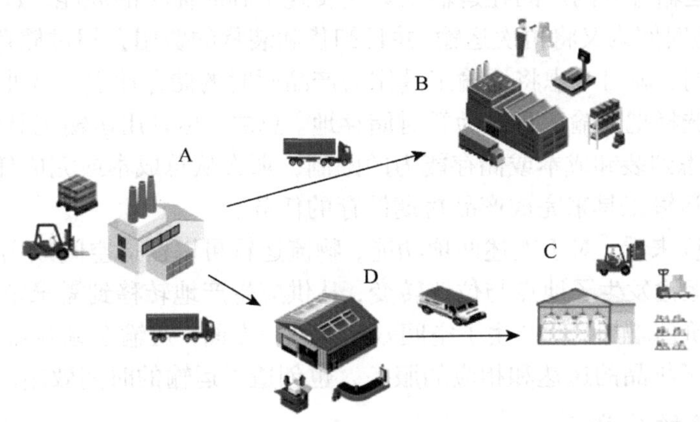

图 4.1　运输相关物流操作

2. 物流运输的特点

与传统的运输概念相比，物流运输在许多方面具有自己的特点，主要表现在以下几个方面。

一是运输对象不同。一般运输的对象包括人员与物品，而物流运输的对象只包括物品，即物流运输只包括货运。

二是工作范围不同。一般运输主要指流通领域的运输，不包括生产领域的运输；而物流运输不仅包括流通领域的运输，还包括生产领域的运输。流通领域的运输主要是将物质产品从生产领域向消费领域在空间位置上进行物理性的转移活动，如将电视机从生产企业仓库运送到零售企业仓库；生产领域的运输一般在生产企业内部进行，因此又称厂内运输，如从生产企业机器零部件分厂到成品分厂的运输。

三是运输工具不同。一般运输使用的工具包括客运车辆和货运车辆，如公交汽车和卡车；而物流运输使用的是货运车辆，特别是在生产企业内部的运输，一般使用较为特殊的车辆，如叉车、托盘车等。

综上所述，物流运输与一般运输之间的关系如图 4.2 所示。

3. 物流运输的功能

在物流运输的过程中，体现出了两大功能：产品转移和产品暂时储存。

产品转移主要指的是在空间上的位移，这是由运输的主要职能所决定的——将产品从原来所处的地点转移到规定的地点。对应地，管理目的就是要以最少的费用和合理的时间，保质保量地完成产品转移的任务。

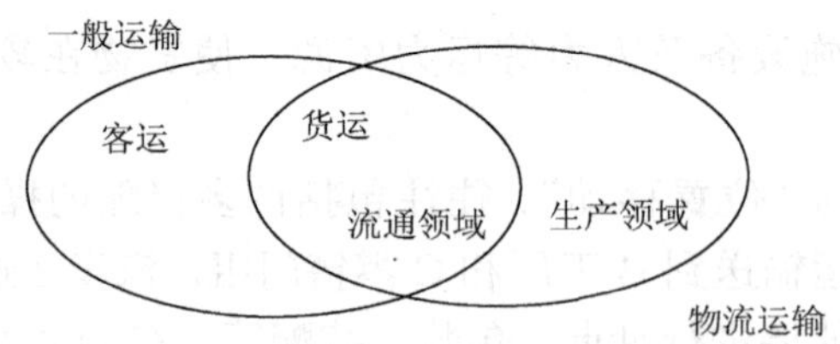

图 4.2 物流运输与一般运输之间的关系

与此同时，运输过程的产品在运输工具上实现了临时储存的职能。如果运输中的产品需要储运，而在短时间内又将再次运输，并且卸货和装货的费用会超过储存在运输工具（如汽车）中的费用时，就可考虑将运输工具作为产品暂时的储存地点。另外，当仓库空间有限时，也可考虑选择把运输工具作为暂时储存地。总之，尽管用运输工具储存产品的成本较高，但如果考虑到装卸成本或储存能力的限制，那么从总成本或完成任务的角度来看，可以合理地利用运输工具来完成产品短期储存的任务。

从效用的角度来看，对于上述两项功能，物流运输可以创造空间效用和时间效用。一方面，货品通过运输发生了地点与位置转变，从供应生产地转移到需求市场，满足了顾客的需求，实现了价值增加，就产生了空间效用；另一方面，运输在顾客需要的时候实现了物的位移，提供了物品的送达和相应的服务，也创造了运输的时间效用。

4.1.2 运输的分类

按照不同的标准，运输可以划分为不同的类别。比如，根据运送距离远近，运输可以分为长途运输、中途运输与短途运输；根据运输线路的性质，可以分为干线运输、支线运输、二次运输和厂内运输；根据货物特点及运输保管条件不同，可以划分为一般货物运输和特种品运输（包括危险品运输、鲜活易腐品运输、超限品运输等）。根据运输工具的不同，有公路、铁路、水路、航空和管道五种运输方式。

1. 公路运输

公路运输是主要使用汽车，也使用其他车辆（如人、畜力车）在公路上进行货物运输的一种方式。公路运输主要承担近距离、小批量的货运及水路、铁路运输难以到达地区的长途、大批量货运及铁路、水运优势难以发挥的短途运输。

公路运输的主要优点是灵活性强［可以采取门到门（door to door）的运输形式］，公路建设期短，投资较低，易于因地制宜，对收到站设施要求不高。公路运输也可作为其他运输方式的衔接手段。

2. 铁路运输

铁路运输是使用铁路列车运送货物的一种运输方式。铁路运输主要承担长距离、大数量的货运。在没有水运条件的地区，几乎所有大批量货物都是依靠铁路运输。它是在干线运输中起主力运输作用的运输形式。

铁路运输的优点是速度快，受自然条件限制小，载运量大，运输成本较低。主要缺点是灵活性差，只能在固定线路上实现运输，需要其他运输手段配合和衔接。

3. 水路运输

水路运输是使用船舶运送货物的一种运输方式，包括沿海运输、近海运输、远洋运输和内河运输。水运主要承担大数量、长距离的运输，是在干线运输中起主力作用的运输形式。在内河及沿海，水运也常作为小型运输工具使用，承担补充及衔接大批量干线运输的任务。

水运的主要优点是成本低，能进行低成本、大批量、远距离的运输。但是水运也有显而易见的缺点，主要是运输速度慢，受港口、水位、季节、气候影响较大，因而一年中中断运输的时间较长。

4. 航空运输

航空运输是使用飞机或其他航空器进行运输的一种形式。航空运输的单位成本高，因此，主要适合以下货物的运输：一是价值高、运费承担能力很强的货物，如贵重设备的零部件、高档产品等；二是紧急物资，如救灾抢险物资等；三是鲜活易腐、季节性的商品。

航空运输的主要优点是速度快、不受地形的限制。在火车、汽车不能到达的地区也可依靠航空运输。在具体的运作中，可以提供班机运输、包机运输和集中托运（航空货运代理的主要业务）等不同的方式，满足不同的客户和不同的场景需求，因而有其重要意义。

5. 管道运输

管道运输是利用管道输送气体、液体和固体料浆的一种运输方式。其运输是靠物体在管道内顺着压力方向循序移动实现的，和其他运输方式的主要区别在于，管道设备是静止不动的。

管道运输的主要优点是采用密封设备，在运输过程中可避免散失、丢失等损失，也不存在其他运输设备本身在运输过程中消耗动力所形成的无效运输问题。另外，其运输量大，适合大且连续不断运送的物资。

以上五种基本运输方式都能够借助运输工具，实现货物的位移，达到运输的目的。但是，从面对客户的服务特性的角度，它们在可靠性（服务一致性）、运输时间、市场覆盖（提供门到门服务的能力）、灵活性（可以运输不同种类的货物及满足托运人特定需求的服务）、货物损失与破损情况及承运人可以提供的运输以外的服务等方面，表现出了不同的特征，因而也有各自不同的适用范围，如表 4.1 所示。在实践中，每种运输方式运费的计算方式都有差异，在对新物流进行成本控制时，企业必须通过精准计算才能做出最佳选择。

表 4.1　各种运输方式的比较

运输方式	优点	缺点
公路运输	可以进行门到门的连续运输 适合近距离运输，经济半径在 200 千米以内 使用上灵活，可满足多种需求 快速、可靠，并且货物损耗低	运输单位小，不适合大量运输 长距离运输运费较高
铁路运输	可以满足大量货物一次性高效率运输 运输运费负担较小的货物的时候，单位运费低，经济半径在 200 千米以上 由于采用轨道运输，事故较少，安全性高 铁路运输网完善，可以将货物运往各地 运输上受天气影响小	近距离运输费用较高 不符合紧急运输的要求 长距离运输的情况下，由于需要进行货车配车，中途停留时间较长

续表

运输方式	优点	缺点
水路运输	适合于运费负担能力较小的大量货物的运输 适合于体积、重量大的货物运输	运输速度较慢 港口的装卸费用较高 航行受天气影响较大 运输正确性和安全性较差
航空运输	运输速度快 适合于运费负担能力大的少量货物的长距离运输	运费高、运量小、不适合低价值货物和大量货物的运输 货物的重量、体积受限制 机场所在地以外的城市在利用上受限制 中转与交付面临延迟和拥挤
管道运输	运输效率高 占用土地少 运输效率高，适合于自动化管理 可靠性高、成本低	运输对象受限制，只有当货物是以液体、气体或浆状状态存在时，才可以采用管道运输

4.1.3 运输的原理

运输的原理是指导运输管理和运营的基本理论，它是企业运输方式的选择、运输规划与设计、运输计划与调度等运输决策与活动的理论依据。

1. 规模效益原理

规模效益是指随着运输工具装运量的增加，每单位重量货物的运输成本就会被降低，如图 4.3 所示。例如，一辆汽车装载量越大，每吨货物分担的汽车购置成本等固定运输成本就会越小，那么该汽车运输的规模效益就越好。相对于货运汽车和轮船来说，汽车一般装载量较小，其规模效益较低。

2. 距离效益原理

距离效益原理与规模效益原理基本相似，即每单位距离的运输成本随着运输距离的增加而减少，也就是说单位运输成本符合递远递减原则，如图 4.4 所示。这是因为运输端点所发生的固定费用要分摊到运输距离上，运输距离增加导致分摊在每单位距离的固定费用减少。根据距离经济原理，与短途运输相比，长途运输的单位运距的成本相对较低，距离经济比较明显；相对于铁路运输，海洋运输在长距离运输中距离经济比较明显。

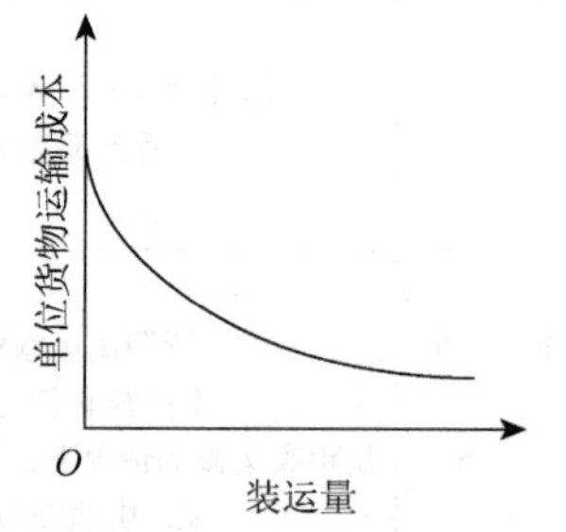

图 4.3 单位货物运输成本与装运量

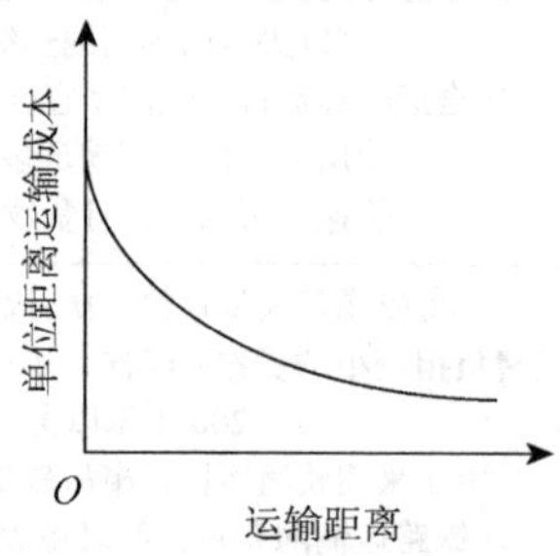

图 4.4 单位距离运输成本与运输距离

3. 效益背反原理

效益背反是物流领域中很常见的、很普遍的现象。从系统观来看，物流是由若干功能要素（运输、保管、装卸搬运、包装、流通加工、配送、物流信息处理）有机组成的，各要素之间存在着损益的矛盾，即某一个功能要素的优化和利益发生的同时，必然会带来另一个或另几个功能要素的利益损失，反之也如此。其中，运输与物流其他功能要素乃至运输服务水平之间的效益背反矛盾非常突出。例如，要降低库存成本，就要设法减少库存量，但这样就要频繁补充库存，必然会增加运输次数与运输距离，从而无形中增加了运输费用；如果要节约包装费用，就要设法简化包装、降低包装强度，但这样就会使装卸搬运过程中的破损现象增加，从而带来运输效率的降低和成本的增加。

需要特别注意的是，由于运输原理的规模效益和距离效益原理，在运输过程中，可以通过增大单位运输工具的运输量或速度，降低单位成本，增大运输效益。而效益背反原理则告诉我们，运输是物流系统中的组成部分，要综合考虑储存、包装、装卸搬运、流通加工、物流信息处理等所有相互影响的因素，找到平衡点，以使整体效益最优。

4.1.4　运输与其他物流活动的关系

正如效益背反原理所言，运输是物流系统中的组成部分。在整个物流过程中，通过储存、装卸搬运、包装、流通加工、物流信息处理等功能的衔接与配合，由运输（配送）实现了物品的空间位移流动即实体流动。从系统化的角度，运输与物流系统中其他环节的相互作用如图 4.5 所示。

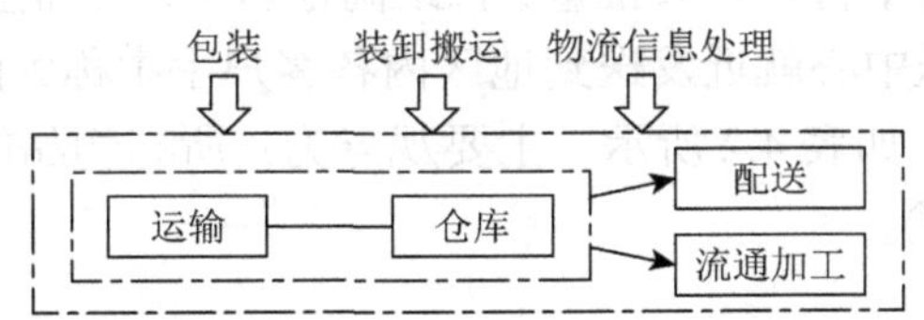

图 4.5　运输与物流系统中其他环节的相互作用

与此同时，运输作为物流系统中重要的功能单元，对其他环节也有着重要的影响作用。比如，铁路和轮船运输与汽车运输相比，要求包装更坚固些；汽车的短途运输与长途运输相比，要求包装更简单，而在为客户送货的时间方面，如果时间紧迫，要求装卸搬运的速度要快，在仓库中货物储存的时间要短，分拣、出库的速度要快；运输所使用的车辆及客户要求不同，需要考虑仓储作业应该包括哪些具体内容，如是否提前开箱、开捆或打包、打捆，是否需要提前贴标签、装箱、装托盘等。

我国国家发展和改革委员会、中国物流与采购联合会联合发布的《2022 年全国物流运行情况通报》显示，运输费用（9.55 万亿元）占社会物流总费用（17.8 万亿元）的比重过半，运输环节的设计优化及运输费用的降低可以促进物流合理化。特别地，在经济全球化的背景下，制造企业在柔性化和定制化方面的能力不断增强，以缩短产品生产与消费在时间上的差距。同时，流通和消费企业也在努力缩短商品流通与消费在时间上的差距。这些对运输网络、能力、速度、成本、及时性、安全性等方面提出了更高的要求，从而使得运输在现代物流中的地位和作用更为显著。具体来看，运输与其他物流活动存在以下四方面的关系。

1. 运输与包装的关系

货物包装的材料、规格、方法等都不同程度地影响着运输。首先，包装的外廓尺寸应该充分与运输车辆的内廓尺寸相吻合，这对于提高货物的装载率具有重要意义，将给物流服务水平提高带来巨大影响；其次，包装尺寸的大小还会影响运输成本，特别是轻泡货物，包装越紧凑、单位运输成本越低；最后，包装的强度会影响货物运输的安全性。

2. 运输与装卸的关系

一般来说，一次运输往往伴有两次装卸活动，即运输前后的装卸作业。货物在运输前的装车、装船等行动是完成运输的先决条件，此时装卸质量的好坏将对运输产生巨大影响。装卸工作组织得力、装卸活动开展顺利，都可以使运输工作顺利进行。当货物通过运输到达目的地后，装卸作为最终运输任务的补充劳动，助力达成合理运输的最终目的。除此之外，装卸又是各种运输方式的衔接环节，当运输方式实行必要的变更时，如铁路运输变为公路运输、水路运输变为铁路运输等，都必须靠装卸作为必要的衔接手段。

3. 运输与储存的关系

储存保管是货物暂时停滞的状态，是货物投入消费前的准备。虽然货物的储存量与需求量紧密相关，但货物的运输也会给储存带来重大影响。如果运输活动组织不善或运输工具不得力，就会延长货物在仓库中的储存时间，这必然增大货物储存量、增加货物储存成本。

4. 运输与配送的关系

在企业的物流活动中，将货物大批量、长距离地从生产企业直接送达客户或配送中心称为运输；货物再从配送中心就近发送到地区内各客户手中称为配送。关于两者之间的区别，有许多不同的观点，如表 4.2 所示，主要观点为：所有物品的移动都是运输，而配送指短距离、小批量的运输。

表 4.2　运输与配送的区别

运输	配送
长距离、大量货物的移动	短距离、少量货物的移动
节点间的移动	企业送交客户
地区间货物的移动	地区内部货物的移动
一地向一地单独运送	一地向多处运送，每处只获得少量货物

4.2　集装箱运输与多式联运

4.2.1　集装箱运输与多式联运的产生与发展

1. 集装箱运输的产生与发展

集装箱运输是一种现代化的运输方式，其最早的思想可以追溯到成组运输及相关的托盘的使用。而后基于托盘成组的局限，进行了集装箱的改进，突破了件杂货运输的装卸瓶颈，并于 1845 年将这一构想应用到了英国铁路的载货车厢，开创了集装箱运输不断发展的篇章。

成组运输与托盘成组，源于人们在面对件杂货的装卸和运输过程中，发现件杂货外形不一、体积不一、密度不一等，要提高装卸效率，先要摆脱沉重与低效的人力装卸。于是，人们着眼于货件的标准化与装卸单元的扩大化。即使是外形不一、大小不一的件杂货，也可以通过某种组合，变成外形、大小一致的货件。于是就出现了成组运输。这一改进的运输工艺，利用各种不同的成组工具，把件杂货组成同一尺寸的标准货件，使其可以不拆组，并快速在铁路、公路、水路等不同运输方式之间切换和转移。

成组运输开始是用网兜和托盘来实现的，后来进一步发展了托盘船，实现了托盘化。但是在托盘运输的使用中，仍旧存在一些不足。比如，使用托盘成组的货物必须包装尺寸近似，托盘本身的尺寸有限，托盘运输中的堆装等操作对货物包装强度要求较高，等等。于是，集装箱化就是对托盘成组运输的进一步改进。换句话说，托盘货件被装进集装箱，集装箱就代替了托盘，成为更大、更理想的成组容器，从而突破了件杂货运输的装卸瓶颈。

将集装箱规模化地运用于运输，产生于 19 世纪初的英国。早在 1801 年，英国的詹姆斯·安德森博士已经提出了将货物装入集装箱进行运输的构想。1845 年英国铁路曾使用载货车厢互相交换的方式，视车厢为集装箱，使集装箱运输的构想得到初步应用。19 世纪中叶，在英国的兰开夏已出现运输棉纱和棉布的一种带活动框架的载货工具，这便是集装箱的雏形。

集装箱运输的优越性越来越被人们承认，以海上运输为主导的国际集装箱运输发展迅速，1970 年约有 20 万 TEU（集装箱计量单位，twenty-feet equivalent unit，又称换算箱、标准箱），1983 年达到 208 万 TEU。1967 年至 1983 年这一时期是世界交通运输进入集装箱化时代的关键时期。此时，集装箱船舶的行踪已遍布全球。

1984 年以后，集装箱运输又重新走上稳定发展的道路。目前，发达国家杂货运输的集装箱化程度已超过 80%。随着集装箱运输进入成熟阶段，世界海运的集装箱化已成为不可阻挡的发展趋势。

2. 国际多式联运的产生与发展

集装箱运输进入成熟阶段的特征，主要表现在硬件与软件的成套技术趋于完善和开始进入多式联运及门到门运输阶段两个方面。其实，多式联运早在货物流通过程中就已经出现了。但是只有集装箱应用于多式联运，打破了原有的仅在陆地运输中使用多式联运的限制，实现了依托集装箱的海陆联运，并借由海上向两端陆上延伸，发展到国际多式联运时，现代集装箱运输的大门才真正被打开了。

在国际多式联运下，无船承运人、国际货运代理人等不断涌现，现代运输行业变得精彩纷呈。由于开展了国际多式联运，打破了行业界限，各承运人可以选择最佳运输方式、路线，组织合理运输，提高运输组织水平，协调各种运输方式的衔接。货主对多式联运的需求日渐高涨，他们和国际运输业者一起促进了国际多式联运的发展。

我国国际集装箱运输从 20 世纪 70 年代起步，80 年代夯实基础，90 年代全面进入发展时期。我国国际集装箱联运中存在分段运输、国际联运、国际多式联运三种运输组织形式，其中分段运输的运量占比在 90%以上，但是，国际集装箱中转站在港口腹地设置过剩，和在内陆设置严重不足形成巨大反差，出现了某些地域集装箱运力过剩，而某些地域难以满足社会需求的情况，中转站运作不良；而且在我国，集装箱运输难以将触角直接伸向货源点和收货终点的末梢，因此，货品的流转还亟待改善。若要在日益发展的国际集装箱运输市场上生存发展，或者获得一席之地，我国的集装箱多式联运体系还需要完善和加强。国家近年来推行的多项政策，都致力于推动集装箱运输在相关领域的配置，已经取得初步成效。

未来国际集装箱多式联运和综合物流系统一样，发展都趋向于以下几点：集装箱和集装箱船的大型化和效益化；集装箱运输基于信息化和数据化的经营管理；集装箱多式联运通过集成和凝练，越来越体现出现代物流系统的普遍特征和要素。

4.2.2 集装箱运输的定义

集装箱运输是指货物装在集装箱内进行运送的运输方式。它打破了过去交通运输中的一切陈旧的规章制度和管理体制，形成了一套独立的规章制度和管理体制，是最先进的现代化运输方式。它具有安全、迅速、简便、价廉的优势，有利于减少运输环节，可以通过综合利用铁路、公路、水路和航空等各种运输方式，进行多式联运，实现门到门运输。所以集装箱运输一出现，就深受各方面的欢迎。这显示出了其强大的生命力和广阔的发展前景。

具体来看，我们可以从以下几方面来理解集装箱运输这一现代运输方式。

1. 集装箱运输是一种门到门的运输

这里的门到门，一端是指制造企业的“门”，另一端是指市场的“门”。门到门，就是从制造企业这个“门”将最后消费品生产完毕，装入集装箱后，不管进行多长距离、多么复杂的运输，中间不再进行任何装卸与倒载，一直到市场的“门”，随后再直接进入商场。这既是这种运输方式的优点，又是采用这种运输方式所要达到的目标。凡是使用集装箱运输的货物，都应尽量不在运输中途进行拆箱与倒载。

2. 集装箱运输是国际多式联运的重要实施方法

多式联运的前提条件是借助各种运输工具的结合，协同完成全程运输任务。其中运输工具的衔接和协同在很大程度上得益于集装箱运输提供的便利。集装箱是一种封闭式的装载工具，在海关的监督下装货铅封以后，可以一票到底直达收货人。所以集装箱运输是最适合国际多式联运的重要实施方法，集装箱运输市场规模的增大及专业化，又进一步有利于国际多式联运的推广和繁荣。

3. 集装箱运输方式是一种高效率的运输方式

高效率包含两方面的含义。一是时间上的高效率。集装箱在结构上是高度标准化的，与之配合的装卸机具、运输工具（船舶、卡车、火车等）也是高度标准化的，因此在各种运输工具之间换装与紧固极其迅捷，大大节省了运输时间。二是经济上的高效率。集装箱运输可以在很多方面节省装卸搬运费用、包装费用、货物破损损失、理货费用、保险费用等，这些都决定了集装箱运输是一种高效率的运输方式。

4. 集装箱运输是一种抽象了所运货物外形差异的运输方式

在其他运输方式中，所运货物不管采用什么样的外包装，其物理、化学特性上的差异均比较明显，可以通过视觉、触觉甚至嗅觉加以区别。在货物的信息管理方面，即使有所缺，也可以用其他手段予以弥补，而集装箱则不然。货物装入集装箱后，其物理、化学特性全都被掩盖了，变成千篇一律的标准尺寸、标准外形的金属（或非金属）箱子，从其外形无法得到任何说明其内容的特征，所以集装箱的信息管理与件杂货运输相比，具有特别重要的意义。

4.2.3　集装箱运输的优势

与传统件杂货运输方式相比，集装箱运输方式具有以下优越性。

1. 扩大成组单元，提高装卸效率，降低劳动强度

在装卸作业中，装卸成组单元越大，装卸效率越高。托盘成组化与单件货物相比，装卸单元扩大了 20～40 倍；而集装箱与托盘成组化相比，装卸单元又扩大了 15～30 倍。所以集装箱化对装卸效率的提高是个不争的事实。

2. 减少货损、货差，提高货物运输的安全与质量水平

货物装入集装箱后，在整个运输过程中不再倒载。装卸搬运次数的减少，大大减少了货损、货差，提高了货物的安全与质量。据我国的统计，用火车装运玻璃器皿，一般破损率在 30%左右；而改用集装箱运输后，破损率下降到 5%以下。在美国，类似物品的运输破损率不到 0.01%，日本也低于 0.03%。

3. 缩短货物在途时间，降低物流成本

集装箱化给港口和场站的货物装卸、堆码的全机械化和自动化创造了条件，标准化货物单元加大，提高了装卸效率，缩短了车船在港口和场站停留的时间。这一时间的缩短，对货主而言就意味着资金占用的大幅下降，可以很大程度地降低物流成本。

4. 节省货物运输包装费用，简化理货工作

集装箱是相当坚固的金属（或非金属）箱子。集装箱化后，货物自身的包装强度可减弱，包装费用可下降。据统计，用集装箱方式运输电视机，其本身的包装费用可节约 50%。同时，集装箱装箱通关后，一次性铅封，在到达目的地前不再开启，这也简化了理货工作，降低了相关费用。

5. 减少货物运输费用

集装箱可节省船舶运费；节省运输环节的货物装卸费用；由于货物安全性提高，运输中保险费用也相应降低。

4.2.4　集装箱运输系统

集装箱运输系统是由若干个基本要素通过不同方式组合起来的系统。在系统内部的流转中，需要集装箱及货物整箱（full container load，FCL）或拼箱（less than container load，LCL）的交接与流转。其中，比较典型的集装箱货物流转如图 4.6 所示。

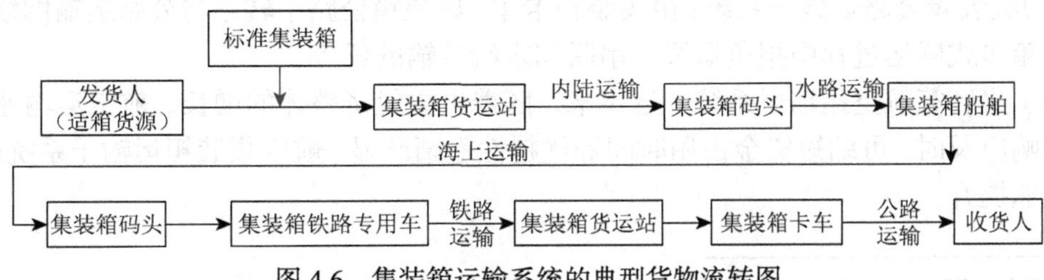

图 4.6　集装箱运输系统的典型货物流转图

1. 集装箱运输系统的基本要素

集装箱运输系统的基本要素主要包括以下内容。

（1）适箱货源：物理与化学属性适合通过集装箱进行运输，且货物本身价值较高、对运费的承受能力较大的货物，也被称为最佳装箱货。

（2）标准集装箱：国际标准集装箱的尺寸可分为外部尺寸和最小内部尺寸。其中，根据外部尺寸，可以分为A系列集装箱（长度均为40英尺[①]，宽度均为8英尺）、B系列集装箱（长度均为30英尺，宽度均为8英尺）、C系列集装箱（长度均为20英尺，宽度均为8英尺）和D系列集装箱（长度均为10英尺，宽度均为8英尺）。以A系列和C系列集装箱最为通用，其总数量也较多。

（3）集装箱货运站：集装箱货运站在整个集装箱运输系统中发挥了“承上启下”的重要作用。按其所处的地理位置和不同的职能，可分为三种：设在集装箱码头内的货运站、设在集装箱码头附近的货运站及内陆货运站。

（4）集装箱船舶：在国际海上集装箱运输使用的集装箱船舶，均已专业化，而且船型越来越大。内河运输的集装箱船，大多由原来的驳船改造而成。

（5）集装箱码头：集装箱水路的运输，必须在码头装船、在码头卸船。现代化的集装箱码头已高度专业化，码头前沿的岸机配置、场地的机械配置、堆场结构与装卸工艺配置，均完全与装卸集装箱配套。

（6）集装箱卡车：集装箱卡车主要用于集装箱公路长途运输、陆上各站点之间的短驳及集装箱的末端运输。

（7）集装箱铁路专用车：集装箱铁路专用车主要用于铁路集装箱运输。铁路集装箱专用车主要用于集装箱的陆上中、长距离运输及陆桥运输。

此外，集装箱运输系统的基本要素还包括：集装箱铁路办理站、铁路运输网络、集装箱公路中转站和公路运输网络等。

2. 集装箱运输的子系统

集装箱运输的各个基本要素，以不同的方式组合起来，加上特定的办理站、中转站和运输网络，大致可以组成以下几个子系统。

（1）集装箱水路运输子系统：由集装箱船舶、集装箱码头与集装箱货运站等基本要素组成，又由集装箱航运系统和集装箱码头装卸系统两个次级系统组成，可完成集装箱的远洋运输、沿海运输和内河运输，是承担运量最大的一个子系统。

（2）集装箱铁路运输子系统：由集装箱铁路专用车、集装箱铁路办理站与铁路运输网络组成，是集装箱多式联运的重要组成部分。

（3）线装箱公路运输子系统：由集装箱卡车、集装箱公路中转站与公路运输网络组成，在集装箱多式联运过程中担负短驳、串联和末端运输的任务。

（4）集装箱航空运输子系统：近年来，随着世界经济整体的增长，航空运输速度快、对需求响应及时、可缩短资金占用时间等优越性逐渐凸显。航空集装箱运输子系统的地位正在快速提升。

---

① 1英尺 $=3.048\times10^{-1}$ 米。

3. 集装箱运输的主要交接方式

随着集装箱运输及多式联运的发展，现代集装箱运输已跨越了海运区段的范围向两岸大陆延伸，出现了国际集装箱多式联运特有的交接方式，如表 4.3 所示。

表 4.3　集装箱运输的主要交接方式

交接方式	交货类型
CY-CY：承运人从出口国集装箱码头整箱接货，运至进口国集装箱码头整箱交货	FCL-FCL
CY-CFS：承运人从出口国集装箱码头整箱接货，运至进口国指定的集装箱货运站，拆箱后散件交收货人	FCL-LCL
CY-DOOR：承运人从出口国集装箱码头整箱接货，运至进口国收货人的工厂或仓库整箱交货	FCL-FCL
CFS-CY：承运人从出口国指定的集装箱货运站散件接货，拼箱后运至进口国集装箱码头整箱交货	LCL-FCL
CFS-CFS：承运人从出口国指定的集装箱货运站散件接货，拼箱后运至进口国指定的集装箱货运站，拆箱后散件交收货人	LCL-LCL
CFS-DOOR：承运人从出口国指定的集装箱货运站散件接货，拼箱后运至进口国收货人的工厂或仓库整箱交货	LCL-FCL
DOOR-CY：承运人从出口国发货人的工厂或仓库整箱接货，运至进口国集装箱码头整箱交货	FCL-FCL
DOOR-CFS：承运人从出口国发货人的工厂或仓库整箱接货，运至进口国指定的集装箱货运站，拆箱后散件交收货人	FCL-LCL
DOOR-DOOR：承运人从出口国发货人的工厂或仓库整箱接货，运至进口国收货人的工厂或仓库整箱交货	FCL-FCL

注：CY 表示场；CFS 表示站；DOOR 表示门

4.2.5　国际集装箱多式联运的组织与管理

国际多式联运涉及多种运输方式，是一种由多种运输方式组合而成的、综合性的一体化运输。开展国际集装箱多式联运应具备比单一运输方式更为先进和更为复杂的技术条件，因而国际集装箱多式联运的组织与管理包括对以下关键组成部分的管理。

1. 建立国际多式联运线路

从理论上说，国际多式联运的线路是从某一国的任何一地到另一国的任何一地。但实际上这几乎是无法实现的。世界上许多经营多式联运的公司通常只能重点办好几条多式联运线路。

确定建立一条多式联运线路需要进行国际货物流向流量的调查，在此基础上，选择货物流量较大且较稳定的线路。然后，要考虑联运线路的全程是否具备适当规模的运输能力。此外，由于国际多式联运通常以集装箱运输为主，所以联运线路需要具备一定的装卸、运送集装箱的设备条件。

2. 建立国际多式联运集装箱货运站

多式联运经营人必须建立具有一定设施条件与能力的集装箱货运站，同时要加强集装箱货运站的组织管理，以降低运营费用，提高运输效率，保证货物的迅速流转。

为确保集装箱货物的顺利交接，集装箱货运站在地理位置上，应是公路线、铁路线或工业中心的地区，能和海关、保险、商品检验等机构连接在一起的地区，能办理货物的报关查验、装箱、拆箱及分拨交接的地区。此外，集装箱货运站应根据业务开展情况配备必要的机械设备，包括搬运和装卸集装箱的起重机，车辆及进行装箱、拆箱的各种机具。

3. 建立国外联运网点

国际多式联运是跨国运输，不可能仅在一个国家完成，需要国内外有关单位的共同合作才能进行有效的联合运输。因此，经营国际多式联运必须根据业务的需要建立国内外业务合作网，负责办理国内外运输和交接手续。

根据规模大小，在国外建立的联运业务合作网可能的业务方式包括：订立协议，建立业务代理关系；向国外货运公司入股，或同国外货运公司进行联营或合营，遇有业务时，双方仍采取委托与被委托的形式开展业务活动；在国外设立自己的分支机构或子公司，独立承办自己的运输业务（多为较大的货运公司所采用）。

由于国际多式联运线长而广，在建立国外网点的同时，还应注重国内各省市间运输网点的建设，以保证运输渠道的畅通。否则，即使外部开通，如果内部不畅，也会使整个运输过程难以发挥效用。因此，建立国内跨地区的横向合作体制是极为重要的。

4. 制定多式联运单一费率

采用单一费率是国际多式联运的基本特征之一，因此经营多式联运要制定一个单一的联运包干费率。由于多式联运环节多，费率又是揽取业务的关键，所以制定单一费率是一个复杂而又重要的问题，需要综合考虑各种因素，使制定的费率具有竞争性，以利于联运业务的顺利进行。

国际集装箱多式联运全程运费主要由运输费用（国内外内陆段运费、海运段运费、国际铁路运费或航空运费）、经营管理费用及利润三大部分组成。该单一费率因货物的交接地点和业务项目的不同而异。

5. 制定国际多式联运单证

作为国际多式联运经营人必须具有自己的多式联运单证或提单。多式联运单证是经营人与货主之间运输合同的证明，它具有有价证券的性质，可以进行转让或向银行抵押贷款。

6. 建立科学完善的国际集装箱多式联运组织管理制度

要确保国际多式联运货物快速、安全地运抵目的地，必须建立科学的组织审理制度，使各部门和各环节紧密衔接，从组织上保证货物迅速、安全地运输。根据实践检验，应着重搭建统一的管理机构，建立掌握货运信息的工作制度，进而保证各部门之间的工作紧密衔接。

4.3 物流运输决策

物流运输是物流系统中的重要组成部分，因而运输决策也是物流管理和物流决策的关键决策之一。运输决策要从运输成本出发，不仅优化运输单个功能环节的组织和决策，更要注重与其他物流环节之间的衔接和协同；不仅包括传统的运输方式选择、运输路线规划、运输节点选址和车辆调度等，还包括在新物流背景下智能运输系统平台的搭建、运输的整合与整体的合理化。

传统的运输决策包括运输方式选择、运输线路设计和运输节点选址，而现代的运输决策还包括运输的整合与合理化。

4.3.1　运输方式选择

假如一批货物从上海运往武汉，有不同的运输方式（如公路、水路或者铁路运输）可以选择，而最终确定采用何种运输方式，取决于多方面的因素，既有非市场因素，也有市场因素（如承运人资质、承运人运输网络、运输市场和运价的波动等）。本节主要介绍比较典型的运输方式的非市场影响因素。

1. 运输方式选择的影响因素

运输方式选择的影响因素主要包括：①货物的品种及特点；②运输工具的运输量；③运输距离；④运输时间和期限；⑤运输成本；⑥运输工具的可得性；⑦运输的安全性。

货物的价值、单件重量和体积、形状、危险性、变质性等都是影响运输方式选择的重要因素。一般来说，价值低、体积大的货物，尤其是散装货物，比较适合铁路运输或水路运输；重量轻、体积小、价值高及对时间要求较高的鲜活易腐货物适合航空运输；石油、天然气、碎煤浆等适宜选择管道运输。

运输量对运输工具的选择也有重大影响。一般来说，15 吨以下的货物宜采用公路运输；15～20 吨的货物可采用公路运输或铁路运输；20 吨以上的货物宜采用铁路运输；数百吨以上的粗大笨重货物，可选择船舶运输。

由于各种运输工具运送货物的时间长短不一，运输距离的远近会很大程度上影响运输工具的选择，进而影响客户的满意度。一般情况下，运距在 300 千米以内的宜采用公路运输；300～500 千米的可采用铁路运输；500 千米以上的可采用船舶运输。

运输时间涉及客户要求、服务水平高低，直接影响运输方式的选择。对于市场急需的商品，承运人必须选择速度快的运输工具，如采用航空或汽车直达运输，以免贻误时机；反之则可选择成本较低而速度较慢的运输工具。因此，在选择运输方式之前，企业要明确各类运输方式所需的运输时间，以及两端及中转的作业时间，在满足准时交货的要求下制定明确的运输计划。

运输成本会因货物的种类、重量、容积、运距的不同而不同，而且运输工具不同，运输成本也有所不同。运输成本的高低直接受不同经济实力的运输企业承受能力的制约，并直接影响企业经济效益的高低，所以运输成本会影响某种运输方式或联合运输的选择。在做运输决策时，不能仅考虑运输活动本身的费用，还要考虑其他相关的仓储、装卸搬运、配送等费用，也就是说要考虑总成本。

受具体时间、地点等条件的限制，不是所有承运人都能很容易地获得所需要的运输工具。例如，将木材从大兴安岭运到北京，采用水路运输是最经济的，因为木材是散装的，不需要专门的保护，而且能接受较长时间的运输。但大兴安岭没有水路，因而，只能通过汽车运输到火车站，然后通过铁路运到北京。这个例子说明，在选择运输方式时，往往只能在现有的实际运输工具中进行选择。

运输的安全性包括所运输货物、运输工具、运输人员的安全及公共安全。选择运输工具时必须考虑这些方面的要求。例如，对于危险品的运输要采取更加安全的措施。而在地面运输中采取的安全措施又远没有在空运中那样严格，这是因为航空运输如果不安全，造成的后果远比其他运输方式严重。在地面运输中，目前的危险品运输多为公路运输，在我国政府的引导和其他各项运输方式对危险品运输安全性的重视和保障下，危险品运输方式的选择有了更多的可能性。

2. 运输方式选择的方法

运输方式选择的方法包括定性分析和定量分析两种。定性分析主要针对以上各项影响因素及各运输方式的服务特性进行对比和分析；常见的定量分析方法有综合评价法和运输成本比较法。

综合评价法是筛选影响运输方式选择的若干核心因素，如经济性、迅速性、安全性和便利性，并分别赋予它们不同的权重，而后针对每项因素确定评分的方法并进行评分，最后加权得到各种运输方式的综合分数并进行比较。通常，经济性是用运费、包装费、装卸费、保险费及运输手续费等有关费用的合计数来表示的。显然费用越高，运输方式的经济性就越低；反之则经济性越高。运输方式的迅速性是用从发货地到收货地所需的时间来表示的。显然所需的时间越多，迅速性就越低；反之则迅速性越高。运输方式的安全性可用过去一段时间内货物的货损、货差率来表示。显然货损率越高，运输方式的安全性就越低；反之则安全性越高。运输方式的便利性通常可根据代办运输点的经办时间与货物运到代办点的运输时间的时间差来衡量。显然时间差越小，便利性越高；反之则便利性越低。

运输成本比较法主要是根据不同运输方式在一定的运输环境下所花费的成本的高低来进行评价与选择运输方式。由于运输方式会影响货品存储保管的相关费用，所以这里比较的成本是包括运输费用、保管费用等在内的总成本，它们的关系为

$$\text{总成本} \approx \text{运输费用} + \text{保管费用} \tag{4.1}$$

其中的运输费用计算公式为

$$\text{运输费用} = \text{货物数量} \times \text{运输单价} \tag{4.2}$$

至于（4.1）的保管费用，由于运输过程也具有一定的储存功能，所以上述的保管费用中，除了仓库仓储保管费用之外，还包含运输过程保管费用，计算公式为

$$\text{仓库仓储保管费用} = \text{平均储存数量} \times \text{储存单价} \times \text{储存时间} \tag{4.3}$$

$$\text{运输过程保管费用} = \text{货物数量} \times \text{储存单价} \times \text{储存（运输）时间} \tag{4.4}$$

【思考案例】

某造纸厂从工厂向距离客户较近的地区仓库运货，铁路运输平均运输时间为 10 天，汽车运输平均运输时间为 7 天（节省 3 天），每节省 1 天可降低 2%的库存。铁路运输每包纸运价为 0.2 元，公路为 0.3 元，年需求量为 100 000 包，每年每包纸库存费用为 6 元。若采用铁路运输，为满足需求一年需运 10 次，而公路要运 20 次。请尝试使用上述量化方法，来对比和确定采用何种运输方式才能使总成本最低。

4.3.2 运输线路设计

运输线路就是运输工具行走的线路，包括起点、途经站点及终点。其中，最常见的运输线路决策问题就是，如何找到运输工具在公路网、铁路线、水运航道和航空线运行的最佳路

线以尽可能地缩短运输时间或运输距离，从而使运输成本降低的同时，客户服务也得到改善。

根据待设计运输线路的起始、终点和中间点的差异，该项决策可以分为以下几类。

1. 起讫点不同且存在中间点的运输线路选择

这类网络运输路线选择问题的特点是，只有单个始发点和终点，且两者位置不同，中间还存在转运点或中间点。通常来看，在不考虑其他运输因素的情况下，最简单和直观的解决方法是最短路法。需要说明的是，最短路的度量单位可能是时间、距离或费用等。最短路具体的求解方法主要有迭代法、标号法两种。

2. 起讫点相同且存在中间点的运输线路选择

起讫点相同的运输线路问题，主要是指车辆从设施点出发访问一定数量的客户后又返回原来的出发点的线路确定问题。现实生活中存在许多类似的问题，如配送车辆送货、邮递员送报、送奶工送牛奶、垃圾车辆收集垃圾等。这些问题求解的目标是寻求访问各点的次序，并使运行时间或距离最小化。

解决这类运输线路决策问题的方法包括两类：一是参考车辆路线问题（vehicle routing problem，VRP）的扫描法，即在预知物流中心或仓库位置、所有站点位置、可使用车辆及客户的时间要求的前提下，对运输线路上的各站点先分群再排路线，通常可以比较快捷地找到可行方案；二是借鉴运筹学中的中国邮递员问题和旅行商问题（traveling salesman problem，TSP）的求解思路，选择多种算法进行求解，如最邻近法、节约算法、神经网络、遗传算法、免疫算法等。

3. 多起讫点的直达运输线路设计

在多起讫点直达运输中，起始点多为货物的供应方，终点多为货物的需求方或者消费市场。因而多起讫点直达运输主要是指，将多个供应点的供应分配到多个客户需求点，且中间不存在中转点而多是直达的情况，常用于产品从工厂到仓库的配送、从仓库向客户供应等场景。

这类经典的运筹学问题称为物资调运问题，具体又可以细分为产销平衡运输问题和产销不平衡运输问题。求解这类问题可用的定量方法包括线性规划法和表上作业法。

4. 多起讫点带有中转的运输线路设计

与直达运输中假定“任意产地和销地之间都有直达路线，并且产地只输出货物，销地只输入货物”不同，多起讫点带有中转的运输线路更符合实际运输工作，也更为复杂。例如，产地与销地之间没有直达路线，货物由产地到销地必须通过某中间站转运；某些产地既输出货物，也吸收一部分货物；某销地既吸收货物，又输出部分货物。在该问题中，产地或销地也可以起中转站的作用，或者既是产地又是销地。产地与销地之间虽然有直达路线，但直达运输的费用或距离分别比经过某些中转站还要高或远。这些情况统称为多起讫点中转运输问题或转运问题。解决这类问题的基本思路是先把它转化为无转运的直达产销平衡运输问题，然后运用相应的方法进行求解。

4.3.3　运输节点选址

运输节点是企业运输系统及运输网络的重要组成部分，具有多方面的重要功能。运输节点选址是企业的一项重要决策，主要是指对物流运输网络中的运输节点（如仓库、场站、分销中心、配送中心等）的数量、位置、大小进行优化，以实现整个物流系统的效率最大化。在实际的节点选址过程中，应当着重考虑两个方面的因素，即经济效益和社会效益。

1. 运输节点选址决策的原则

运输节点选址的原则主要包括以下内容。

（1）经济性原则：节点的运输费用、运输距离影响到节点未来运营的成本及效益，节点建设也需要大量的投资。因此，节点选址应坚持经济性原则，尽量做到运距短、运费少、投资节约。

（2）整体性原则：一是把节点选择作为企业物流系统及运输网络的一部分进行综合、整体考虑；二是站在供应链的角度考虑节点地址的选择，综合权衡费用及成本的大小。

（3）利益均衡性原则：节点的选择应考虑企业内部各个部分、合作企业等各方的利益，并对因节点选择而受到损害的有关方采取适当的补偿措施。

（4）协调性原则：如果所选择的节点与物流系统其他环节、供应链上下游企业间存在冲突或间隙，会大大影响节点运营的效果及企业乃至供应链的整体竞争力。

（5）战略性原则：节点选择应符合企业整体发展战略，同时在节点建设上要有前瞻性，制订长远规划，为今后的发展留有余地。

（6）反复性原则：节点的选址及确定要经历一个定期评价、重新选址和多次反复的过程。

2. 运输节点选址决策的方法

运输节点选址属于物流系统规划的范畴，节点选址可以采用最优规划法、启发式方法、仿真方法等。

最优规划法运用了运筹学的理论方法，其关键是构造目标函数和选择约束条件，在许多可用的选择中挑选出一个最优方案；启发式方法是一种逐次逼近最优解的方法，当复杂的线性规划或者非线性规划难以用运筹学中的方法原理进行求解时，启发式方法发挥了巨大的作用；仿真方法是试图通过模型重现某一系统的行为或活动的方法，因此使用该方法的人员不必实地去建造并运转一个系统。在选址问题中，通过反复改变和组合各种参数，多次试行来评价不同的选址方案，还可进行动态模拟。例如，假定各个地区的需求是随机变动的，通过一定时间长度的模拟运行，可以估计各个地区的平均需求，从而在此基础上确定节点的分布。

在现实中，针对单一运输节点的选址决策问题，常见的方法还包括多因素综合评价法、重心选址法和成本分析法等。

多因素综合评价法也称为加权评分法，就是遵循前述各项原则，通过分析相关条件，确定备选地点（选址方案）；根据影响节点选址的运输费用、运输路线、运输距离、货源特点、产品市场、企业特点、客户要求及人力资源、自然环境条件、决策者个人偏好等因素，对待选地点进行综合分析评价并选择最优地点。

重心选址法主要是针对单一节点选址问题，即将一新节点布置到一个与现存运输节点有关的二维空间中去。此时，如果生产费用中运费是很重要的因素，而且多种货物由各个现有节点供应，则可根据重心选址法确定新位置。重心选址法是一种模拟方法，其基本原理是将现有各个供应点（资源点）或需求点（用户点）看成是分布在某一平面内的物流运输系统的节点，它们的资源数量可以看成是这些节点的重量，这样就可以利用求几何重心的方法来找节点，该节点距现有所有节点的距离、供应链、运输费率之积的总和最小，将其确定为物流系统的重心，即新的运输节点的最佳位置。

成本分析法则是针对已经具有备选节点集合的情况，以物流系统的总成本最小为目标，在现有的运输网络基础上，逐一计算待选点到供给点的距离，结合运输的费用计算各个待选点的总费用，从中选择总成本最小的节点作为新物流节点的最佳选址。

4.3.4　运输的整合与合理化

随着电子商务的发展和智能物流的进步，整个运输行业都呈现出了不同的新趋势。

1. 基于智能化和信息化的运输体系升级

国务院 2017 年 2 月颁布的《“十三五”现代综合交通运输体系发展规划》指出，要推动智能化运输服务升级，提升装备和载运工具智能化自动化水平，健全运输的智能决策支持与监管，打造泛在的交通运输物联网。

首先要改进运输决策既有的方法。在现有针对传统运输决策采用的经验优化法的基础上，随着大数据、物联网等技术的发展，新物流在设计运输路线时，完全可以依靠智能调度系统进行车辆调度和线路规划。在完善的智能调度系统中，我们只需输入出发点和终点及停留点，系统就可以根据交通网络和交通状况自动设计出最优路线，也可以在运输过程中根据实时路况对运输路线进行及时调整。其次，尝试基于信息资源共享的运输公共信息平台建设，不仅有助于信息服务水平的提升，更有利于运输结构的信息报送和监测分析。特别地，对于国家提出的多式联运提速行动，高效的信息数据平台和大数据分析无疑是重要的保障。

2. 运输与物流系统的整合

传统的物流运输，多包括货物流动过程中的种种具体行为，如运输、储存、装卸、搬运、包装、流通加工、配送等。因此，企业物流管理者对物流运输的要求往往就是简单的“车备好、货送到、库管好”。这些简单的要求虽然能够直击物流行为的本质，却是一种粗放式的管理模式。如果只是简单关注物流运输的个别环节，企业或许可以实现运输成本、配送成本的降低，但装卸、包装等费用却可能因为疏于管理而急剧上升。

运输的整合就是要跳出某个单项的行为，对物流相关的活动进行深入的探索，找到提升物流整体效率和降低物流总成本的着力点，如运输和包装的整合。运输方式和运输工具的选择与运输包装关系密切，良好的包装设计更易于提升运输和物流流转的效率，便于物流机械设备和自动化设备的识别、装卸和查验等，也是物流成本控制的新助力。比如，标准化标志和射频识别（radio frequency identification，RFID）技术的应用，可以增强运输包装物的可识别性、提升运输过程信息采集的准确性、便于运输流程的整体监控和追溯。针对跨境物流市场和我国物流绿色化的推进，运输和包装的一体化整合也势在必行。

当客户企业的供应链管理水平低下，物流就容易成为问题聚集的“重灾区”和推卸责任的“泄洪区”，如紧急发货、频繁调拨、爆仓缺货、客户投诉、成本飙升、人员和设备负荷不均、屡遭抱怨和投诉等。因而，如何以物流活动为核心，通过预先制订全面、深入的物流计划来协调供应领域的生产和进货计划、销售领域的客户服务和订货处理业务，以及财务领域的库存控制等活动，来真正控制物流总成本，就显得至关重要。

目前的运输整合包括以下内容。

（1）围绕着“人”的做法：推动全网甩挂运输连接，实现全生命周期服务，提高司机劳动效率。

（2）围绕着“站”的做法：专业化甩挂场站服务，让司机可以“吃口热饭，洗个热水澡”，到2020年形成覆盖几大经济区的50个场站、100个挂车租赁服务网点。

（3）围绕着“车”的做法：例如大车队的延伸产业链，单体货车集装箱化，投放新技术高端运输设备。

3. 现代综合交通运输体系的运输网络节点决策

传统的运输节点决策和运输路径决策，通常实现的是发货地到交货地的流通过程。一般而言，发货地是工厂或仓库，而交货地则是合同规定的交付地点。发货地和交货地的选择通常比较有限。但在新零售时代，交货地的选择多种多样，既可能是传统的城市仓库，也可能是新时代的“店中仓”，或是社区店等代收点。中转物流据点的选择也往往依托于大数据分析和仓配网络的战略布局。因而，旨在建设高效的现代综合交通运输体系的运输网络节点决策就越发复杂。对于零售型企业，应结合末端配送模式，对仓库、门店、社区店等收货地进行综合考量，并与收货方进行充分协商，力求实现物流总成本最低，而非只是运输或配送成本的最低化。对于第三方物流服务商，仓配一体化区域仓储物流中心节点的设置，必须要充分考虑分仓干线和落地配送服务等。

4.4 运输绩效评价

运输绩效评价是绩效管理的一项重要内容。狭义的运输绩效评价就是运输企业对自身运输网络、运输活动和运输过程开展的评价。实际上，开展运输绩效评价不仅有运输企业，还包括制造型企业、零售型企业等。这些企业大多将物流进行了外包，交由承运商或者第三方物流服务商来实施。这些企业的运输绩效评价，实际上是对服务商运输服务质量的评价。因此，广义的运输绩效评价包含托运方（物流外包企业）对承运商（外包商）运输服务的绩效评价，以及运输企业对自身运输过程实施的绩效评价。

具体的绩效评价，一般是采用一定的指标体系，对照统一的评价标准，按照一定的程序，运用定性和定量的方法，对一定时期内运输服务、运输活动或过程的效益和效率做出的综合判断，以便管理者掌握运输活动的进展情况、任务完成情况、成本与效益等情况。

4.4.1 运输绩效评价原则

运输绩效评价的原则，指的是实际评价工作中应坚持的一些基本原则，如客观公正、突出重点、建立完善的指标体系等，它会影响到评价工作能否顺利开展及其效果。

1. 目的性原则

运输绩效评价的目的，是科学合理地评价运输活动的作业过程及投入、产出、成本费用等的客观情况。无论是评价指标的选取，还是绩效评价过程的展开，都要紧紧围绕评价的目的。

2. 系统性原则

运输活动由许多环节或过程组成，它会受到来自人、财、物、信息、服务水平等因素及其组合效果的影响。在运输外包情况下，托运人（如制造型企业）的运输成本是企业将部分或全部运输业务委托给外部企业完成所发生的费用，包括与物流服务商的谈判、监督、协商费用，运输业务委托外部企业运作所需费用，委托咨询公司或专家进行物流规划、系统设计的费用等。而一般物流企业的运输过程，也受到运输网络、运输线路、运输节点、运输工具、实施运输人等多方面因素的综合影响。因此，选择运输绩效评价指标，必须系统全面地考虑所有影响运输绩效的因素，以保证评价的全面性和可信度。

3. 层次性原则

在选择评价指标时，应注意各项指标的层次性，这样有利于确定每层的重点，进而进行关键指标分析、评价方法的运用以及绩效评价的具体操作。

4. 定性指标与定量指标相结合的原则

由于运输活动具有复杂性和动态性，所以绩效评价指标应该既包括易于定量表示的技术经济指标，又包括难以量化表示的社会环境指标，如安全、快速、舒适、便利等方面的指标。实际的评价活动中应该使定量指标与定性指标相结合，这样可以利用两者的优势，弥补双方的不足，以保证绩效评价的全面性和客观性。

5. 可操作性原则

可操作性，就是使各项指标尽量含义清晰、简单规范、操作简便，同时能够符合运输活动的实际情况，并与现有统计资料、财务报表兼容，以提高实际评价的可操作性和整个绩效评价的效率。

4.4.2　运输绩效评价指标

在广义运输绩效评价概念下，评价实施的主体和对象不同，选取的运输绩效评价指标也往往存在差异。

在对承运人或者运输业务服务商进行绩效评价时，一般从内部和外部两个方面进行考核。内部绩效评价主要包括考核承运人的运输质量、运输效率、运输成本与效益指标等，如正点运输率、货损货差率等；外部绩效考核通常根据客户反馈信息来评价，包括客户投诉率、客户满意度等。

而对一般的运输企业或者第三方物流企业，运输绩效评价指标体系可以由运输量、运输效率、运输质量、运输成本与效益等方面的指标组成，如图 4.7 所示。

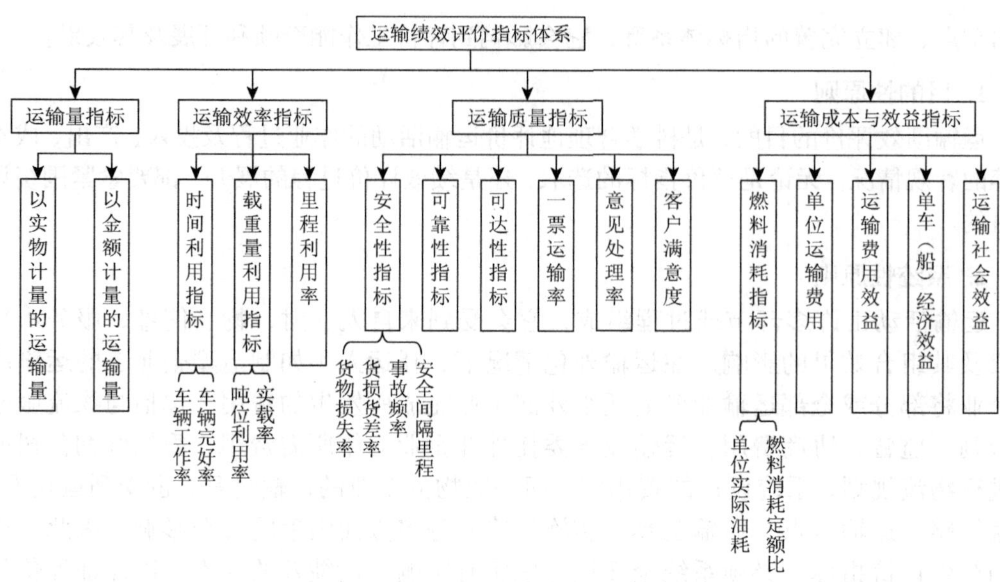

图 4.7　物流企业的运输绩效评价指标体系

1. 运输量指标

运输量可以以吨（t）为计量单位进行衡量，也可以以金额为计量单位进行衡量，计算公式分别为

$$运输量（吨）=\frac{商品件数\times每件货物毛重}{1000} \tag{4.5}$$

$$运输量（元）=\frac{运输货物总金额}{该类商品每吨平均金额} \tag{4.6}$$

2. 运输效率指标

运输效率指标主要是指企业内的运输工具（如车、船）的利用效率指标，可以从多个方面（如时间、速度、里程及载重量等）反映运输工具的利用率。

时间利用指标主要包括车辆工作率与车辆完好率指标，其计算公式分别为

$$车辆工作率=\frac{计算期运营车辆工作总天数}{同期运营车辆总天数}\times100\% \tag{4.7}$$

$$车辆完好率=\frac{计算期运营车辆完好总天数}{同期运营车辆总天数}\times100\% \tag{4.8}$$

载重量利用指标反映车辆载重能力利用程度，包括吨位利用率和实载率指标，计算公式分别为

$$吨位利用率=\frac{计算期完成货物周转量}{同期载重行程载重量}\times100\% \tag{4.9}$$

$$实载率=\frac{计算期完成货物周转量}{同期总行程载重量}\times100\% \tag{4.10}$$

里程利用率反映了车辆的实载和空载程度，可以评价运输组织管理水平的高低，其计算公式为

$$里程利用率 = \frac{载重行程里程}{车辆总行驶里程} \times 100\% \tag{4.11}$$

3. 运输质量指标

运输质量可以从许多方面进行衡量，如安全性、可靠性、可达性（方便性）及客户满意度等。

运输的安全性，通常会用货物损失率或者货损货差率来表达。

货物损失率可以用货物损失的价值或运输损失赔偿金额来衡量，即以货物损失总价值与所运输货物总价值（主要适用于货主企业的运输损失绩效考核），或者货物损失赔偿金额与运输业务收入总额（适用于运输企业或物流企业为货主企业提供运输服务时的货物安全性绩效考核）来反映。其计算公式分别为

$$货物损失率 = \frac{货物损失总价值}{运输货物总价值} \times 100\% \tag{4.12}$$

$$货物损失率 = \frac{货物损失赔偿金额}{运输业务收入总额} \times 100\% \tag{4.13}$$

货损货差率的计算公式为

$$货损货差率 = \frac{货损货差票数}{办理发运货物总票数} \times 100\% \tag{4.14}$$

正点运输率是对运输可靠性进行评价的主要指标。它反映运输工作的质量，可以促使企业做好运输调度管理，采用先进的运输管理技术，保证货物流转的及时性。其计算公式为

$$正点运输率 = \frac{正点营运次数}{营运总次数} \times 100\% \tag{4.15}$$

有些运输方式（如铁路、航空等）不能直接把货物运至最终目的地，所以需要利用是否可直达或者直达的占比，来评价物流企业提供多式联运服务的能力，尤其是当货物来往于机场、铁路端点站、港口时，直达率就显得尤为重要。货物直达率的计算公式为

$$货物直达率 = \frac{直达票号数}{同期票号数} \times 100\% \tag{4.16}$$

货主经一次购票（办理托运手续）后，由企业全程负责，提供货物中转直至将货物送达最终目的地的运输服务，这被称为一票运输。一票运输率指标反映了联合运输或一体化服务程度的高低，其计算公式为

$$一票运输率 = \frac{一票运输票号数}{同期票号数} \times 100\% \tag{4.17}$$

在对货主进行的满意度调查中，凡在调查问卷上回答对运输服务感到满意及以上档次的货主，称为满意货主。客户满意度，也称为客户满意率，可以作为有效的指标来对运输服务的总体质量进行评价。客户满意度的计算公式为

$$客户满意度=\frac{满意货主数}{被调查货主数}\times 100\% \tag{4.18}$$

4. 运输成本与效益指标

运输成本与效益指标主要包括燃料消耗指标、单位运输费用、运输费用效益、单车（船）经济效益和运输社会效益。

燃料消耗是运输费用中的重要支出，评价燃料消耗的指标主要有单位实际油耗和燃料消耗定额比。其中，燃料消耗定额比反映驾驶人员消耗燃料是否合理，可以促进企业加强对燃料消耗的管理。其计算公式分别为

$$单位实际油耗=\frac{报告期实际油耗}{报告期运输吨千米数\div 100} \tag{4.19}$$

$$燃料消耗定额比=\frac{百千米燃料实耗量}{百千米燃料定额量} \tag{4.20}$$

单位运输费用可用来评价运输作业效益高低及综合管理水平。运输费用主要包括燃料、各种配件、工资、修理、折旧及其他费用支出。货物周转量是运输作业的工作量，它是车辆完成的各种货物的货运量与其相应运输距离乘积之和。其计算公式为

$$单位运输费用=\frac{运输费用总额}{报告期货物总周转量} \tag{4.21}$$

运输费用效益是指单位运输费用支出额所带来的盈利额，其计算公式为

$$运输费用效益=\frac{经营盈利额}{运输费用支出额} \tag{4.22}$$

单车（船）经济效益往往衡量的是单车（船）的营运净收益，即由单车（船）的营运总收入与相应的总成本之间的差值决定。

运输社会效益主要衡量运输活动对环境污染的程度及对城市交通的影响程度等，如运输活动中是否采用清洁能源的车辆、运输时间是否考虑避开城市交通高峰等，这在目前强调低碳、环保、绿色物流的背景下更具典型的价值。

思考题

1. 请根据运输工具的不同和适用场景的不同，认识五种基本的运输方式。
2. 请简述运输的三大原理，并结合现实案例，谈谈你的理解。
3. 试比较集装箱运输与传统运输方式的优劣势。
4. 试结合课外资料，了解我国国际多式联运的发展方向，以及发展过程中遇到了哪些挑战。
5. 请总结运输线路设计和运输节点选址的基本方法，并指出它们的适用范围。

6. 请结合现实案例，谈谈如何进行运输整合，以及在此过程中所面临的一体化挑战。

7. 请结合课外资料，阐述如何进行运输绩效评价。

8. 近年来，国务院颁布了一系列交通运输行业相关的发展规划与行动计划，如国务院印发《“十三五”现代综合交通运输体系发展规划》和《推进运输结构调整三年行动计划（2018—2020 年）》等。试广泛查阅该类政策文件，谈谈我国运输行业未来的发展趋势，以及存在的机遇与挑战。

第5章

仓储管理

仓储因物资存储而产生，随社会经济发展而发展。它是物品流通的重要环节之一，也是物流活动的重要支柱。现代仓储不是传统意义上的仓库管理，而是在经济全球化与供应链一体化背景下的仓储，是以满足供应链上下游的需求为目的，在特定的有形或无形的场所，运用现代技术对物品的进出、库存、分拣、包装、配送及其信息进行有效的计划、执行和控制的物流活动。

本章首先介绍仓储的基本概念、主要功能及仓储管理的基本内容、遵循原则与发展趋势；其次阐述仓储管理相关重要基础设施的特点、适用范围；再次总结涵盖仓储规划和作业管理的仓储管理决策，详尽描述包括规划、选址、入库、在库、出库在内的多项要点；最后，简要介绍信息化背景下的仓储智能管理，以及云仓的应用。希望读者通过本章的学习，能够立体地掌握仓储管理的相关知识，深入理解仓储管理的基本思想与实践要点，并思考现代化仓储管理所带来的一体化挑战。

引入案例：菜鸟网络的小店物流前置仓模式

2017 年 12 月 6 日，菜鸟网络科技有限公司（以下简称菜鸟网络）着手打造一个全新的物流模式：通过全面布局前置仓，帮助物品提前下沉、包裹越库集货，形成集约式共同配送，以服务全国的数百万家小店。按照规划，菜鸟网络将小店前置仓规模做到数百个之多，覆盖全国主要城市。

此前，菜鸟网络在小店配送方面与阿里零售通一起，推出了区域仓和城市仓。此番打造前置仓是物流触角的进一步延伸，服务半径缩小到了 30 公里，让物品离小店更近了。商家或者经销商可以把物品直接送到前置仓，也可以先送到区域仓或城市仓，再由菜鸟网络根据数据预测布货到前置仓，或者通过干支线运输将其订单合流至前置仓。小店的订单下达后，物品都是就近从前置仓发货，提升了物流体验。

“越是畅销且重货的商品，越要下沉到前置仓。城市仓存放核心食品和日化商品，区域仓存放长尾商品。按照商品动销及属性形成三级物流网络。”2017 年，菜鸟网络总经理范春莹说：“菜鸟接入的前置仓都是经销商原有的物流资源。过去它们很分散，每个仓库只承接少量物品，配送范围也限定在少数小店。各经销商之间是纯竞争关系，物流资源没有横向连接。”菜鸟网络希望用一套完整的零售仓配网络和经销商物流管理平台把这些经销商的仓库和运力资源连接起来，打造成一个服务于全国小店的仓配一体的前置仓网络。这样一来，品牌商实现了供应链的优化管理；小店实现了物品种类的丰富和进货的高效；经销商则实现了物流资源的盘活，获得了增值空间。

请结合案例思考以下问题。

（1）菜鸟网络的小店物流前置仓模式有何优势？

（2）该模式的发展前景和适用范围如何？

（3）如何在供应链上实施一体化的仓储管理？

5.1 仓储管理概论

5.1.1 仓储的概念

自从人类社会有了剩余产品，就产生了仓储。在原始社会末期，当某个人或者某个部落捕获的猎物自给有余时，就把多余的储藏起来以备下一次捕不到猎物或捕获的猎物无法满足需求时食用。这样，专门的储存场所，即窑穴，就出现了。在陕西省西安市的半坡遗址，人们曾经发现许多这样的窑穴密集分布在居住区内，和居民的房屋交错在一起，这可以说是我国最早的仓库雏形。

在古籍中常常看到有仓廪、窦窑这样的词语。仓廪中的仓是指专门藏谷的场所，廪是指专门藏米的场所。窦窑是指储藏物品的地下室，椭圆形为窦，方形为窑。古代也把存放用品的地方称为库。后人接着把仓和库两个概念合用，逐渐合成一个概念，即把储存和保管物料的建筑物称为仓库，所以仓库一词也就出现了。

仓储是指利用仓库及相关设施设备进行物品的入库、储存和出库等活动。仓即仓库，为存放物品的建筑物和场地，可以是大型容器或特定的场地等，具有存放和保护物品的功能；储即储存、储备，表示收存以备使用，具有收存、保管、交付使用的意思。

5.1.2 仓储的功能

1. 储存功能

现代社会生产的一个重要特征就是专业化和规模化，劳动生产率高、产量大，绝大多数产品都不能被及时消费，需要经过仓储手段进行储存，这样才能避免生产过程堵塞，以保证生产过程继续进行。另外，对生产过程来说，适当的原材料、半成品的储存，可以防止因缺货造成的生产停顿。而对销售过程来说，储存（尤其是季节性储存）可以为企业的市场营销创造良机，适当的储存是市场营销的一种战略，它为市场营销中特别的物品需求提供了缓冲和有力的支持。

2. 保管功能

生产出的产品在消费之前必须保持其使用价值。这项任务需要由仓储来承担，在仓储过程中对产品进行保护、管理，防止其因损坏而丧失价值。

3. 组合功能

组合就是把不同的零件、配件进行拼接组装。这可以为仓储作业的下一个物流环节做好准备。仓库接收一系列制造工厂送往某一特定顾客的材料，然后把它们拼装成单一的一票装运，如图 5.1 所示。其好处是有可能实现最低的运输费率，并降低在某收货站台处发生拥塞的概率。

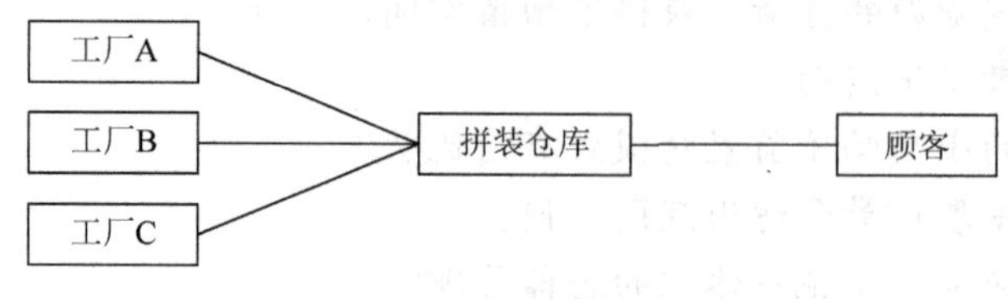

图 5.1 拼装作业

4. 分类功能

分类就是将来自制造商的组合订货分类或分割成个别订货，然后安排适当的运力运送给制造商指定的个别客户。企业从多个制造商处运来整车的物资，仓库收到物资后，如果物资有标签，就按客户要求进行分类，如图 5.2 所示；如没有标签，就按地点分类。物资不在仓库停留，直接装到运输车辆上，装满后运往指定的位置。

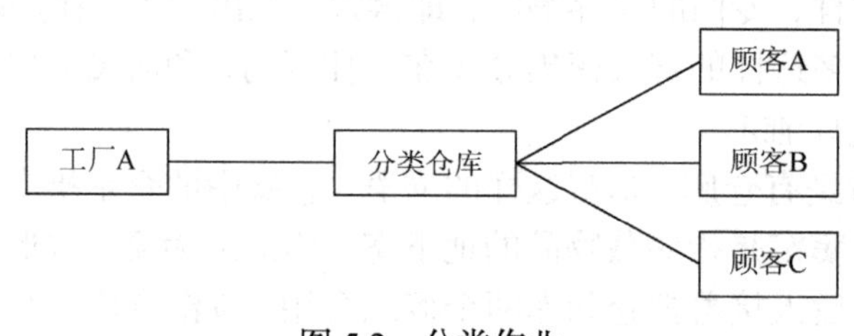

图 5.2 分类作业

5. 增值功能

增值功能给仓储带来比较好的效益，是仓储应扩展的功能。加工服务、信息传递等都属于仓储的增值功能。

5.1.3 仓储在物流中的作用

1. 仓储是现代物流不可缺少的重要环节

在社会生产与生活中，由于生产与消费、供给与需求之间存在时间差，总会存在暂时未用的物资。妥善保持这些物资的有效性，是仓储的主要工作。

从供应链的角度来看，物流过程可以看作由一系列的供给和需求组成，当供给和需求节奏不一致，也就是两个过程不能够很好地衔接，出现生产的产品不能即时消费或者存在需求却没有产品满足时，就需要建立产品的储备，将不能即时消费的产品储存起来以备满足后来的需求。供给和需求之间既存在实物的“流动”，同时也存在实物的“静止”。静止状态即将实物进行储存，实物处于静止是为了更好地衔接供给和需求这两个动态的过程。仓储在化解供需之间时间上的矛盾的同时，也创造了新的时间上的效益。因此，仓储是物流中的中心要素。

2. 仓储能保证物品在流通过程中的质量

在物品仓储环节对产品质量进行检验能够有效地防止伪劣产品流入市场，保护了消费者的权益，也在一定程度上维护了生产厂家的信誉。

通过仓储来保证产品质量主要有两个环节：一是在货物入库时进行质量检验，看货物是否符合仓储要求，严禁不合格产品混入库场；二是在货物的储存期间，要尽量使产品不发生物理及化学变化，减少库存货物的损失。

3. 仓储是节约物流成本的重要手段

虽然仓储活动会带来时间成本和财务成本的增加，但从物流总成本的角度而言，有效的仓储管理能够加快货物的流通，从而节约其他物流环节的相关成本。

5.1.4 仓储管理

仓储管理是指对仓储设施布局和设计及仓储作业所进行的计划、组织、协调和控制。仓储管理运用现代管理的方法与手段，研究物资储存的收、管、发和与之相关的加工等经营活动，并通过对新技术与信息的使用，来提高服务水平、降低成本、增加效益。

仓储管理的内涵随着其在社会经济领域中的作用不断扩大而变化，已经从单纯意义上的对物资存储的管理转变为物流过程中的重要环节。它的功能从单纯的物资存储延伸到包装、分拣、整理、简单装配等多种辅助性功能。

仓储管理的基本内容主要包括以下内容。

1. 仓库的选址及布置问题

即如何按照程序确定仓库的数盘、规模和位置；如何做好仓库总平面布置、仓储作业区布置及库房内布置工作等。

2. 仓库机械设备的选择与配置问题

即如何根据库存货物的种类和特性及仓库作业特点，确定机械设备及配备的数量；如何对这些机械进行管理等。

3. 仓库的业务管理问题

它是仓储管理日常面对的最基本的管理内容，包括如何组织好物资的入库验收、如何存放物资、如何对在库物资进行保管保养、如何发放出库等。

4. 仓库的库存管理问题

即如何根据企业生产及客户需求状况，对库存的物资进行分类，合理确定每类物资的进货量和进货时间。其要求既不致因为物资储存过少引起生产中断造成损失，又不致因为储存过多占用过多的流动资金、增加储存成本等。

5. 仓储成本管理问题

即如何选择适用的成本管理措施和手段，对仓储过程每一个环节的作业表现和成本加以控制，来实现仓储管理的目标。

此外，仓库的安全管理问题、仓储管理绩效评价问题等，也都是仓储管理所涉及的内容。

5.1.5 仓储管理的原则

1. 保证质量

仓储管理中的一切活动，都必须以保证在库物品的质量为中心。没有质量的数量是无效的，甚至是有害的，因为这些物品依然占用资金、产生管理费用、占用仓库空间。为了完成仓储管理的基本任务，仓储活动中的各项作业必须有质量标准，并严格按标准执行。

2. 注重效率

仓储成本是物流成本的重要组成部分，而仓储效率的提高关系到整个物流系统的效率和成本。在仓储管理过程中要充分发挥仓储设施和设备的作用，提高仓储设施和设备的利用率，充分调动仓库生产人员的积极性，提高劳动生产率，加速在库物品周转，缩短物品在库时间，提高库存周转率。

3. 确保安全

仓储活动中不安全因素很多，有的来自库存物，如有些物品具有毒性、腐蚀性、辐射性、易燃易爆性等；有的来自装卸搬运作业过程，如每一种机械的使用都有操作规程，违反规程就要出事故；还有的来自人为破坏。因此，在仓储管理过程中要制定安全制度，加强安全教育。

4. 讲求经济

仓储活动中所耗费的劳动补偿是由社会必要劳动时间决定的，为实现一定的经济效益目标，必须力争以最少的人财物消耗，及时准确地完成最多的储存任务。因此，对仓储过程进行计划、控制和评价是仓储管理的主要内容。

5. 提高服务

服务是贯穿仓储活动的一条主线，仓储的定位、作业，对储存物的控制都围绕着服务进行。因此，仓储管理需要围绕服务定位，就如何提供服务、改善服务、提高服务质量开展管理。

5.1.6 仓储管理的发展趋势

1. 仓储标准化

仓储标准化是物流标准化的重要组成部分。制定和贯彻实施仓储标准，不仅有利于提高仓储服务质量，也可以有效推动仓储管理水平的提升，加快仓储管理的现代化。

2. 仓储现代化

仓储现代化包括仓储人员的专业化、仓储技术的现代化、仓储管理方法的科学化和管理手段的自动化等。

3. 仓储智能化

随着现代工业生产的发展，柔性制造系统、计算机集成制造系统和工厂自动化对自动化仓储提出了更高的要求，如需要更可靠、实时的信息，工厂和仓库中的物流必须伴随着并行的信息流。自动化仓储需要与其他信息决策系统进行集成，朝着智能和模糊控制的方向发展。人工智能推动了仓储技术的发展，产生了智能仓储。

智能仓储的应用保证了货物仓库管理各个环节数据输入的速度和准确性，确保企业及时准确地掌握库存的真实数据，合理保持和控制企业库存，通过科学的编码，还可方便地对库存货物的批次、保质期等进行管理。射频数据通信、条码技术、扫描技术和数据采集越来越多地应用于仓库堆垛机、自动导引车（automated guided vehicle，AGV）和传送带等运输节点。移动式机器人也作为柔性物流工具在柔性生产、仓储和产品发送中发挥着日益重要作用。实现系统柔性化，采用灵活的传输节点和物流路线是实现物流和仓储智能化的趋势。

5.2 仓库及设施设备

5.2.1 仓库概述

仓库是保管、储存、流转物品的建筑物和场所的总称。仓库的主体建筑物主要包括库房、货棚和露天货场三种。

1. 库房

库房是仓库中用于储存货物的主要建筑物，多采用封闭形式，主要由墙壁、库顶、库门、站台、雨篷等组成。库房的封闭性强，便于对库存物进行维护保养，适宜存放怕风吹、雨淋、日晒，以及对保管条件要求比较高的物品。

2. 货棚

货棚是一种简易的仓库，为半封闭式建筑。根据围墙建筑情况，货棚可以分为敞棚（仅有柱和棚顶构成）和半敞棚（围墙有一面、两面和三面之分）。其保管条件不如库房，但出入库作业较方便，且建造成本较低，适宜存放那些日晒、雨淋易变质损坏，而温、湿度变化影响不大的物资。

3. 露天货场

露天货场也叫堆场，无任何围护结构，对各种自然因素的侵蚀均不起防护作用，主要靠上苫下垫保护物资不受损失。其最大的优点是装卸作业极其方便、建造成本低，适宜堆存大宗原材料或不怕风吹、雨淋的物品。

5.2.2 仓库的分类

可以根据仓库所处的运营地位，所承担的储存任务，所储存的物资品种等将其分为不同的种类，如表5.1所示。

表5.1 仓库的种类

分类	种类名称及说明
根据营运形态分类	营业仓库：仓库业主根据相关法律取得营业资格的仓库
	自备仓库：各生产或流通企业为了本企业物流业务的需要而修建的附属仓库
	公用仓库：属于公共服务的配套设施，为社会物流服务的仓库
根据保管形态分类	普通仓库：常温下的一般仓库，用于存放一般性物料，对仓库没有特殊要求
	冷藏仓库：具有冷却设备并隔热的仓库（10℃以下）
	恒温仓库：能够调节温度、湿度的室内仓库（温度保持在10～20℃）
	露天仓库：露天堆存、保管的室外仓库
	储藏仓库：保管散粒谷物、粉体的仓库，以筒仓为代表
	危险品仓库：保管危险品、高压气体的仓库，以油罐仓库为代表
	水上仓库：漂浮在水上的储藏货物的泵船、囤船、浮驳或其他水上建筑，或把木材放在划定的水中保管的室外仓库

续表

分类	种类名称及说明
根据功能分类	储存仓库：主要对物料进行保管，以解决生产和消费的不均衡，如季节性生产的大米储存到下一年销售
	流通仓库：除具有保管功能外，还能进行流通加工、装配、简单加工、包装、理货及配送，具有周转快、附加值高、时间性强的特点
	专用仓库：专门用于保管钢材、粮食等某些特定物料的仓库
	保税仓库：经海关批准，在海关监管下，专供存放未办理关税手续而入境或过境货物的场所
	其他仓库：包括制品仓库、物品仓库、零件仓库、原材料仓库
根据建筑形式分类	平房仓库
	多层仓库
	地下仓库
	立体仓库：金属货架上边打上顶盖，外侧装上墙壁
	罐式仓库：构造特殊，或球形或柱式，形状像一个大罐子，主要用于储存石油、天然气和液体化工产品等

5.2.3 仓库的设施与设备

1. 货架

在仓库的设备中，货架是指专门用于存放成件物品的保管设备。货架在物流及仓库中占有非常重要的地位。通过合理利用货架，能够最大化利用仓库空间，提高仓库运转效率，从而有效地节约成本。

货架存储的优点主要有以下几点。

（1）可充分利用仓库空间，提高库容利用率，扩大仓库储存能力。

（2）存入货架中的货物互不挤压，物资损耗小，可保证物品的功能，减少货物的损失。

（3）货架中的货物可以任意存取，货物种类的可拣选率达 100%，便于清点及计量。

（4）便于机械化和自动化操作。

（5）便于实行定位储存和计算机管理。

（6）保证存储货物的质量，可以采取防潮、防尘、防盗、防破坏等措施，以提高物资存储质量。

货架存储的缺点主要包括以下四点。

（1）购买货架设备的费用较高。

（2）必须配备相应的装卸搬运设施和托盘等集装单元器具。

（3）货架设备的位置相对固定，机动灵活性差。

（4）货架之间需预留通道，有时可能会对仓容率产生一定的负面影响。

在实际应用中，常见货架有七种类型：①托盘货架；②驶入式与驶出式货架；③重力式货架；④移动式货架；⑤旋转式货架；⑥阁楼式货架；⑦悬臂式货架。

托盘货架是最普通，也是最常见的货架。每个托盘占用货架上的一个货位，存取方便，拣取的效率高，但存取密度较低，需要较多的通道。它适用于品种数量适中、批量不大的货物的储存，通常应用在6米以下的3～5层的仓储系统中。

驶入式与驶出式货架设有专门的叉车运行通道，是连续性的整栋式货架。货架由若干个垂直的货架片组成，货架片上有短的托梁支撑存放的货物，货架片之间没有横梁或斜撑。叉车直接在货架片之间运行，把货物存放到托梁上或者从托梁上把货物取走。这种货架适用于横向尺寸较大、货物品种较少、数量较多的情况。

如果叉车只能从货架的一端出入，则称为驶入式货架；如果货架的两端都能出入，或从一端入库存放，从另一端取货出库，则称为驶出式货架。

重力式货架的特点是货架片密集排列，只有两端是作业通道。货物从货架的一端放入某一个货道内，每个货道内都有辊道或滚轮，货物通过重力的作用依次向出库端移动。货道内的货物都处于流动状态，存取迅速，可以确保先进先出的原则，适于存放不宜长期积压的货物。

移动式货架是在底部安装有运行车轮，可在轨道上移动的货架。这种货架空间利用率较高，适合少品种、大批量、低频率的货物的保管。

旋转式货架设有电力驱动装置，可以沿着设定的环形轨道运行。这种货架存取货物时，拣货路线短，拣货效率高。旋转式货架操作简单，空间利用率高，拣货路径短，拣货效率高，适用于电子元件、精密机械等小批量多品种小物品的储存及管理。

阁楼式货架是一种充分利用空间的货架形式。在厂房面积有限的情况下，可以利用钢梁和金属板将原有储存区进行楼层分隔，以增加储存面积。每个楼层可放置不同种类的货架，而货架结构具有支撑上层楼板的作用。阁楼楼板上一般存放轻泡货物，或者是储存期较长的货物。由于楼板承载能力的限制，所以在上层作业时不宜使用重型搬运设备，一般采用轻型小车或人力进行作业。另外，上层物品的搬运还需要加装垂直输送设备。

悬臂式货架由立柱和托臂构成，托臂可以是单面或双面，适用于存放长物料、环型物料、板材和不规则货物。这种货架特别适合空间小、密度低的库房，管理方便，与普通搁板式货架相比空间利用效率更高，存取货物更方便、快速，对货物的存放一目了然。但是，货架的高度有限，一般在6米以下；而且仓库的空间利用率低，为35%～50%。

2. 搬运车辆

搬运车辆主要包括：①手推车；②搬运车；③叉车。

手推车是一种以人力为主，在路面上水平输送物料的搬运车。其特点是价廉、轻巧、易操作、回转半径小，适于短距离搬运轻型物料。因运输物料的种类、性质、重量、形状、行走线路条件及作业内容不同，可选用不同类型的手推车。在选择和使用手推车时，首先应考虑物料的形状及性质。当搬运多品种货物时，应考虑采用通用型的手推车；当搬运单一品种货物时，则应尽量选用专用手推车，以提高作业效率。其次还要考虑输送量及运距。由于手推车是以人力为动力的搬运工具，运距和载重量不宜太大，通常用于仓库内外的物料装卸或车间内各工序间的搬运作业。

搬运车是一种轻小型搬运设备，它有两个货叉似的插腿，可插入托盘自由叉孔内。插腿的前端有两个小直径的行走轮，用来支撑托盘货物的重量。货叉通过液压或机械传动可以抬起，使托盘或货箱离开地面，然后使之行走。这种托盘搬运车广泛应用于仓库内外的物料装卸或车间内各工序间的搬运作业。

叉车是一种用来装卸、搬运和堆码单元货物的车辆。它具有适用性强、机动灵活、效率高的优点，不仅可以将货物叉起进行水平搬运，还可以将货物提升进行堆码。如果在货叉叉架上安装各种专用附属工具，如推出器、吊臂、旋转夹具、串杆、侧移叉、倾翻叉等，还可以进一步扩大其使用范围。根据所用的动力，叉车可以分为内燃机式叉车和蓄电池式叉车。内燃机式叉车又可分为汽油内燃叉车和柴油内燃叉车，前者多用于 1～3 吨的起重载荷，后者多用于 3 吨以上的载荷。蓄电池式叉车一般用于 2 吨以下的起重载荷。根据叉车的结构特点，叉车还可分为平衡重式叉车、前移式叉车、插腿式叉车、侧面叉车等。

3. 起重机械

起重机械是以间歇作业方式对物品进行起升、下降和水平移动的搬运设备。起重机械以完成货物垂直升降作业为主要功能，兼有一定水平运输作业，工作对象主要为笨重的大件物品。起重机械至少具有完成物品上、下升降功能的起升机构。根据起重机械的活动范围的不同，可以将其分为：简单起重机械、通用起重机械和特种起重机械。

4. 传送带和输送机械

输送机械是在一定的线路上连续不断地沿同一方向输送物料的物料搬运机械，装卸过程无须停车，因此其生产率很高。皮带类型的输送机械常称为传送带；其他类型的输送机械则称为连续输送机。

输送机械的主要功能是进行物品的水平运输，工作对象以小型件及散装物品居多。输送机械输送能力大、运距长、结构简单，还可在输送过程中同时完成若干工艺操作，所以应用十分广泛。输送机械可进行倾斜输送，也可组成空间输送线路，其输送线路一般是固定的。

在物流系统中，搬运作业以集装单元化搬运为主，因此所用的输送机械也以单元负载式输送机械为主。单元负载式输送机械主要用于输送托盘、箱装件或其他有固定尺寸的集装单元货物。根据有无动力源，输送机械可以分为无动力式和动力驱动式两类。无动力式以输送物品本身的重量或人力推动为动力。无动力式输送机械因滚动转子的不同，可分为滚轮式、滚筒式及滚珠式三种形式。动力驱动式输送机械一般均以电机等为动力。根据其输送介质的不同，可以分为辊子输送机、皮带输送机、链条式输送机和悬挂式输送机等。

5. 自动物料搬运设备及系统

自动物料搬运设备主要有 AGV、自动堆垛机和搬运机器人。自动物料搬运系统是以多台 AGV 为主体结合集群中央控制系统组成的系统。

AGV 是一种能自动导向、自动认址、自动行动的搬运车辆，广泛应用于柔性生产系统（flexible manufacturing system，FMS）、柔性搬运系统和自动化仓库中。AGV 具有灵活性强、自动化程度高、代替人力和适应特殊工作场地等优点。

自动堆垛机也称巷道式堆垛机，是自动化立体仓库存取货物的主要设备。其结构和形式很多，通常可分为单柱式和双柱式、有轨和无轨结构等。其运行方式有直线运动和回转运动，可以实现存取货物的高效和方便。

搬运机器人是一种动作程序，灵活可变、能任意定位、具有独立控制系统，能搬运、装卸物件或操纵工具的自动化机械装置。在生产物流搬运设备中主要用于搬运、装卸工件，为加工中心更换刀具。在物流的节点和输送线的端点用来装卸堆垛料，在装配线上用于产品的装配与喷漆等。在生产物流搬运中应用搬运机器人不仅能提高生产率、减少成本、保证产品质量，还能增加系统的柔性，为生产物流搬运提供强有力的工具和手段。

5.2.4 自动化立体仓库

自动化立体仓库也称高层货架仓库、自动仓储系统（automated storage and retrieval system，AS/RS），一般指采用高层货架，用自动化物料搬运设备进行货物出、入库作业的仓库。自动化立体仓库一般由高层货架、物料搬运设备、控制和管理设备及公用设施等部分组成。自动化立体仓库除了具有传统仓库的基本功能外，还具有分拣、理货的功能，以及在不直接进行人工处理的情况下自动存储和取出物料的功能。

1. 自动化立体仓库的功能

自动化立体仓库的功能主要有以下四点。

（1）提高空间利用率及货物管理质量。

（2）提高劳动生产率，降低劳动强度。

（3）科学储备，提高物料调节水平，加快储备资金周转。

（4）有效衔接生产与库存，加快物资周转，降低成本。

由于使用高层货架存储货物，存储区可以大幅度地向高空发展，可以充分利用仓库地面和空间，因此节省了库存占地面积，提高了空间利用率。目前世界上最高的立体仓库其高度已达 50 米，立体仓库单位面积的储存量可达 7.5 吨/米^2，是普通仓库的 5～10 倍。采用高层货架储存，并结合计算机管理，可以很容易地实现先入先出，防止货物的自然老化、变质、生锈或发霉。立体仓库也便于防止货物的丢失及损坏。

自动化立体仓库使用机械和自动化设备，运行和处理速度快，提高了劳动生产率，降低了操作人员的劳动强度，还能较好地满足黑暗、低温、污染、有毒和易爆等特殊场合的物品的存储需要。

自动化立体仓库采用计算机控制，对各种信息进行存储和管理，能减少货物处理过程中的差错。同时借助计算机管理能有效地利用仓库的储存能力，便于清点和盘库，可以合理减少库存，加快储备资金周转，节约流动资金，从而提高仓库的管理水平。

自动化立体仓库仓储作业自动化程度高，改变了运输方式、装运方式，采用了有效的物料衔接技术，缩短了物料库存周期，从而降低了总成本。

2. 自动化立体仓库的基本构成

自动化立体仓库主要由货物存储系统、货物存取和传送系统、控制和管理系统三大系统组成，还有与之配套的供电系统、空调系统、消防报警系统、称重计量系统、信息流通系统等。

货物存储系统由立体货架的货格（托盘或货箱）组成。立体货架的机械结构分为分离式、整体式和柜式三种。其按高度可分为高层货架（12 米以上）、中层货架（5 米至 12 米）、底层货架（5 米以下）三种；按货架形式又可分为单元货架、重力货架、活动货架和拣选货架等。

货物存取和传送系统承担货物存取、出入仓库的功能，由有轨或无轨堆垛机、出入库输送机、装卸机械等组成。出入库输送机可根据货物的特点采用传送带输送机、机动辊道、链传动输送机等，主要将货物送到堆垛机下料的位置和货物出入库的位置。装卸机械承担货物出入库装车或卸车的工作，一般由行车、吊车、叉车等机械组成。

在自动化立体仓库中，以电子计算机为中心形成仓库的控制和管理系统。自动化立体仓库的计算机中心或中央控制室接收到出库或入库信息后，管理员通过计算机发出出入库指令。巷道堆垛机及输送设备按指令启动，共同完成出入库作业。管理人员对此过程进行全程监控和管理。

5.2.5 案例：华为的自动化立体仓库

2012 年，华为技术有限公司（以下简称华为）将制造业务由深圳坂田搬迁至东莞松山湖高新技术产业开发区，建设自动立体仓库以实现企业物流的现代化。

华为自动化立体仓库的特点在于以下三个方面。

1. 从入库到出库的全程自动化

（1）入库周转箱从月台到拆包装区的自动化搬送。

（2）入库托盘与周转箱的自动上架。

（3）补货料箱的自动化搬送与分流。

（4）拣选货物的自动供给。

（5）分拣机实现自动化分拣。

2. 有限空间的充分利用

（1）自动仓库实现密集存储。

（2）水平旋转货架创造了更多的拣选点。

（3）空托盘/料箱的收集与供应。

（4）逆向物流的自动化作业。

3. 创新性设计

（1）货到人（goods-to-person，GTP）工作站台：货到人的接力式拣选模式，有效地节省了人工搬运距离，提高了作业效率。

（2）夹层利用方案：对料箱业务进行预处理，保证入库暂存区的使用面积，并在库内同一层面设置料箱业务的二次回库及出库作业，这样有效地利用了建筑的空间，增加了货位，提高了库存能力。

（3）侧边拣选：实现了自动化入库、补货、电子标签拣货（pick to light，PTL）三位一体的立体拣选模式，采用接力拣选模式为生产线直接供料。

（4）大件在线拣选：对于拉手条等大件物品实现在线直接拣选，提高了作业效率，节省了离线作业的暂存场地，同时在设计时充分考虑作业高峰期的应对策略，设计了备用暂存拣选站台。

5.3 仓储规划决策

仓储规划包括确定仓库的选址、布局及货位管理等方面的内容。它是仓储管理中最基本也是重要的决策，且直接影响仓库资源的配置能力，对物流合理化也起着重要作用。

5.3.1 仓储规划的基本原则

1. 系统化

仓储规划是一个系统工程，规划后的系统应该是一个优化系统，能在以后的实际运营中达到一个整体的优化状态。

2. 经济性

规划要针对实际情况，并通过对将来可能出现的情况的预测来进行。选址一旦确定，仓储设施一旦建成，如果因为规划不理想需要做变更，无论从哪个方面讲都是不理想的。而且，投入运行后，其运营的成本有可能居高不下，且一时无法改变。因此规划时，不但要从当前的经济角度来审视，也要从未来的变化趋势来把关。

3. 合理性

规划时既要注重仓储内部的合理性，又要注重与外部环境的衔接的合理性。因此，仓储系统的整体优化不仅是内部系统的优化与合理化。外部的合理化是内部合理化的基础，没有外部的合理化，内部的合理化将受到极大约束。

5.3.2 仓库选址规划

选址是企业取得竞争优势的重要条件之一，也是一项包括社会、经济和技术的综合性工作。选址需要考虑的因素有很多，不仅要考虑本企业生产经营的需要，还要考虑仓库地址所在地区和地点的生产、消费、经营对企业的影响，同时要考虑企业对周围环境的影响。

1. 仓库选址的基本原则

仓库选址的基本原则如下。

（1）适应性原则。仓库选址须与国家及地区的经济发展方针、政策相适应；与国家物流资源分布、物流中心节点、产业布局和需求分布相适应。

（2）协调性原则。仓库选址应将区域物流网络作为一个系统来考虑，使仓库的设施设备在地域分布、物流作业生产力、技术水平等方面互相协调。

（3）经济性原则：仓库选址的费用主要包括建设费用及经营费用两部分。选址时，应以总费用最低为选址的经济性原则。

（4）战略性原则：仓库选址应具有战略眼光，要考虑全局，考虑长远规划。局部服从全局、目前利益服从长远利益，既要考虑目前的实际需要，又要考虑日后发展的可能，根据目前或未来即将出现的新技术、新趋势、新模式布局。

（5）可行性原则：仓库选址要充分考虑建设的可行性，在兼顾以上四条原则的同时考虑选址最终的可操作性。选址一定要建立在现有的生产发展水平的基础上，要考虑实际需求，做到技术上可行、经济上合理、目前与长远目标兼顾，使规划最终能够实现既定目标。

2. 仓库选址决策的影响因素

进行选址决策时，需要考虑各种要求和影响因素。在此基础上，预先确定仓库地址，列出多个可供选择的可行方案，借助科学评价方法，进行技术经济分析，从各个可行方案中选择理想的方案。

影响仓库选址的因素，可以将其划分为以下两类。

（1）成本因素：指那些与成本有直接关系的，可以用货币单位直接度量的因素，包括运输成本、原材料供应成本、人力资源成本、建筑成本及土地成本等。

（2）非成本因素：指与成本无直接的关系，但能够影响成本和企业未来发展的因素，包括经营环境、当地政府的政策法规、自然环境因素及时间因素等。

3. 仓库选址的方法

近年来，选址理论迅速发展，选址方法越来越多，特别是计算机的应用，促进了物流系统选址理论发展，为对不同方案进行可行性分析提供了强有力的工具。下面介绍几种简便实用的方法，包括：①加权因素法；②重心法；③线性规划法。

第一种方法是加权因素法。加权因素法是以专家为索取信息的对象，运用专家的知识和经验，考虑选址对象的社会环境和客观背景，直观地对选址对象进行综合分析研究，寻求其特性和发展规律，并进行选择的一种选址方法。

加权因素法以简单易懂的模式将各种因素综合起来，其具体步骤如下。

（1）决定一组相关的选址决策因素。

（2）对每一因素赋予一个权重以反映这个因素在所有因素中的重要性，其中每一因素的分值根据权重确定，而权重则要根据成本的标准差确定，而不是根据成本值确定。

（3）对所有因素的打分设定一个共同的取值范围。

（4）对每一个备选地址的所有因素按设定范围打分。

（5）将各个因素的得分与相应的权重相乘，并把所有因素的加权值相加，即可得到每一个备选地址的最终得分。

（6）选择具有最高总得分的地址作为最佳的选址。

第二种方法为重心法，以下为它的假设条件。

（1）需求量集中于某一点上。

（2）不同地点物流节点的建设费用和运营费用相同。

（3）运输费用与运输距离成正比。

（4）运输线路为空间直线。

重心法首先要在坐标系中标出各个地点的位置，目的在于确定各点的相对距离。其次，根据各点在坐标系中的横纵坐标值求出运输成本最低的位置的坐标。重心法计算重心坐标的公式为

$$C_x = \frac{\sum x_i w_i}{\sum w_i} \tag{5.1}$$

$$C_y = \frac{\sum y_i w_i}{\sum w_i} \tag{5.2}$$

其中，C_x 为重心的 x 坐标；C_y 为重心的 y 坐标；x_i 为第 i 个地点的 x 坐标；y_i 为第 i 个地点的 y 坐标；w_i 为与第 i 个地点之间的运输量。

第三种方法是线性规划法，它对于特定备选方案，根据其备选地点对应的有关运价、需求数据及其他相关数据构造以该地点相应的运营成本为目标的线性规划模型，计算得到该方

案的最优解。该方法遍历所有备选方案，选择总成本最小的方案作为仓库选址的最佳方案。

5.3.3 仓库布局规划

仓库布局是指在一定区域或库区内，对仓库的数量、规模、地理位置和仓库设施、道路等各要素进行科学规划和整体设计。

1. 仓库区域构成

图 5.3 是一个常见的仓库平面布置的实例。一个仓库通常由三部分组成：①作业区；②辅助生产区；③行政生活区。

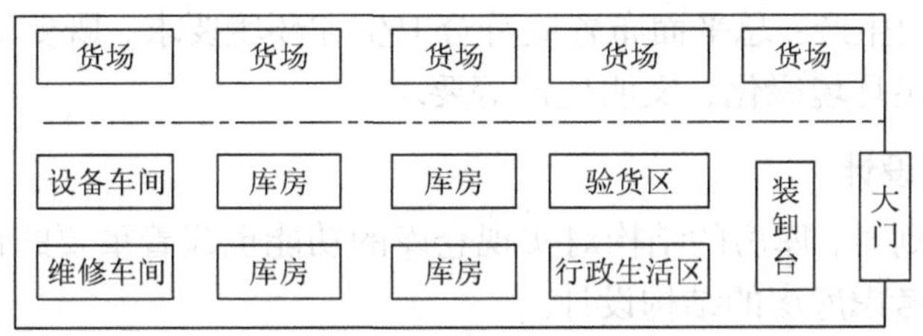

图 5.3 仓库平面布置实例

作业区是仓库的主体部分，是物品储运活动的场所，主要包括储货区、验货区、装卸台等。储货区是储存保管、收发整理物品的场所，是仓储作业区的主体区域，具体分为库房、货棚、货场。

辅助生产区是为物品储运保管工作服务的辅助车间或服务站，包括车库、变电室、油库、设备车间、维修车间等。

行政生活区是仓库行政管理机构和生活区域。一般设在仓库入库口附近，便于业务接洽和管理。行政生活区与作业区应分开，并保持一定距离，以保证仓库的安全。

2. 仓库布局规划原则

仓库布局规划应遵循以下原则。

首先，仓库布局要符合作业流程，并有利于仓储作业的正常进行。这意味着它要满足以下四个方面的要求

（1）单一的物流方向：仓库内物品的卸车、验收、存放地点之间的安排，必须适应仓储生产流程，按一个方向流动。

（2）最短的运距：应尽量减少迂回运输，专用线的布置应在库区中部，并根据作业方式、仓储物品品种、地理条件等，合理安排库房、专用线与主干道。

（3）最少的装卸环节：减少在库物品的装卸搬运次数和环节，物品的卸车、验收、堆码作业最好一次完成。

（4）最大的利用空间：仓库总平面布置是立体设计，应有利于物品的合理存储和充分利用库容。

其次，仓库布局要有利于提高仓储经济效益，即要考虑以下三个方面。

（1）要因地制宜。充分考虑地形、地质条件，使之既能满足物品运输和存放上的要求，又能避免大量的基础建设工程，并能保证仓库的充分利用。

（2）平面布置应与竖向布置相适应。竖向布置是确定平面布局中每个因素，如库房、

货场、道路、排水、供电等，在地面标高线上的相互位置，通过改造场地的自然地形，使之适应仓库建设和作业要求。

（3）总平面布置应能充分、合理使用机械化设备。我国目前普遍使用门式、桥式起重机一类的固定设备，要合理配置这类设备的数量和位置，并注意与其他设备的配套，以便于开展机械化作业。

最后，仓库布局要有利于保证安全生产和文明生产，包括以下两个方面。

（1）应注意安全生产：库内各区域间、各建筑间应留有一定的防火间距，并有防火、防盗等安全设施。

（2）应注意文明生产：总平面布置应符合卫生和环境要求，既要满足库房的通风、日照等要求，又要满足环境绿化、文明生产等要求。

3. 库房的结构设计

在仓库布局规划时，库房的结构对实现仓库的功能也起着重要的作用。在规划时，还应从如下几个方面考虑库房的结构设计。

（1）平房建筑和多层建筑。

（2）仓库出入口和通道。

（3）立柱间隔。

（4）天花板的高度。

（5）地面。

针对库房的结构，企业要从出入库作业的合理化方面考虑，尽可能采用平房建筑，这样储存产品就不必上下移动。但是在城市内，为了充分利用土地，多层建筑成为最佳的选择。在采用多层仓库时，要特别重视对上下楼的通道设计。

仓库出入口的位置和数量是由建筑物的主体结构、建筑物的开间、进深长度、库内货物的堆码形式、出入库次数、出入库作业流程及通道设置等因素决定的。出入口的开启方式多使用拉门式、开启式及卷帘式三种。出入口尺寸的大小是由卡车是否出入库内、所用叉车的种类、尺寸、台数、出入库次数和保管货物尺寸的大小决定的。

库内的通道是保证库内作业顺畅的基本条件，通道应延伸至每一个货位，使每一个货位都可以直接进行作业。通道需要路面平整和平直，减少转弯和交叉。

库房内的立柱是出入库作业的障碍，会导致保管效率低下，因而立柱应尽可能减小。但当平房仓库梁的长度超过 25 米时，建立无柱仓库有困难，此时可设中间的梁间柱，使仓库成为有柱结构。

由于实现了仓库的机械化、自动化，因此对仓库天花板的高度也提出了要求。即使用叉车的时候，标准提升高度是 3 米；而使用多段式高门架叉车的时候要达到 6 米；考虑托盘的高度时，仓库的天花板高度最低应该是 5～6 米。

关于地面的考虑主要是地面的耐压强度，而地面的承载力必须根据承载货物的种类或堆码高度具体研究。地面的承载力是由保管货物的重量、所使用的装卸机械的总重量、楼板骨架的跨度等决定的。流通仓库的地面承载力，还必须要保证重型叉车作业时具有足够的受力。

5.3.4　货物分区规划

1. 货物分区分类

分区即按照仓库条件，将库房、货棚、货场划分为若干保管货物的区域，以适应货物存储的需要；而分类，则是根据货物的自然属性及其消费上的连带性，将其划分为若干大类，一般进行集中保管。

通常可从下面四个角度进行分区分类：按货物的种类和性质；按不同货主；按货物危险性质；按仓储作业特点。

2. 货架布局管理

货架布局的方法可概括为垂直式布局和倾斜式布局两种。

垂直式布局是指货垛或货架的排列与仓库的侧墙互相垂直或平行的布局，如图 5.4 所示。

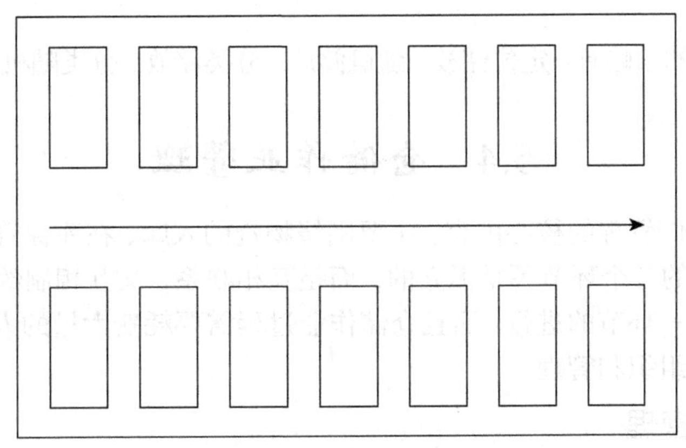

图 5.4　垂直式布局

倾斜式布局是指货垛或货架与仓库的侧墙或主通道成一定夹角的布局方式，如图 5.5 所示。

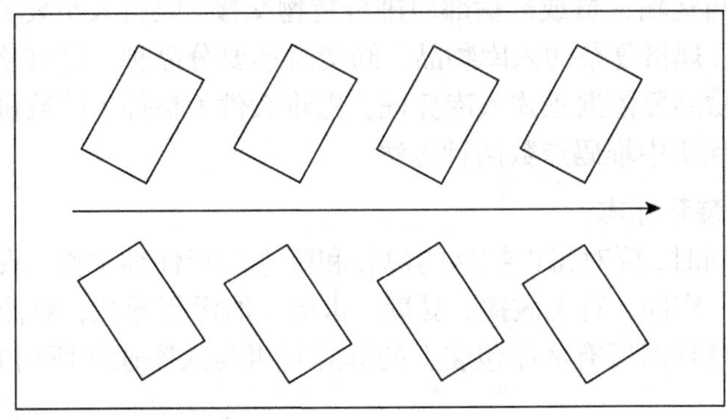

图 5.5　倾斜式布局

5.3.5 货位管理

货位就是货物存放的位置。货位管理就是在把将来要使用或者要出货的物品保管好的前提下，经常对库存进行检查、控制与管理。

1. 货位编号与货物编号

货位编号就是在分区分类的基础上，将仓库的库房、货场、货棚及货架等存放货物的场所划分为若干货位，然后按照贮存地点和位置的排列，采用统一标志编上顺序号码，并明显标志，以便仓库作业。常用方法有地址法、区段法和品类法等。

货物编号是指对进入仓库的货物按照一定的规则进行编号，以提高货物管理的效率，增加货物管理的准确性。常用方法有数字法、字母法和实际意义法等。

2. 货位分配

货位分配是指在准备工作就绪后采用合适的策略将货物分配到最佳的货位上。

货位分配一般遵循以下原则：产品相关性原则、物品同一性原则、产品相容性原则及先进先出原则。

货位分配常见的策略有：定位储放、随机储放、分类储放、分类随机储放及共享储放等。

5.4 仓储作业管理

仓储作业是仓储管理的核心内容，主要围绕物资的入库、在库保管保养、出库三个环节展开。仓储作业的各个环节不是孤立的，而是互相联系，又互相制约的。前一环节完成的效果直接影响后一环节的进行。而且仓储作业过程需要耗费大量的人力和物力，因此必须进行合理有效的组织和管理。

5.4.1 入库管理

入库管理是指仓库接到货物入库通知单后，进行接运提货、装卸搬运、检查验收、办理入库手续等一系列作业构成的管理过程。入库管理是仓储作业管理的第一步，也是关键环节。其主要流程如图 5.6 所示。

1. 货物接收

仓库收货人员与运输人员或运输部门进行货物交接。收货人员要到接收现场监卸，对于品种多、数量大、规格复杂的入库物品，卸货时还要分品种、分规格、分货号堆放，以便清点验收。点收物品要依据正式入库凭证，先将大件（整件）的数量点收清楚，一般可采用逐件点数计总和集中堆码点数两种方法。

2. 检查物品包装和标志

在物品点收的同时，要对每件物品的包装和标志进行仔细检查。收货人员应注意识别物品包装是否完整、牢固，有无破损、受潮、水湿、油污等异状；对液体物品要检查包装有无渗漏痕迹；认真核对所有物品包装上的标志是否与入库通知所列的相符。

3. 货物检验

根据有关业务部门的要求及仓库抽验入库的规定，进行开箱、拆包点验。

4. 货物入库

货品入库要按照不同的规格、产地、品种等分类，分别放入货架的相应位置储存。在储存时要注意做好防护工作。

5. 办理入库手续

物品验收后，由保管员或验收人员根据验收结果写在物品入库凭证上，以便记账、查货和发货。物品入库手续办理完毕后，仓库账务人员根据物品的入库凭证，将仓储有关项目登记在物品保管账上。仓库的保管账必须正确反映物品的进、出和结存数，并注明在库物品的货位编号，以便核对账货和发货时查考。

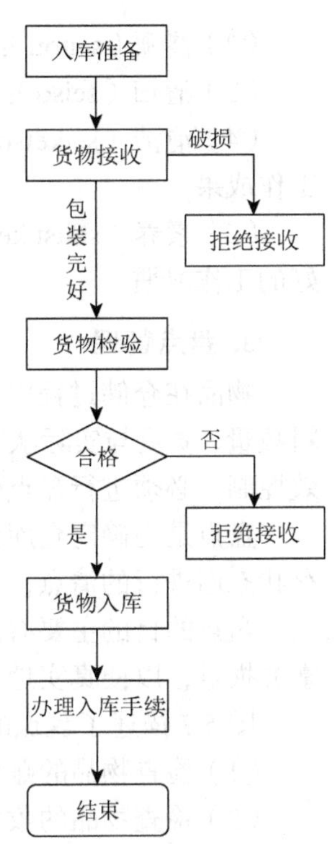

图 5.6 入库管理流程

5.4.2 在库管理

物品在入库之后、出库之前，处于保管与储存阶段。物品的保管与储存，是仓储管理工作的主要职能和中心环节。物品保管与储存业务的主要内容包括：库房分类、货位分区；正确运用堆码和苫垫技术，合理存放物品；科学养护库存物品；对库存物品进行日常检查等。

1. 物品保管与储存的基本要求

在库物品的保管与储存应遵循如下几项基本要求：①合理储存；②科学养护；③账物相符；④安全保管。

合理储存是指按照物品的性能及其对保管条件的要求，科学安排物品的储存地点和货位，有效利用仓库的空间。要做到合理储存，需要根据物品的性能、体积、重量、包装等，对物品进行储位管理，并正确使用堆码技术和苫垫技术等。

为了做好物品养护工作，要贯彻“以防为主、防治结合”的方针，建立健全相应的物品养护制度，根据物品的性能要求，通过密封、通风、吸潮等方法，合理控制和调节仓库的温湿度，做好物品的金属防锈、除锈、防霉、防治害虫等工作，创造适宜的储存条件。

做好物品的保管与储存工作，要设置齐全的物品实物账、货卡，及时正确地记录物品的进出库状态，确保物品的数量准确，做到“物卡相符，账卡相符”。同时还要对库存物品进行检查和盘点，掌握库存物品的质量和数量状况。已实施物品条码管理和仓储管理信息化的仓库，必须确保物品的电子数据账册与实物相符。

做好物品的保管与储存工作，要严格遵守仓库的安全管理制度，正确、安全地进行物品的装卸、搬运、堆垛和苫垫作业。对各类危险品要妥善地专门保管，认真做好防火、防盗、防差错事故、防雨漏和雷击等自然灾害的工作，确保人员、物品、库房、设备的安全。

2. 仓库 5S 现场管理法

物品在库期间，可以适时使用 5S 现场管理法。5S 起源于日本，是生产现场对人员、机器、材料、方法等要素进行有效管理的方法。在库存现场实施 5S 现场管理法是确保仓储货物数量和质量，提高存储效率及合理化的重要手段。5S 现场管理法的主要内容如下。

（1）整理（seiri）：将场所任何不必要的东西尽快清离现场。

（2）整顿（seiton）：能在 30 秒内找到要找的东西，并将寻找必需品的时间减少为零。

（3）清扫（seiso）：将库区清扫干净，杜绝污染源。

（4）清洁（seiketsu）：库区随时保持整洁，将上面 3S 的做法制度化、规范化，维持工作成果。

（5）素养（shitsuke）：培养员工文明礼貌的习惯，使其遵守规则，积极主动，养成良好的工作习惯。

3. 盘点管理

物品在仓储过程中不断地进出库，或者存放不恰当、存放过久，会导致库存成品、物料数量、质量与实际状况不符。为真实客观地反映、掌握库存物品的数量和质量，进行有效控制，必须进行盘点作业。

盘点是为确定仓库内或企业内其他场所的现存物料或产品的实际数量、品质状况和储存状态而进行的清点，是物品管理工作的控制反馈过程。

盘点的目的主要有两个：一是控制存货数量与库存时间，以指导日常经营业务；二是掌握损益，以便真实地把握经营绩效，并尽早采取防漏措施。

图 5.7 描述了盘点的作业流程。物品盘点的主要内容有以下四个方面。

（1）检查物品的账面数量与实存数量是否相符。

（2）检查物品的收发情况，以及是否按先进先出的原则发放。

（3）检查物品的保管现状，主要包括检查物品的堆放及维护情况；检查有无超储积压、损坏变质；检查对不合格及呆废物料的处理情况；检查安全设施及安全情况。

（4）检查常备物品的库存状况。这应从时间和数量两个方面来考察。

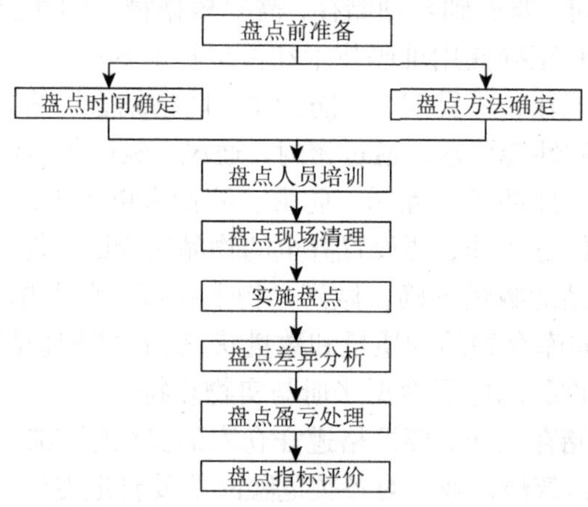

图 5.7 盘点的作业流程

按照盘点的范围，可将盘点作业分为：全面盘点和局部盘点。

（1）全面盘点：指对企业所有的有形金融资产和物质资产进行全面清查，包括已经付款但仍在途的物品，以及已发至生产现场待用的物料。

（2）局部盘点：指对部分物品的清点核算，一般是对使用比较频繁的材料、产成品等根据实际情况在年内进行轮流盘点或重点盘点。

按照盘点的对象，可将盘点作业分为：账面盘点和现货盘点。

（1）账面盘点：又称为永续盘点，就是把每天入库及出库的物品的数量及单价记录在计算机或账簿上，而后不断地累计加总算出账面上的库存量及库存金额。

（2）现货盘点：也称实地盘点，即实地调查仓库内物品的库存数，再依物品单价计算出库存金额。

按照盘点的时间，可将盘点作业分为：定期盘点、不定期盘点、动态盘点和循环盘点。

（1）定期盘点：指对各种物品在固定的时间内进行盘点，一般在期末。

（2）不定期盘点：指没有固定时间，而是根据实际需要对所实存的物品进行局部区域的盘点。

（3）动态盘点：是对有动态的物品（发生过收、发的物品）及时核对其余额是否与账、卡相符。

（4）循环盘点：是将物品逐区逐类连续盘点，或在某类物料达到低存量时盘点，其通常是对价值高或重要的物品进行的盘点。

5.4.3 出库管理

出库意味着物品储存阶段的终止，因此出库管理是仓库作业的最后一个环节。物品出库也使得仓库的工作与运输、配送单位与物品的使用单位直接发生了业务联系。

出库管理是指仓库根据业务部门或者存货单位开出的提货单、调拨单等出库凭证，按照出库凭证所列的物品名称、编号、型号、规格、数量、承运单位等各个具体的项目，组织出库的一系列工作的总称。

为了做好物品出库工作，必须事先做好相应的准备，按照一定的作业流程和管理规章组织物品出库。物品出库要求仓库准确、及时、安全、保质保量地发放物品。出库物品的包装也要完整牢固、标志正确、符合运输管理部门和客户单位的要求。做好物品出库管理的各项工作，对完善和改进仓库的经营管理，降低仓库作业成本，实现仓库管理的价值，提高服务质量等具有重要的作用。

出库作业的主要工作包括：出库前准备、审核出库凭证、出库信息处理、拣货、配货、出货检查、包装、刷唛、点交及账务处理等。

5.5 仓储智能管理

仓储管理智能化是仓储管理的发展趋势。仓储智能管理就是在仓储管理业务流程再造的基础上，利用RFID、网络通信、信息管理系统等现代信息技术及大数据、人工智能等先进分析管理方法，联动仓储作业各环节的设备，实现入库、出库、盘点、移库管理等作业信息的自动抓取、自动识别、自动预警及智能化实时协同管理，对库内设备运行及货物存储实现可视化高效管理，以降低仓储成本、提高仓储效率。

5.5.1 仓储智能管理的特点

1. 仓储管理信息化

如何利用仓储作业中产生的大量的货物、设备、环境和人员等各种信息，对仓储作业的执行和管理流程进行优化，是实现仓储管理智能化的基础工作。

2. 仓储运行自动化

仓储运行自动化主要是指仓储运行的硬件部分自动化，如自动化立体仓库系统、自动分拣设备、分拣机器人，以及可穿戴设备的应用。自动化立体仓库系统里面又包括立体存储系统、穿梭车等的应用；分拣机器人主要包括关节机器人、机械手和蜘蛛手等。智能仓储设备和智能机器人的使用能提高作业的效率，提高仓储运行的自动化水平。智能控制是在无人干预的情况下能自主地驱动智能机器实现控制目标的自动控制技术。自动化与智能控制的研究应用是最终实现智能仓储系统运作的核心。

3. 仓储决策智能化

仓储决策智能化主要是指利用互联网技术进行仓储决策，如大数据、云计算、人工智能、深度学习、物联网、机器视觉等。利用这些数据和技术进行物品的销售和预测，智能库存的调拨，以及对个人消费习惯的发掘，能够实现根据个人的消费习惯进行精准推荐的目标。在仓储管理过程中，各类仓储单据、报表快速生成，问题货物实时预警，特定条件下货物自动提示，通过信息联系与智能管理，形成统一的信息数据库，为供应链整体运作提供可靠依据，是仓储决策智能化的实现目标。

5.5.2 仓储智能管理的体系

智能仓储体系由智能仓储信息系统、智能仓储技术和智能仓储管理三个方面构成。

1. 智能仓储信息系统

智能仓储信息系统主要包括仓储管理系统（warehouse management system，WMS）和仓储控制系统（warehouse control system，WCS）。

WMS 是对批次管理、物料对应、库存量点、质检管理、虚仓管理和即时库存等仓储业务进行综合管理的系统，可有效控制并跟踪仓库业务的物流和成本管理的全过程，实现或完善企业的仓储信息管理。该系统可以独立执行库存操作，也可与其他系统的单据和凭证等结合使用，可为企业提供更为完整的企业物流管理流程和财务管理信息。

WMS 可通过后台服务程序实现对同一客户不同订单的合并和订单分配，并对基于 PTL 的纸箱标签方式的上架、拣选、补货、盘点、移库等操作进行统一调度和下达指令，以及实时接收来自 PTL 和终端电脑的反馈数据。

WCS 是介于 WMS 和可编程逻辑控制器（programmable logic controller，PLC）系统之间的一层管理控制系统，可以协调各种物流设备，如输送机、堆垛机、穿梭车及机器人、AGV 等物流设备之间的运行。主要通过任务引擎和消息引擎，优化分解任务、分析执行路径，为上层系统的调度指令提供执行保障和优化，实现对各种设备系统接口的集成、统一调度和监控。

2. 智能仓储技术

智能仓储技术包括：①仓储机器人；②多层穿梭车系统；③细胞单元小车；④自动输送系统；⑤人工智能算法与自动感知识别技术。

在智能仓储作业中，各种类型、不同功能的机器人将取代人工成为主角，如自动搬运机器人、码垛机器人、拣选机器人、包装机器人等。就连自动化立体仓库中的穿梭车也可以被看作搬运机器人的一种。这些机器人以最高的效率、昼夜不歇地在仓库内作业，完成货物搬运、拣选、包装等作业。

多层穿梭车系统采用立体料箱式货架，实现了货物在仓库内立体空间的存储。入库前，货物经开箱后存入料箱，通过货架巷道前端的提升机将料箱送至某一层。然后由该层内的穿梭小车将货物存放至指定的货格内。当货物出库时，通过穿梭车与提升机的配合实现。该系统的核心在于通过货位分配优化算法和小车调度算法的设计，均衡各巷道之间及单个巷道内各层之间的任务量，增加设备间并行工作的时间，发挥设备的最大工作效率。

细胞单元小车在货架或提升机上时，可以按照传统多层穿梭车的工作方式在轨道上运动；而当它离开货架到达地面时，可以切换至AGV的工作方式在地面运行。细胞单元小车将立体货架存储空间与地面平面存储空间无缝连接在一起，代表了可扩展、高柔性化的小车群体技术未来的发展方向。

自动输送系统如同整个智能仓储系统的血管，连通着机器人、自动化立体仓库等物流系统，可以实现货物的高效自动搬运。在智能仓储系统中，自动输送系统需要跟拣选机器人、码垛机器人等进行有效的配合，同时为了保证作业准确性，输送线也需要配备更多的自动检测、识别、感知技术。除此之外，还有输送线两侧的开箱、打包机器人等，这些新增加的智能设备都需要与自动输送系统进行有效的衔接和配合。

机器人之间、机器人与整个物流系统之间、机器人与工人之间的紧密配合、协同作业，必须依靠功能强大的软件系统操纵与指挥。其中，自动感知识别技术和人工智能算法可谓重中之重。因为，在智能仓储模式下，数据将是所有动作产生的依据。自动感知识别技术对所有的物品、设备等信息进行采集和识别，并迅速将这些信息转化为准确有效的数据上传至系统。系统再通过人工智能算法、机器学习等生成决策和指令，以指导各种设备自动完成物流作业。其中，基于数据的人工智能算法需要在货物的入库、上架、拣选、补货、出库等各个环节发挥作用，同时还要随业务量及业务模式的变化不断调整优化作业。

3. 智能仓储管理

智能仓储管理分为：①智能分仓；②智能货位布局；③仓库动态分区；④作业资源匹配与路径规划。

智能分仓是指通过大数据分析，掌握用户消费需求的特点及需求分布，将需求物品预置到离用户最近的仓库中，实现智能预测、智能选仓、智能分仓，减少库存及配送压力，给商家提供完全无缝连接的智能补货能力，以实现分拣和调拨的有序。

在仓储管理中，要想用有限的库容和产能等资源达到高出库效率，需要精心安排物品库存分布和产能调配，因而仓储货位分布将变得尤为重要。智能货位布局主要依据货物的热销度和相关度对货物进行一定程度的分散存储，制定最优库存存储规则，一旦相关因素发生变化，系统就会自动调整库存分布图，并对出库、入库、在库作业产生相应的最优决策指导。

当订单下传到库房后，如果没有一个合理的订单分区调度，可能会带来不同区域的订单热度不均的问题，这个问题会导致以下两个现象：一是各区产能不均衡，从而导致部分区域产能暂时跟不上；二是部分区域过于拥挤，从而导致部分区域出库混乱且效率较低。为解决这个问题，需要实时动态地分析仓库订单的分布，应用分区技术，动态划分逻辑区，从而达到均衡各区产能的目的，并使得设备资源利用率达到最大和避免拥堵，进而提升仓库整体的出库效率。

除此之外，还要进行作业资源匹配与路径规划。当 WMS 接受客户订单时，运用生产调度运筹优化模型，建立仓内货架、拣选设备、出货口等供需匹配关系，合理安排作业任务，使得全仓整体出库效率达到最大化。当作业设备接收搬运指令时，要将货物快速准确地送达目的地，这就需要合理规划最优路径。应用大数据等技术，协调规划全仓作业设备的整体搬运路线，可以使得全仓作业设备有条不紊地运行，最大程度地减少拥堵。

5.5.3 典型应用——云仓

1. 云仓的概念

云仓不同于传统仓、电商仓。“云”的概念来源于云计算，是一种基于互联网的超级计算模式。在远程的数据中心里，成千上万台计算机和服务器连接成一片计算机云，对外提供算力服务。而云仓正是基于这种思路，在全国各区域中心建立分仓，由公司总部建立一体化的信息系统，用信息系统将全国各分拣中心联网，实现配送网络的快速反应。所以云仓是利用云计算及现代管理方式，依托仓储设施进行货物流通的全新物流仓储体系的产品。

云仓是一种全新的仓库体系模式，它主要是依托科技信息平台充分运用全社会的资源，快速经济地选择理想的仓储服务，极大地减少了配送时间，提升了用户体验。

2. 云仓与传统仓储的区别

云仓与传统仓、电商仓的主要区别在于云仓仓内作业的高时效及精细化的管理，还有自动化装备和信息化系统的应用。先进的技术及管理的使用，导致云仓的建设成本较高。但是云仓的作业流程中入库与出库的速度非常快。比如，京东的云仓出库作业基本上只需要 10 分钟，并且每一步都在后台系统有显示，这为消费者提供了极佳的购物体验。同时这一过程不仅速度快，而且准确率很高，因此备受青睐。总的来说，相较于传统仓储，云仓的优势主要体现在以下三个方面。

（1）管理种类及配送范围方面的变革。

（2）管理模式方面的变革。

（3）设施设备方面的变革。

传统仓储受仓库面积等客观因素的限制，存储货物的种类有限，而云仓由于其一体化的信息管理系统对全国各区的分仓进行集中管理，理论上仓库可以无限扩大，因此其所存储管理的货物种类较传统仓储多，且由于信息化的资源整合和设施设备配套，实现了订单的智能化拣选和配送，大大提升了仓储管理及配送的规模和效率。

传统仓储管理主要涉及出入库及库内管理，而云仓在满足传统仓储管理的同时，对仓储作业的时效性和准确性有较高要求。云仓通过其扁平化的供应链管理，实现了近距离高速交接的作业模式。系统从距离客户最近的仓库进行发货，并且每一步都通过系统进行实时监控，同时将物流信息反馈给客户，这样不仅速度快而且准确率高，同时极大地提升了消费者的购物体验。

传统仓储的发货特点多为大批量、少批次，且作业机械简单，对设施设备的信息化要求不高；而云仓特别是电商仓储，对多批次、小批量的处理要求较高。因此为了保证仓储作业的整体效率，除了实现仓储的信息化管理之外，云仓还需要通过仓储设施设备的智能化来辅助仓储信息化管理，如 WMS、RFID 系统，以及扫码设备、自动分拣机、巷道堆垛起重机等自动化设备等。

3. 云仓的实施

云仓实施的关键在于预测消费者需求的分布特征。只有掌握了需求分布，才能确定最佳的仓库规模，并进行合理的库存决策，从而有效降低物流成本，达到较高的服务水平。

云仓的实施条件包括以下内容。

（1）技术的支撑：一个能连接电商信息平台的云物流平台。

（2）专业的仓储人员：构建平台的同时就应着手相关人员的培养或者招募。

（3）政府的大力扶植：政府的支持可以帮助调动相关资源，推广宣传，使更多企业入驻云仓平台，从而极大地降低成本，提高资源利用率。

（4）信息反馈及运行监督机制：主要监控云仓储的运行和突发问题的处理协调，以及进行系统的改进。

云仓储的理念就是在全国区域中心建立分仓，形成公共仓储平台，以便商家就近安排仓储，从而实现就近配送，将信息流和物流重新结合，这种模式的实施思路如下。

（1）建立实体分仓，实现就近配送。

（2）完善社会化信息系统，实现货物信息共享。

（3）使用云仓技术，科学处理问题。

未来云仓会向着分散集中化（仓库分散、数据集中）、智能化（自动分拣、预测预警、路径优化、信息反馈）、可视化（库存可视、状态可视、信息跟踪）等方向发展，以适应不断变化的物流发展新形势。

5.5.4　案例：百世云仓的发展战略

2021 年 5 月 28 日，百世集团旗下的百世供应链在云南举办“2021 百世云仓全国网络大会”，宣布升级云仓“B2C + B2B”全供应链服务能力，即企业对消费者（business to consumer，B2C）和企业对企业（business to business，B2B）的综合服务能力。会上，百世云仓负责人王浩提出：“在数字化供应链时代，云仓不仅是基础设施，更是全供应链服务链条中的中台，要满足 B2B 和 B2C 全场景和个性化的需求。”

作为百世集团在供应链领域的核心产品，百世云仓自 2013 年成立以来，已深耕美妆、鞋服、快消等行业多年，为 3000 余家品牌企业提供智慧供应链服务，可满足企业商家、中小商家 B2B、B2C 业务的个性化需求。近期，百世供应链与快递、快运的系统已全部打通，三网协同将产生品牌叠加效应，加速云仓云配业务的下沉与降本增效。数据显示，截至 2020 年 12 月底，百世供应链拥有云仓共 440 个，总管理面积 350 万平方米。2020 年全年云仓履行订单量达到 4.33 亿单。

“数字化供应链”是云仓行业在上一个十年发展的关键词。在王浩看来，上一个十年是云仓 B2C 市场的红利期。仓配一体化等模式进入准入门槛偏低的 B2C 市场，云仓这个赛道因此迎来了众多玩家。现在，随着存量市场日趋饱和，行业未来必将着眼于新的领域。

王浩认为，B2B 市场是云仓必然要进入的领域，其首要目的就是要做大规模。根据国家统计部门关于社会消费品零售总额的数据，2016 年至 2020 年，网上零售额虽逐年上升，但占比一直在 30%以下。也就是说，企业端属性的线下市场依然是零售主阵地。在这个领域，百世将引导、培育、赋能云仓合作伙伴从 B2C 向 B2B 领域拓展业务，帮助合作伙伴提升业务规模，升级商业模式，甚至建立品牌。

举例而言，总部位于太原的同城酒库 2017 年开始与百世云仓合作。百世云仓负责其入库、分拣、出库、寄货、补货、退货等所有仓配环节，并提供库存商品分析，效期管控，配送优化等服务。截至 2021 年，其门店从二十几家扩张到现在的 200 余家，企业年营业额也从 2018 年的 1.2 亿元跃升至 2020 年的 4 亿多元，从快消品经销商成功转型成线上到线下（online to offline，O2O）酒类流通品牌商。2021 年 5 月，同城酒库还启用了新建的临汾仓。该仓依托于百世云仓成熟的仓配管理系统及运营，可将门店到货的物流周期缩短 50%以上，提高补货时效，增强了对消费者的响应速度。

值得一提的是，数字化的系统不仅可以帮助云仓运营者升级其模式，也可以提升管理水平和效率。为帮助云仓合作伙伴更好地管控收支、管理库存、精细化生产，百世供应链计划为其提供更多赋能，包括从组织形态上进一步提升协作水平，并开放“精英计划”，提供财税管理、仓管经营、品牌营销等系统性培训。“我们不是管理型机构，而是服务型机构——工作的核心就是要帮合作伙伴解决问题。”王浩在会上说。

从同城酒库的案例来看，百世云仓的服务逻辑很清晰：数字化、一体化协同的网络中，链主是品牌商和平台，主体是对线上、线下、线上线下融合消费场景的数字化服务，底层则是仓配网。

在百世集团副总裁、百世供应链副总经理魏永强看来，即便云仓的直接客户是经销商，最终服务的客户其实还是品牌商。“经销商分散运营的分段网络，将通过渠道的数字化、物流服务网络，逐渐变成一体化协同的数字网络。”品牌商渠道和供应链的数字化需求，推动了传统仓配由网络化向全链路化转变。未来谁能够为不同的行业构建不同的底层仓配网、匹配数字化运营管理，谁就将获得长久的发展。

资料来源：https://www.thepaper.cn/newsDetail_forward_12899709

思 考 题

1. 请阐述仓储在物流和供应链中的作用。
2. 请结合本章有关华为的案例，谈谈自动化立体仓库的优势与发展前景。

3. 请简述仓储规划决策和仓储作业管理的主要内容。

4. 请结合课外资料，了解云仓的发展现状，并深入思考仓储智能管理如何助力高效率、高质量的仓储活动。

5. 请查阅相关资料，阐述仓储管理的成本主要包括哪些，以及如何协调仓储与其他物流活动，以降低物流总成本。

6. 请结合课外资料，谈谈现代化仓储管理的发展趋势，并思考现代化仓储管理所带来的一体化挑战。

第6章

配 送 管 理

配送是连接供应链中的各企业及企业和消费者的桥梁。它是某一范围内物流活动的一个缩影，几乎涵盖了所有的物流功能要素。因此，对配送的全面了解有助于更好地理解物流。配送管理平衡了配送服务和配送成本，并为企业创造了竞争优势，它体现了总成本管理的思想。

本章首先介绍配送和配送管理的概念与内涵，并详细描述四种现代配送模式及其选择方法；其次，我们聚焦于配送中心的规模决策和选址决策问题，强调根据配送规模、配送能力和配送成本的关系来决策配送中心规模，并根据总成本最小的思想考虑选址问题；最后，我们总结配送中心的成本管理和控制方法，描述配送服务与配送成本之间的效益背反现象，并详细介绍基于活动的成本控制方法，即ABC成本法。希望读者通过本章的学习，能够掌握配送管理的基本思想和具体方法，并深入理解配送在物流中的重要作用。

引入案例：京东物流的现代化配送成效显著

京东集团自2007年开始自建物流，并于2017年4月25日成立了京东物流。京东物流致力于降低社会物流配送成本，为全球商家提供高品质、高性价比、全国的配送解决方案。目前，京东物流是全球少数拥有中小件、大件、冷链、B2B、跨境和众包六大现代物流配送网络的企业。

截至2019年3月31日，京东物流在全国范围内运营超过550个大型仓库、20座大型智能物流中心“亚洲一号”，物流基础设施面积约为1200万平方米。京东物流大件和中小件网络已实现大陆行政区县100%覆盖，自营配送服务覆盖了全国99%的人口，90%以上的自营订单可以在24小时内送达。通过十余年的努力，京东物流成功将物流配送成本（对比社会化物流配送成本）降低了50%以上，流通效率（对比社会化流通）提升了70%以上。

2019年，京东物流明确了“体验为本 效率制胜”的核心发展战略。在2024年之前，京东物流将携手社会各界共建全球智慧供应链基础网络，围绕“信赖与速度”，为消费者提供“一键极速完成”的配送服务体验。此战略制定的当年，京东集团全年净收入为5769亿元人民币，同比增长24.9%；其中，全年净服务收入（包括物流配送）为662亿元人民币，同比增长44.1%。

请结合案例思考以下问题。

（1）京东物流为什么要明确“体验为本 效率制胜”的核心发展战略？

（2）对于京东集团，京东物流的现代化配送在其发展中起到了什么作用？

6.1 配送与配送管理概述

6.1.1 配送

现代的物流活动是商流和物流紧密结合的产物，而配送则体现了一个经济合理区域内的全部物流活动，它几乎包含了物流的所有功能要素。因此，配送是一种独特、综合和小范围的物流活动形式。

1. 配送的定义

配送是在经济合理区域范围内，根据客户要求，对物品进行分类、拣选、集货、包装、组配等作业，并按时送达指定地点的物流活动。随着销售方式的变化和客户对配送服务的个性化要求的发展，配送对于企业的生存和发展变得愈发重要。

2. 配送的特点

首先，配送是“配”与“送”的有机结合。配送中“配”是主题，指的是配用户、配商品、配数量、配时间等，它是决定配送服务水平的关键；而“送”是配送的外在体现，指的是送货运输的车辆和路线，它是决定配送成本的关键。

其次，配送以低成本和高服务水平为核心。配送企业可以运用有效的拣选、组配等作业，使商品达到一定的规模，进而利用规模优势最大限度地降低配送成本。同时，企业必须以客户需求为依据，即满足按时、按量、按品种、按路线等既定的客户需求。

最后，配送是一种先进的现代物流形式。具体体现在以下两个方面：一是配送能整合企业的生产和销售环节，进而有效地降低其物流成本；二是配送通过提升物流的运行效率，改变了人们的生产和生活方式，进而促进了社会生产力和人们生活水平的提高。

3. 配送的作用与意义

从物流的角度看，配送的作用与意义体现在以下几个方面。

（1）提升客户物流体验。

（2）提高库存周转率。

（3）提升末端物流效益。

（4）提高供应保证程度。

（5）增强企业核心竞争力。

提升客户物流体验。客户只需要向一个企业订货，就可以得到满足既定需求的配送服务。例如，在 2016 年，京东在北京、上海、广州、成都等城市推出了“京准达”业务。基于这项业务，客户只需要支付一定的费用，便可预约在未来一周的特定时间段内收货。

提高库存周转率。当生产企业实施定时、定量的配送后，可以依靠配送中心的 JIT 实现零库存或低库存，这不仅有助于减少其固定资产投资，还能释放大量的存储资金，最终可以改善企业的财务状况。

提升末端物流效益。配送系统的采用不仅可以使企业通过提高批量实现经济的进货，还可以通过集中客户以实现经济的发货，进而可以提高末端物流的经济效益。

提高供应保证程度。受仓储费用的制约，企业自行维持配送时的供应保证程度较低。而实施配送后，配送中心的物流能力远远高于任何单独供货的企业，因此对于每一个单独的企业，中断供应所引起的生产停滞风险降低了。

增强企业核心竞争力。一方面，企业实施配送系统，可以降低物流成本，提高客户服务水平，进而为企业带来更多的客户；另一方面，科学合理地选择配送模式降低了企业的库存水平，进而降低了企业的运作成本。可见，配送系统的实施为企业的生产和销售体制带来了根本性的变化，进而增强了其核心竞争力。

6.1.2 配送的分类

为了契合不同产品、不同企业和不同客户对物流环节的要求，国内外采用了各种各样的配送形式。这些配送形式是经过较长时期发展形成的时代产物，因此具有其独特的优势，但同时也具有一定的局限。按配送实施方不同、配送货品的特点不同、配送时间和数量不同，我们可以将配送划分为不同种类。

1. 按配送实施方不同分类

按照配送实施方的不同，可以将配送分为：①配送中心配送；②一般仓库配送；③商店配送；④生产企业配送。

配送中心配送的实施方为配送中心。依据存储量的不同可以把配送中心简单地分为大型和小型配送中心。大型配送中心需要存储各种各样的商品，且存储量一般较大；而小型配送中心聚焦于高水平的配送服务，存储量一般较小，商品要靠附近的仓库进行补充。

配送中心专职配送进而和客户的联系紧密。配送中心对商品实行按计划配送，因此要求配送的商品有一定的库存量。配送中心的设施和商品流动流程是根据配送的需要而专门设计的，所以配送专业性强、配送商品形式多、配送数量多、配送距离较远。对于实施配送系统的国家而言，配送中心是最重要的形式，其重要性不仅体现在数量上，还体现在其是小规模配送单位的总据点，因此其发展颇为迅速。

配送中心配送的覆盖面积较广、配送涉及的客户众多，因此必须有满足大规模配送的设施，如库存中心和调度中心。这些设施往往需要高额的固定投资，一旦建成很难在短期内为企业创造经济价值，所以灵活机动性差，且企业难以迅速建设大量的配送中心。

一般仓库配送的实施方为一般仓库。其具有以下两种实施形式：一是以仓库的仓储功能为基础，增加一部分配送功能；二是把仓库完全改造成配送中心。由于仓库并不是按照专业化配送中心的要求设计的，所以仓库的配送规模较小，配送的专业化程度低，但可以利用原有仓库的仓储设施、运输设施等开展小规模配送，进而不需要高额的固定投资。

商店配送的实施方为商品的门市网点。这些网点主要承担商品的零售业务，具有规模较小和品种齐全的主要特征。除日常的零售业务外，商店还可以代客户预定缺货或本商店不售卖的产品。当产品送达商店后，客户可以选择商店配送或自提。

基于以上描述，商店配送的实施方实力有限，只能承担小规模、零星商品的配送。它是配送中心的有益补充，具有以下两种实施形式。

一是兼营配送。商店在售卖商品的同时兼顾配送的职能。商店的库存用于日常销售及配送，具有较强的机动性。当商店的位置在中心区域，覆盖人群集中时，该配送模式可以帮助商店获得更多的市场份额。

二是专营配送。商店不售卖商品而专职进行配送。当商店的位置远离市中心，不适合门店销售而又有某方面的产品优势和渠道优势时，该配送模式可以使商店获得可观的利润。

生产企业配送的实施方为生产企业。进行多商品生产的企业，可以直接选择该配送方式而不需要将产品运至配送中心再进行统一配送。这样，生产企业避免了一次物流中转，进而降低了配送成本。但是现代生产企业往往进行的是大批量而单一的商品的生产，无法像配送中心一样实施商品凑整运输以降低配送成本，因此该配送并不是现代配送的主要方式。

2. 按配送货品的特点不同分类

按照配送货品的特点，可以将配送分为：①单（少）品种大批量配送；②多品种小批量配送；③配套成套配送。

制造型企业往往需要大批量的货品，可以由大型配送中心实施单（少）品种大批量配送。即便是少品种的货品也可能需要大量运输，进而可以使用最大载重的车辆进行整车运输。同时，配送中心实施该配送方式的计划、组织、协调和控制工作也较为简单，进而配送成本较低。

现代企业的生产除了对少数货品有较高的需求外，对大部分的货品的需求均不高。如若采取大批量配送方式，必然增加其库存成本。类似地，对于零售商店，由于其往往地处城市的核心区域，采取大批量进货时存在仓储和运输等难题。这些情况均适合采用多品种少批量的配送方式。

配套成套配送指的是按照装配型企业的生产需要，将生产每一台设备所需的全部零部件备齐，根据生产的时间节点准时送至生产企业，生产企业可以随时将零部件运至生产线而无须占用过多的仓储场地。

3. 按配送时间和数量不同分类

按照配送的时间和数量的不同，可以将配送分为：①定时配送；②定量配送；③定时定量配送；④定时定路线配送；⑤即时配送。

定时配送是指按照规定的时间或时间间隔进行配送，一次配送的货品数量可以满足客户的既定需求。对配送企业来说，这种方式时间固定，进而可以提前制订详细的配送计划，如使用的车辆、运输的路径等。对客户来说，这种方式也易于提前制订接货计划，如人员和设备的使用。但是，由于配送货品的种类和数量可能经常发生变化，因而配货、装货和接货的组织和协调难度较大。

定量配送是指按照规定的批量在一个指定的时间范围内进行配送。该配送方式数量固定、时间灵活，进而可以做到整车配送，配送效率较高。但是，对于装配型企业和零售门店而言，其库存和缺货成本可能较高。

定时定量配送兼顾定时配送和定量配送的优点，但特殊性较强，计划和组织难度较大，因此适用性差。

定时定路线配送是指在规定的路线上制定到达时间表，按到达时间表进行配送。实施这种配送方式对配送企业安排车辆的人员有利，特别是在配送客户较多的情况下。一些城市的中心区域会限制高载重车辆的行驶时间，在这种情况下有些企业可能不得不选择该配送方式。总而言之，定时定路线配送方式的运用领域有限。

即时配送是完全依据客户提出的配送要求进行配送，由于配送时间和数量的不确定性，实施难度较大。同时，即时配送的成本较高并且要求企业有较好的协调和控制能力。在现代配送领域，只有大型配送中心才能大规模地开展此类业务。

6.1.3 配送的形成、发展与挑战

1. 配送的形成

配送是随着现代生产的不断进步而发展起来的。第二次世界大战后，相对稳定的国际环境和科学技术的迅速发展使发达国家的经济高速发展，进而极大地刺激了人们的物质需求。配送作为一种新型的物流手段在此时应运而生，它加速了库存物资的周转并打破了仓库的传统观念。配送的形成原因可以归纳为以下三个方面。

（1）物流运作效率低下。

（2）企业的利润率较低。

（3）社会观念的转变。

第二次世界大战后，在美国的扶植下，日本经济全面复苏。其工业生产超过了第二次世界大战时工业生产的最高水平，国民平均消费额也达到了战前的标准，生铁、粗钢、化纤、电子、汽车等产品的需求出现了高额增长，但随之也出现了物流运作效率低下的问题。分散的物流系统使物资的流动庞杂，进而阻碍了生产的进一步发展。日本在这一时期的一项调查报告表明，社会车辆的增多导致了严重的道路拥堵问题，进而使企业的物流效率显著下降。虽然增加企业的自备车辆可以提高企业的运输能力，但对物流效率的提升效果并不明显。为了保证企业的生产运作，日本政府筹划建立物流中心和物流园，并积极推行共同配送制度以利用社会的运输力和仓储力解决企业的这一难题。经过不断发展，一种被日本工业界称为“配送”的物流体制应运而生。

20 世纪，美国的一项调查显示：以商品零售价格为基数进行计算，流通费用所占的比例高达 59%，其中大部分为物流费。这意味着，高额的物流费用制约了企业利润率的提升。因此，美国企业界把第二次世界大战期间“军事后勤”的概念引入物流管理中。许多公司将独立、分散的老式仓库关闭，成立了新的配送中心，并统一了货品的拣选、包装、组配等作业流程。这种新型的配送方式降低了物流费用进而极大地提高了企业的利润率。

由于经济的快速增长，社会对物流服务日益重视，不但要求它以高度社会化和专业的方式运作，进而降低社会的总生产成本，还要求它以合理的方式运作，较好地适应社会化生产和市场需求的变化。在这一社会观念的驱动下，物流合理化被生产企业所重视，并成为物流业的首要发展方向。配送也是在这样的背景下不断发展起来的。

2. 配送的发展

与其他新生事物一样，配送是随着现代生产的不断发展而出现的一种必然的市场行为，其大体经历了萌芽阶段、发展阶段和成熟阶段。

现代配送的雏形出现于20世纪60年代初期。在这一时期，物流活动开始由送货向备货和送货一体化转变。从形态上看，初期的配送是借助销售功能实现其作用的，因此企业实施配送活动的目的是提高产品的市场份额。在这个阶段，配送只是一种简单的送货活动，覆盖范围小，规模也不大。

20世纪60年代中期，随着经济的迅速发展，特别是在发达国家，货品运输量急剧增加，商品市场竞争激烈，这促使配送进一步发展。在这一时期，发达国家的企业关闭了许多独立、分散的老式仓库，设立了新的配送中心，进而把拣选、包装、组配等流程统一起来。配送的物品涉及各行各业，种类也日渐增多，配送服务的覆盖范围也越来越广。例如，在美国，配送范围扩大到了洲际，而日本也开展了省际配送。

20世纪80年代以后，受社会观念和科技发展的双重影响，配送系统日渐成熟。这一时期的配送以低配送成本为使命，形成了系统化的供货活动，具体体现在以下五个方面。

（1）配送区域进一步扩大。

（2）配送技术更加先进。

（3）配送方式趋于多样化。

（4）配送服务质量显著提高。

（5）配送集约化程度明显上升。

配送区域进一步扩大。不仅发达国家实施配送制，许多发展中国家也按照物流活动社会化和专业化的要求实施了配送制。就发达国家而言，配送活动的覆盖范围已经扩大到了省际、国际。例如，以商贸业立国的荷兰，其配送活动的覆盖范围已经涉及欧盟诸国。

配送技术更加先进。发达国家投入了大量的人力、物力和财力来发展相应的物流设备，使得配送技术和设备有了长足的进步，如自动分拣技术、自动补货技术及RFID技术。同时，发达国家的配送中心建立了计算机自动控制系统，实现了对全渠道供应链资源的整合。这些配送中心将大数据应用到了跟踪库存、优化物流路线等方面，提高了自身的物流效率。

配送方式趋于多样化。为了满足客户多元化的配送需求，发达国家的配送企业采取了多种方式向客户配货。例如，配送中心除了自己直接配货外，还采取了转承包的配送策略。这一策略使配送中心在接到客户的订单后可以将配货的任务转交给其他专业的配送企业。这种配送方式可以发挥承包企业的专业优势，特别是在客户有特殊需求时。同时，还可以减轻配送中心的配送压力，特别是客户订单较多时。

配送服务质量显著提高。在竞争激烈的市场中，企业必须保持高质量的配送服务，否则对企业的生存和发展不利。具体而言，配送服务必须准时、准确和快速，且满足所有客户既定的需求。

配送集约化程度明显上升。随着市场竞争的日益激烈，具有较高配送成本和较低配送服务水平的企业的数量逐渐减少。但是，企业之间相互兼并的速度也显著加快，进而配送企业的经营规模逐渐增大，配送的集约化程度不断提高。

3. 发达国家的配送服务

伴随着资本主义的生产过剩，送货作为一种推销手段应运而生，这种送货形态在西方发达国家存在了相当长的时间。20 世纪 70 年代，很多企业仍将送货视为效率低下但无法避免的物流活动。直到 20 世纪 80 年代，随着经济全球化趋势的不断加强，配送这种先进的物流方式才逐渐在发达国家推行起来。

在日本，零售业是首先实施配送系统的行业之一。便利店作为一种新的零售实体迅速崛起，现已遍布日本，进而影响着整个日本的零售业。便利店处于城市人口集中的区域，仓储费用较高，进而需要依赖现代物流技术，保证货品的及时补充。因此，日本的现代物流配送具有以下特点。

（1）小批量、多商品进货。日本物流配送的主要客户为便利店，其主要的需求体现为即时配送。同时，由于配送时间、配送数量、配送商品的不确定性，因而只有高度社会化和专业化的配送中心才能承接此配送业务。

（2）物流配送体现出共同化和混载化的趋势。共同化、混载化的货物配送使原来按照不同生产厂商、不同商品种类分散的商品物流转变为混合起来配送的聚合商品物流，进而使商品物流的批量效应得以发挥并有效地提高了运输车辆的装载量。

（3）合作配送盛行。生产企业、零售企业、配送企业存在着一种长期的合作关系。它们的合作业务不仅存在于日本国内，还延伸到了国外。这大大降低了每个企业的物流成本，并极大地改善了社会的物流效率。

自 20 世纪 60 年代以来，美国的物流配送开始强调合理化和高效性。为了对商品配送的整个流程进行优化组合进而实现这两类目标，美国企业采取了一系列的措施。例如，关闭部分老式仓库或把其改为配送中心，进而增强企业的批量配货效益；引入计算机自动控制系统进而整合全渠道供应链资源，并将大数据应用到跟踪库存、优化物流路线等方面，提高了自身的物流效率；连锁店共同组建配送中心，降低单个企业的配送成本，以提高配送效率。

美国提高配送效率的关键不仅是整合全渠道供应链资源和对流程进行改革，更为重要的是运用现代物流技术，如自动分拣技术、自动补货技术。

4. 我国物流配送的发展概况与挑战

20 世纪 70 年代以前，在我国计划经济的体制下，按需分配是商品的主要供应方式。在这一时期，落后的生产力和生产关系制约了我国配送系统的发展。一个典型的例子就是，物流各环节的运作存在于国民经济的各个领域，但在经济研究中却从没出现过“配送”一词。

20 世纪 80 年代，随着改革开放政策的实施，物资流通的格局发生了很大的变化。在这一时期，企业把配送作为提高市场份额、增加企业核心竞争力的主要手段。

20 世纪 90 年代，配送作为一种专业化的物流方式深入人心。在这一时期，我国配送得到了很大的发展，建立了许多大型的物资配送中心，实现了生产企业零库存的可能。同时，先进的物流设施为客户提供了更加迅速、便捷的服务体验，提高了物资的流动效率。

进入 21 世纪以来，随着技术的进步、管理的升级及理念的提升，我国的配送服务又有了新的特点。先进的物流技术、信息技术在大型配送中心得到了广泛的采用。物流的服务内容也越来越丰富，和时代结合得也越来越紧密。其中主要的推动力就是电商物流的需求。根据国家统计局 2021 年的数据，中国社会消费品零售总额是 44 万亿元，其中网络零售总额达 13 万亿元，占比接近 30%，远高于美国在内的大型经济体。而在如此庞大的需求背后，是电商物流居高不下的配送成本。我国的物流成本占 GDP 的 18%，比发达国家高出一倍，而我国物流成本过高的深层次的原因就是物流环节过多。其中，末端物流的配送成本占整个物流成本的 30%以上。在这一时期，物流配送的发展如同中国改革开放近 40 年的发展历程一样，没有可以照搬的模型，也没有现成的经验可循，主要面临以下五大难题。

一是“最后 1 公里”的煎熬。“最后 1 公里”难在各企业的配送成本一直居高不下，时效却一直不能让客户满意，服务水平也难以提升，且逆向物流频率高，成本难以控制。

二是过山车式的单量波动。电商物流的订单量在重大节假日，尤其是电商促销节日会产生重大的波动，如“618”和“双 11”，企业无法按照高峰时的单量配备人员、设备，但是又要满足物流服务的需求。

三是客户日益苛刻的配送服务要求。客户对配送时间、方式、包装日益苛刻的要求使企业进入进退两难的困境。“进”（提供更佳的配送服务）则需要企业大量的投入，如果把配送业务外包，管理和用户体验方面又难以控制；“退”（降低配送服务水平）则降低了企业的竞争力。

四是商品调度混乱。在电商企业的商品配送环节，经常会出现订单积压、订单大旅行、配送延迟等现象，归根结底这些都是商品调度混乱引起的。在电商配送系统中，如果流程规划不好，就会在众多业务环节形成山谷和高峰进而影响物流系统的整体运行效率。

五是数量众多的配送员工。有网络的地方就有电商，有电商的地方就有配送，有配送的地方就有快递员。如何对快递员进行有效的管理和监督，进而保证每个人都按照同一标准和效率工作也是电商行业面临的一个重大挑战。

为解决电商行业的物流难题，各相关方都在尝试打破常规，创新思路。电商企业自建了配送系统，推出了校园营业厅和社区自提柜等服务。这些服务通过集约化送件降低了企业的配送成本。同时，配送时间的灵活多变也提高了客户的服务体验。政府借鉴日本现代配送中心的做法，倡导物流企业、生产企业、电商企业和零售企业建立长期的合作关系，进而整合全渠道供应链资源以降低他们的配送成本。

但是，在见证配送发展的同时，也要清楚地认识到，配送在我国十几年的发展并不顺利，设备落后、信息化程度低、平均配送规模小、配送中心规模小、配送效率低是目前的基本情况。虽然，诸如顺丰速运、中通快速等第三方物流企业的发展很快，但真正能提供一体化服务的物流企业并不多见。由于物流企业配送能力和配送服务的不确定性，许多物流需求方不得不采用自建物流体系的模式。我们应该借鉴发达国家的先进经验，结合我国的具体情况，发展符合我国国情的配送系统，使物资配送真正地向合理化、专业化、规模化发展。

6.1.4 配送管理

1. 配送管理的概念

配送管理是指为了以最低的配送成本达到客户所满意的服务水平，对配送活动进行的计划、组织、协调与控制。因此，实施配送的目的是“寻求服务优势和成本优势的一种平衡”，并由此创造企业在竞争中的战略优势。

2. 配送管理的内容

配送管理可以从不同的角度来理解，主要包括以下四个内容：①配送模式管理；②配送作业管理；③配送业务管理；④配送系统各要素管理。

企业配送模式的选择取决于以下五个因素：企业的配送成本、配送对企业的重要性、企业的市场规模、企业的配送服务水平和企业的资金。

由于不同货品属性的差异，配送的作业流程可能不尽相同，但配送的基本流程大体相似，包括进货、仓储、分拣、储存、配货、分放、配装、送货和送达。而对配送作业的管理就是对以上配送流程所包含的各种物流活动进行计划、组织、协调与控制。

由于配送对象、数量和品种等较为复杂，因而管理者需要按照一定的配送业务流程进行组织与管理，这样才能实现有条不紊的配送活动。配送业务的流程包括以下两个主要的方面。

一是事先制订配送计划。配送计划的制订对于配送业务的高效实施至关重要。因此，管理者需事先确定负责具体配送活动的员工。现在已开发出多个软件，如 Microsoft Project 软件可以有效地协助管理者制订计划、分配资源、跟踪进度。

二是选择配送车辆及其路线。配送车辆和配送路线的选择对企业的配送速度和成本的影响很大。配送车辆的选择是较为简单的一项工作，可以依据车辆的载重或配送货品的体积确定。而配送路线则需要采取模型化方法进行确定。常见的模型有禁忌搜索（tabu search，TS）算法、自组织映射（self-organizing maps，SOM）算法和节约里程法等。

从系统的角度看，对配送系统各要素的管理主要包含以下内容。

（1）人的管理。人是配送系统的主体。对人的管理主要包括对配送从业人员的监督、考核和评价，配送从业人员的教育与培训，配送人才的培养与储备等。

（2）设施的管理。设施是实现配送系统运转的工具。对设施的管理主要包括配送设备的选择、研发、使用、更新与养护等。

（3）物的管理。物是配送系统的客体和核心。对物的管理主要包括进货、仓储、分放、配货和送货等。

（4）成本管理。成本是配送系统的基础，主要涵盖了资金的筹措与使用、配送成本的计划与控制和降低配送成本的方法等。

（5）信息管理。信息是配送系统的中枢，只有做到有效地收集、整理并及时传输配送信息，才能对系统内部的人、设施、物、成本等各个要素进行高效的管理。

3. 配送管理的意义

配送管理对于配送企业和客户都有着重要的意义。其对实施配送管理的企业主要有以下三点意义。

（1）提高配送效率。配送企业通过对配送活动的专业化、合理化控制，可以提高物流信息的传输效率，进而保证配送决策的正确性。同时，对配送活动进行实时监控，不仅提高了各作业环节的效率，还促进了各作业环节的合理衔接。

（2）提高配送服务水平。通过科学合理地配送管理，不仅可以缩短货品的配送时间，还可以降低客户的缺货风险，进而可以提高配送企业的客户满意度。

（3）提高经济效益。配送服务水平的提高为企业带来了良好的信誉和形象，进而提高了企业的竞争力。配送效率的提升可以使企业保持较低的库存水平，进而降低了企业的库存成本。

配送管理对客户的意义主要体现在以下两个方面。

（1）降低库存水平。客户可以通过实施配送管理降低库存水平，进而改善其库存成本过高的状况，这对其经营成本的降低至关重要。

（2）降低经营风险。如果客户实施自营配送模式，可以通过专业化的配送管理提高其配送效率，降低其配送成本；如果其实施第三方配送模式，可以节约配送系统方面的投资，提高资金使用率，这对其经营的持续稳定至关重要。

6.1.5　现代配送模式及其选择

1. 现代配送模式

现代配送模式主要有四种：①自营配送模式；②共同配送模式；③互用配送模式；④第三方配送模式。

自营配送模式是指企业配送的任一环节均是由其自身组织、实施和管理的。该模式的优点是可以实现企业供应、生产和销售的一体化运作，系统化程度也较高，既可以满足企业内部不同货品的配送需要，还可以提高企业的市场份额。该模式的缺点是企业为建立系统化的配送中心需要耗费大量的投资，进而增加了其经营风险，同时在配送规模较小时配送成本也相对较高。一般而言，自营配送适合配送需求较大且时间和数量不固定的连锁企业，如全家。

共同配送模式最早产生于日本，旨在运用社会的运输力和仓储力解决物流系统效率低下的问题。其主要的形式为多个配送企业联合起来，为某一地区的客户提供协作性的配送活动。通过整合各配送企业的运输车辆和物流设施，在统一计划和统一调度下开展配送活动，这样不仅提高了所有企业的配送服务水平，还降低了他们的配送成本。在实际的运作过程中，合作形式、货品状态、客户既定服务水平存在差异，进而导致共同配送的运作流程也存在明显区别。图 6.1 以电子商务行业为例，说明了共同配送模式的一般运作流程。

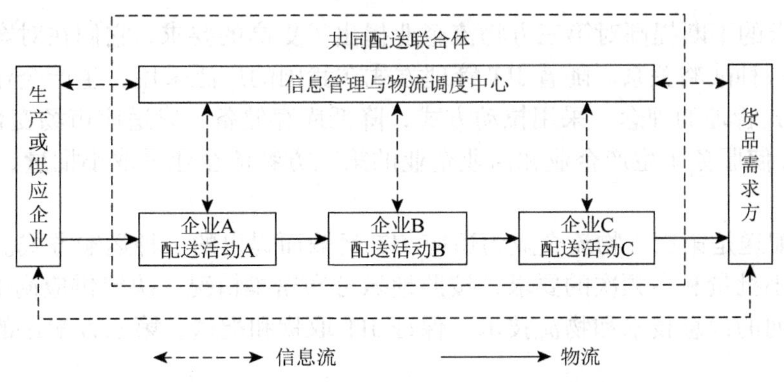

图 6.1　共同配送模式的一般运作流程

互用配送模式是指几个企业为了各自的利益，以合同的形式，互相借用对方的配送系统进行配送的模式。其优点是企业不需要投入大量的人力和资金就可以扩大配送规模和范围。其缺点是稳定性较差，且需要企业具有较高的管理水平和组织协调能力。在电子商务的环境下，企业和消费者之间可以通过网络平台进行信息的交流与订货。互用配送模式的一般运作流程如图 6.2 所示。

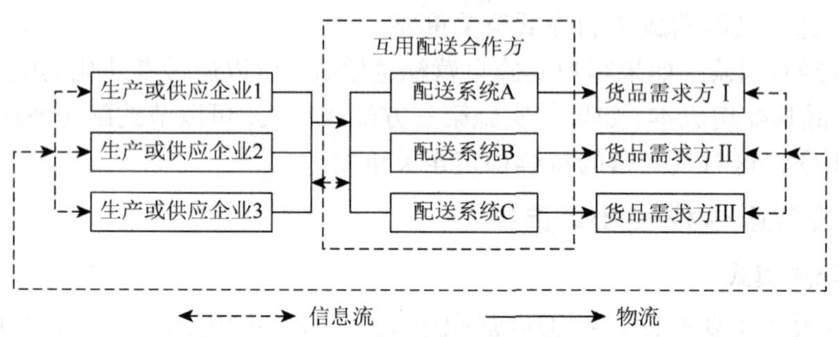

图 6.2　互用配送模式的一般运作流程

第三方配送模式是指交易双方把自己需要完成的配送业务委托给第三方来完成的一种配送运作模式。随着物流产业的不断发展和第三方配送体系的不断完善，第三方配送模式成了工商和电子商务企业首选的配送模式。图 6.3 介绍了第三方配送模式的一般运作流程。

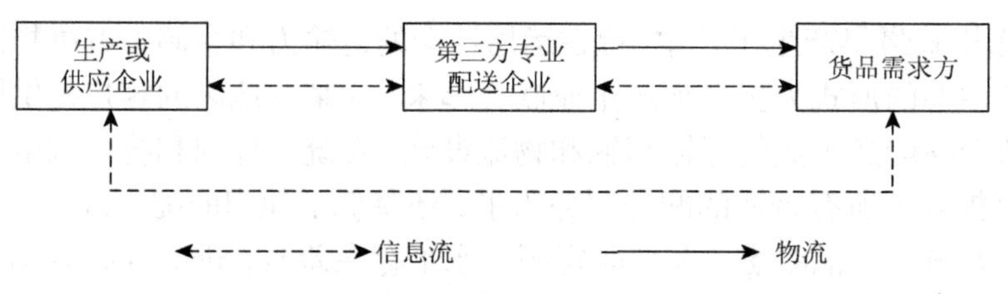

图 6.3　第三方配送模式的一般运作流程

物流需求的不断提高对第三方物流企业提出了更高的要求，它们在对客户的服务中逐步形成了一种战略关系。随着 JIT 管理方式在我国的广泛采用，生产企业和商业企业普遍应用 JIT 管理的理念，采用拉动方式，降低库存储备，以适应市场变化。JIT 管理方式的应用，使服务于生产企业和商业企业的第三方物流企业采取小批量、多频次的 JIT 运输。

第三方配送是第三方物流企业为适应 JIT 运输而提出的一种运输方式。它是指企业根据采购方小批量和多频次的要求，按照地域分布密集情况，决定供应商的取货顺序，并应用一系列的信息技术和物流技术，保证 JIT 取货和配送。第三方配送的运作模式如图 6.4 所示。

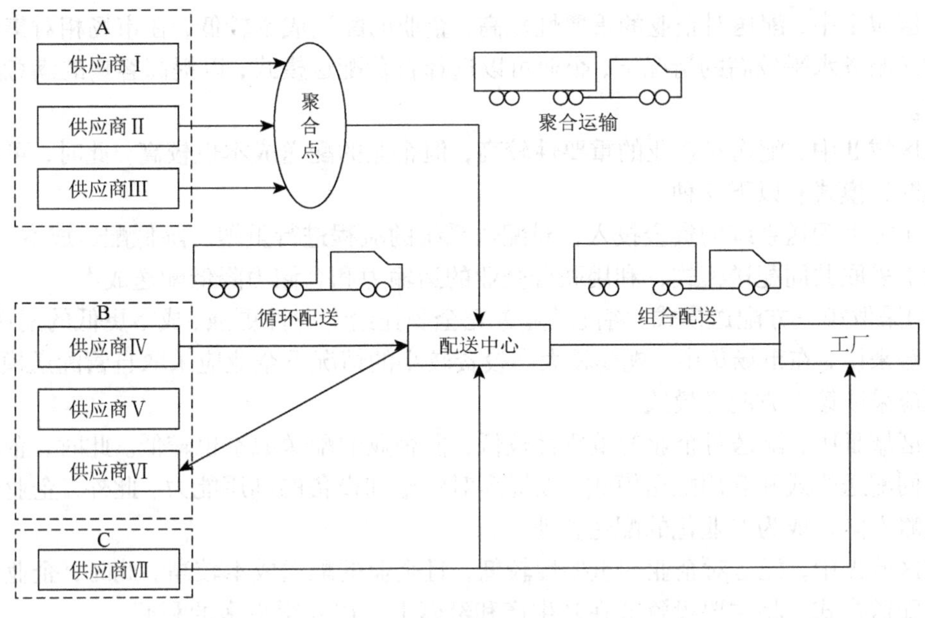

图 6.4 第三方配送的运作模式

传统配送和第三方配送的比较如表 6.1 所示。

表 6.1 传统配送和第三方配送的比较

传统配送	第三方配送
供应商对配送独立管理	第三方物流企业管理
分散操作，缺乏合作及可见性	整合操作，较高的可见性
分散、复杂地流动	简单、集中地流动
车辆空间利用率低	车辆空间利用率高
库存水平不均	有效的库存管理
无信息技术解决方案平台	有一体化的信息技术平台支持

2. 配送模式的选择

企业配送模式的决策主要依据配送对企业的重要性、企业的配送成本、企业的配送服务水平、企业的市场规模和企业的资金等。一般而言，决策方法有矩阵图决策法和比较选择法。

矩阵图决策法主要是通过两个不同因素的组合，利用矩阵图来选择配送模式。其核心是选择对企业最为重要的决策因素，通过组合形成不同的区域再进行决策。此处我们选择配送对企业的重要性、企业的配送成本来进行分析，如图 6.5 所示。

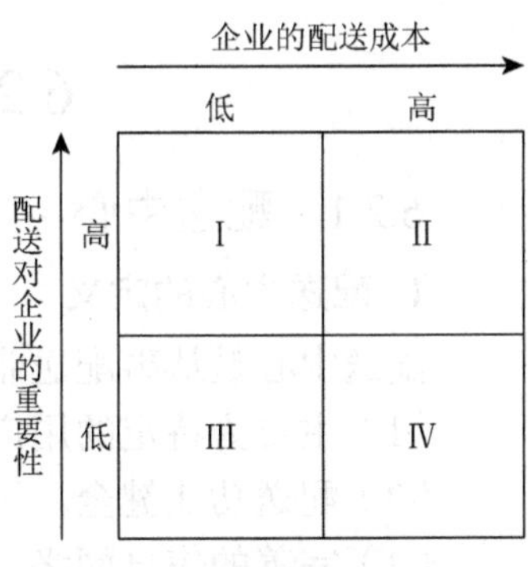

图 6.5 矩阵图决策法

在区域Ⅰ中，配送对企业的重要性较高，企业的配送成本较低，在市场相对集中和企业的配送服务水平较高的情况下，企业可以选择自营配送模式，以提高客户的满意度和配送效率。

在区域Ⅱ中，配送对企业的重要性较高，但企业的配送成本也较高。此时，可供企业选择的配送模式有以下三种。

（1）加大配送系统的资金投入，对配送系统的流程进行重塑，降低配送成本。

（2）采取共同配送模式，利用联合企业的运输力和仓储力降低配送成本。

（3）采取第三方配送模式，将配送业务完全委托给专业性更强、成本更低的配送企业。

一般来说，在市场集中、规模较大和投资较小的情况下企业应采取自营配送模式；反之，则应采取第三方配送模式。

在区域Ⅲ中，配送对企业的重要性较低，但企业的配送成本也较低。此时，企业可以采取共同配送模式和互用配送模式，以提高对资金和设备的利用能力。此外，企业也可以调整战略方向，成为专业化的配送企业。

在区域Ⅳ中，配送对企业的重要性较低，且企业的配送成本较高。此时，企业应采取第三方配送模式，将主要投资放在其生产和经营上，以获得更多的利润。

比较选择法是企业通过对配送活动的成本和收益进行比较后而选择配送模式的一种方法，一般包括：①确定型决策；②非确定型决策；③风险型决策。

确定型决策是指配送模式只有一种确定的结果，只要比较各个方案的结果，即可做出选择何种配送模式的决策。这类问题一般运用价值分析来进行选择。对于确定型单目标决策，可以通过计算配送模式的价值系数来寻求企业最佳的配送模式。而对于确定型多目标决策，则可以通过计算综合价值系数来寻求最佳的配送模式。

非确定型决策是指一个配送模式可能出现几种结果，而又无法知道每种结果的概率时所进行的决策。虽然非确定型决策具有较强的主观随意性，但也有一些公认的决策准则可供企业参考，如乐观准则、悲观准则、折中准则、等可能或拉普拉斯准则和最小后悔值准则等。

风险型决策是指在目标明确的情况下，依据预测得到不同自然状态下的结果及出现的概率进行的决策。由于自然状态并非决策所能控制，所以决策的结果在客观上具有一定的风险。该决策一般采用期望值准则。

6.2 配送中心的规划与选址

6.2.1 配送中心

1. 配送中心的定义

配送中心是从事配送业务的物流场所或组织，其应基本符合以下要求。

（1）主要为特定的用户服务。

（2）配送功能健全。

（3）完善的信息网络。

（4）辐射范围小。

（5）多品种、小批量。

（6）以配送为主，储存为辅。

2. 配送中心的作用

从生产企业和供应商的角度来看，配送中心主要具有以下作用。

（1）降低配送成本。在客户和供应商之间设立配送中心，通过少品种、大批量地进货作业，发挥其集中进货的优势，进而降低配送成本。同时，按照物流专业化和合理化的原则，尽量减少不必要的中间环节，节约配送成本。

（2）实现集中存储优势。将分散的货品集中存储于配送中心，有利于维持适当的库存进而降低缺货成本。

（3）实现高水平的商品配送服务。配送中心设立在接近客户的地方，进而可以采取多品种、小批量、高频次地送货作业，实现高水平的商品配送服务。

（4）有利于收集销售信息。配送中心是商品的分销和库存中心，具有完善的信息平台，可以依据库存的变化间接掌握零售商的销售信息，并将信息及时反馈到相关部门。

从客户的角度来看，配送中心可以在以下方面帮助客户。

（1）降低门店的进货成本。顾客不仅可以通过集中进货的方式降低进货成本，还可以在商品价格上享有一定的优惠。

（2）降低门店的经营成本。合理安排人力资源，降低店铺的采购、验收、入库等费用。同时，配送中心的即时配送服务有利于门店实现低库存经营，降低仓储费用。

3. 配送中心的分类

配送中心可以按照其功能侧重划分为以下三类：①存储型配送中心；②流通型配送中心；③加工型配送中心。

存储型配送中心拥有较强的存储功能。从产品销售的角度来看，为确保用户的需求能够得到及时满足，需要设立存储型配送中心；从生产企业的角度来看，为确保原材料、半成品和零部件的及时供应，也需要设立存储型配送中心。例如，美国赫马克配送中心拥有一个有 163 000 个货位的储存区。

流通型配送中心的主要功能是作为商品的快速中转站，因而不具备较强的存储功能。此配送中心的特点是大批量货品整进，在配送中心仅做暂时停留就被分配到运输车辆上。例如，阪神配送中心的存储功能的实现主要依靠一个附近的大型补给仓库。

加工型配送中心的主要功能为对配送货品进行加工，而后实施配送。这种配送中心行使加工职能对商品进行分装、分割、组装和贴标签等加工活动，并将加工后的商品直接配送给客户。例如，配送中心可以既提供成品混凝土，又提供各种类型的水泥预制件，而且可以直接配送至用户。

按照配送中心服务的覆盖范围，可以将其分为以下两类：①城市配送中心；②区域配送中心。

城市配送中心是为一个城市范围内的用户而设立的，具有以下两个明显的特征：运输工具通常为小型厢式货车，可将货品直接送达用户；采取小批量、多频次、多用户的配送模式，具有较好的灵活性，配送速度也较快。我国基本采用的是城市配送中心。

区域配送中心是为一个区域（省、州）范围内的用户而设立的。因此，配送中心规模大，配送覆盖用户广，配送的批量也较大。一般而言，区域配送中心是将货品送至下一级的城市配送中心，再由城市配送中心送至最终客户。这种类型的配送中心在国外十分普遍，如阪神配送中心、蒙克斯帕配送中心等。

按照配送中心的经营主体，可以将其分为以下四类：①生产企业型配送中心；②批发企业型配送中心；③零售企业型配送中心；④专业配送中心。

生产企业型配送中心是生产企业为保障企业的生产和销售而设立的配送中心。其主要的功能是向企业的客户提供配送服务，因此配送覆盖面积广，规模较大并具有现代化的仓储和配送设施。

批发企业型配送中心是由批发商或代理商设立的配送中心，其货品来自各个生产企业或供应商。这类配送中心最为重要的功能是对分散的货品进行集中和再销售。由于进货和出货均是社会配送，因此其社会化程度较高。

零售企业型配送中心是由零售商自下而上整合设立的。配送中心的规模与零售商的发展规模息息相关。其社会化程度介于前两者之间。

专业配送中心一般是配送能力很强的第三方物流企业所设立的，具有专业化程度高、地理位置优越，且可以满足客户不同的配送要求的特点。这种配送中心的现代化程度较高，客户的满意度也较高。

6.2.2 配送中心规划

1. 配送中心规划的内容

配送中心规划是对于拟建配送中心的总体的、长期的发展计划。在现实世界中，“配送中心规划”与“配送中心设计”是两个密切相关又容易混淆的概念。在建设项目管理中，项目决策阶段包括编制项目建议书和编制可行性研究报告；项目实施阶段包括设计准备阶段、设计阶段、施工阶段、动用前保修阶段和保修阶段。而设计阶段又包括初步设计、技术设计和施工图设计。项目总体规划是在决策阶段的可行性研究报告中制订的，是设计阶段中初步设计的依据。因此，配送中心规划属于配送中心建设项目的总体规划，是可行性研究报告的一部分，而配送中心设计则属于设计阶段中初步设计的一部分。

2. 配送中心规划的特点与形式

配送中心规划的特点与形式如表 6.2 所示。

表 6.2 配送中心规划的特点与形式

比较内容	新建单个配送中心	新建多个配送中心	改造原有的配送中心
委托方	新兴企业、政府部门、跨国企业	新兴企业、政府部门、跨国企业	多数为老牌资深企业
规划目的	高服务水平、低配送成本	成为企业、区域的新经济增长点或支柱产业	实现从传统配送向现代配送的转变
关键点	配送中心投资、规模、选址决策	系统构造、网点布局	充分利用现有设施，实现配送作业流程的合理化、专业化
规划内容	配送中心作业流程、设施、功能、系统、选址规划	配送中心设施、功能、系统、网络信息、网点布局规划	配送中心功能、作业流程、设施规划

6.2.3　配送中心的规模决策

配送的核心任务是为客户提供货品配送服务，因此配送中心规模的大小与其配送能力和配送成本息息相关。一般而言，配送中心的规模越大，其配送能力就越强，配送成本就越低，但投资成本也会随之增加。因此，配送中心的规模决策的根本原则就是在配送能力与配送成本之间寻求最佳的平衡点。如图 6.6 所示，当配送规模较小时，配送规模与配送成本负相关；而当配送规模较高时，配送规模与配送成本正相关。因此，拟建配送中心的规模并不是越大越好。理论上，最小的配送规模在配送能力与配送成本下降阶段的交点上，此时进一步扩大规模有助于获得规模经济；而最大的配送规模在配送能力与配送成本上升阶段的交点上，此时进一步扩大规模可能引起规模不经济。

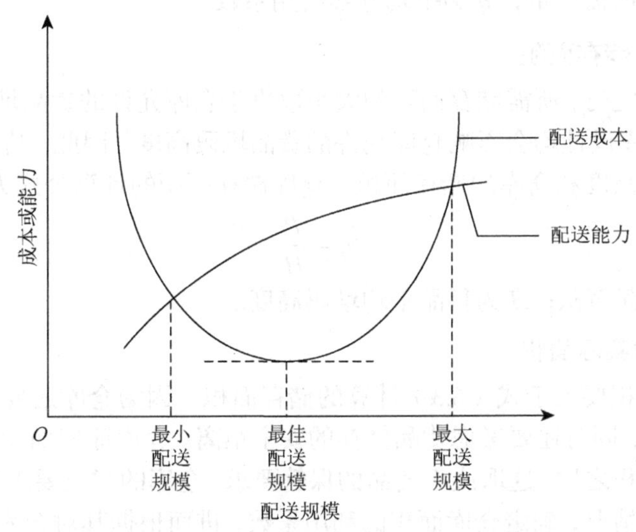

图 6.6　配送规模、配送能力和配送成本的关系

在明确了配送中心规模决策的原则之后，需要进一步研究配送中心决策的具体方法。由于储存和送货是配送中心最为重要的两大职能，所以本节参考运输及储存规模的确定方法来确定配送中心决策的具体步骤，如下所示。

1. 计算配送量与货品储存量

配送中心的配送量和货品储存量直接受企业各门店货品经营量的影响。货品经营量越大，配送中心的规模也就越大。而货品经营量又与门店面积呈正相关，因此门店总面积与配送中心的规模也呈正相关。

2. 推算平均配送量及货品周转速度

平均配送量包括平均存储量和平均吨公里数，前者决定仓储规模，后者决定运输规模。由于配送规模与货品周转速度呈负相关，所以在推算平均配送量时，要考虑此因素。平均存储量的计算公式为

$$\overline{Q}=\frac{Q}{T} \text{ 或 } \overline{Q}=\frac{Q\times D}{360} \tag{6.1}$$

其中，$\overline{Q}$ 为平均存储量；Q 为总储存量；T 为平均周转次数；D 为平均储存天数（按一年 360 天计算）。

需要注意的是，对于储存量存在较大波动的季节性货品，必须分析其一年四季储存量的分布情况，特别是储存高峰时期货品储存空间的需求情况。

3. 计算储存空间需要量

不同货品体积和外包装的不同，储存所占的仓库空间也具有明显的差异。因此，可以用仓容占用系数表示储存货品与其所占空间的相互关系。由于货品的储存量有时也可以按照金额计算，进而仓容占用系数可以用单位重量或金额的货品所占空间的大小来表示，其计算公式为

$$P = \overline{Q} \times \overline{q} \tag{6.2}$$

其中，P 为储存空间需要量；$\overline{q}$ 为平均仓容占用系数。

4. 计算仓库的储存面积

当储存空间一定时，所需储存面积的大小取决于仓库允许的货品堆码高度，而货品的功能、外包装、仓库设计均会影响仓库允许的货品堆码高度。因此，应根据货品和仓库的特点合理确定堆码高度和仓库的储存面积。仓库储存面积的计算公式为

$$S_t = \frac{P}{H} \tag{6.3}$$

其中，S_t 为仓库储存面积；H 为货品平均堆码高度。

5. 计算仓库的实际面积

仓库的实际面积要大于式（6.3）计算的储存面积，因为仓库还要留有人工通道、消防通道、作业通道，同时还要考虑货品储存的安全距离。仓库库房面积的利用系数是储存面积与实际使用面积之比，这取决于商品的保管要求、仓库的建筑要求等多种因素。因此，应根据仓库的具体情况，确定仓库面积的利用系数，进而根据其对仓库面积进行修正。仓库实际面积的计算公式为

$$S = \frac{S_t}{U} \tag{6.4}$$

其中，S 为仓库的实际面积；U 为仓库面积利用系数。

6. 确定仓库的全部面积

仓库的全部面积包括以下两部分：仓库实际面积和辅助面积。应根据仓库的特点，确定辅助面积所占的比重，进而确定仓库的全部面积。

6.2.4 配送中心选址

1. 配送中心选址的概念

配送中心选址是在一个具有多个供应点和多个需求点的经济区域内，选择合适的位置建设配送中心的过程。配送中心的选址不仅要考虑交通状况和建设成本，更为重要的是要扩大配送覆盖范围，减少配送管理的半径，缩短配送时间，提高配送效率。

2. 配送中心选址的原则

配送中心一旦建成就很难在短期内改变，因为大型建筑工程的新建、改建和扩建需要

大量的投资。因此，在选择配送中心的地点时，应遵循以下原则：①适应性原则；②经济性原则；③合理性原则；④协调性原则。

适应性原则。从社会的角度考虑，配送中心的选址应与国家及地方的发展方针和政策相适应，与国家物流资源分布相适应；从配送企业的角度考虑，配送中心的选址应与需求相适应，特别是应在客户集中区域设置网点；从客户的角度考虑，配送中心的选址应与客户期望的服务水平相适应。

经济性原则。配送中心的费用主要包括建设费用和经营费用，而配送中心的选址（市区、近郊区和远郊区）将直接影响这两类费用的高低。因此，选址时应根据经济性原则选择总费用最低的地点。

合理性原则。配送中心是货品配送的枢纽，因此其选址是否合理将直接影响配送企业的运输成本。从运输系统的角度而言，配送中心的选址不仅需要考虑交通网络的发达程度，还需要考虑交通状况。

协调性原则。配送中心的选址应将企业的物流网络作为一个大系统来考虑，应使配送中心的物流设施在辐射面积与人群、技术水平和物流作业生产力等方面相互协调。

6.2.5　配送中心的最低成本选址决策

1. 单个配送中心的选址方法

目前，选址问题大多采用计算机分析来进行求解。但对于相关参数并不复杂的单一配送中心的选址，可以运用网格系统（grid system）寻求成本最低的选址。

网格系统对于选址分析至关重要，它使我们可以利用相对简单的数学工具来分析空间关系。网格系统是放置在地图上的一种棋盘状的图案，如图 6.7 所示。网格在水平和垂直方向上均被编号，使其与地图的南北线和东西线相一致（由于地图上东西线是平行的，但南北线是汇于南北极的，因此会略有误差）。

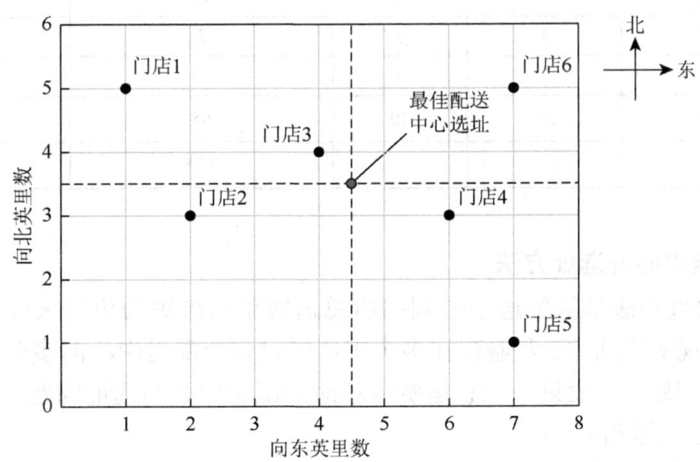

图 6.7　一个服务于 6 家门店的配送中心重心法选址

1 英里≈1.61 公里

重心法是一种常见的利用网格系统求解配送中心选址问题的方法，其目的是使新建的配送中心到现有门店的总距离最短。图 6.7 显示的是置于标有 6 个现有门店地图上的一个网格系统。假设配送中心向每个门店运送的货物相等，并且使用直线距离，那么配送中心的最低成本选址应是在 6 个门店的南北坐标的平均值和东西坐标的平均值所对应的那一点。

在图 6.7 中，将网格系统的左下角（西南角）标为零点（0, 0）。纵轴（南北向）显示（0, 0）点以北的距离，横轴（东西向）显示（0, 0）点以东的距离。在上述例子中，朝北的距离总值为 5 + 3 + 4 + 3 + 1 + 5 = 21 英里。因此，配送中心的位置应在朝北 21/6 = 3.5 英里处。朝东的距离总值为 1 + 2 + 4 + 6 + 7 + 7 = 27 英里。因此，配送中心的位置应在朝北 27/6 = 4.5 英里处。最后，我们可以得出配送中心的最低成本选址的坐标为（4.5, 3.5）。

由于每一个门店所需的货品量可能并不一致，因此可以对重心法进行修正以将每个门店的需求量考虑进来，这就是加权重心法。此方法的核心思想是，未来的配送中心将靠近目前需求量最大的地方。

为了说明加权重心法，我们更改前面配送中心向 6 个门店运送相等货物的假设。现假设，配送中心每月需分别向门店 1、2、3、4、5、6 配送 3、2、3、4、5、3 吨货品。只要将每个门店的朝北坐标乘以相应的配送量，并将它们求和，再用得出的总数除以 6 个店铺的每月总配送量，就可以计算出加权重心位置的纵坐标（朝北距离）。同理可以计算出加权重心位置的横坐标（朝东距离）。新数据见表 6.3 所示，配送中心加权重心的位置为朝北 3.25 英里，朝东 3.95 英里。

表 6.3　加权重心法举例

门店	朝北距离/英里	朝东距离/英里	月配送量/吨	朝北距离 × 配送量/吨英里	朝东距离 × 配送量/吨英里
1	5	1	3	15	3
2	3	2	2	6	4
3	4	4	3	12	12
4	3	6	4	12	24
5	1	7	5	5	35
6	5	7	3	15	21
合计	21	27	20	65	99
加权平均				3.25	4.95

2. 多个配送中心的选址方法

以上介绍的重心法是从配送中心到门店总运输距离最短的角度来计算配送中心的大致位置的。但在现实生活中，普遍存在多个工厂经过多个配送中心向多个门店运送货物的情况。对于此类问题，一般只考虑总运费最小时的配送中心的选址问题。我们可以运用鲍摩-瓦尔夫模型进行求解。

假设货品的运输如图 6.8 所示。在这里，我们需要考虑的问题是各个工厂向哪些配送中心运输多少货品，以及各个配送中心向哪些门店配送多少商品。

建立的鲍摩-瓦尔夫模型为

$$f(X_{ijk}) = \sum_{i,j,k}(c_{ki} + h_{ij})X_{ijk} + \sum_i v_i(W_i)^\theta + \sum_i F_i r(W_i) \tag{6.5}$$

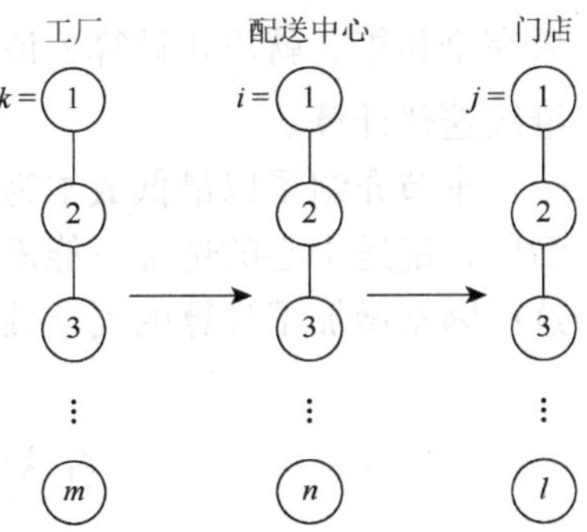

图 6.8　货品运输示意图

总费用函数 $f(X_{ijk})$ 的第一项为运输费和配送费，第二项为配送中心的可变费用，第三项为配送中心的固定费用。其中，$0 < \theta < 1$；$r(W_i) = \begin{cases} 0, & w_i = 0 \\ 1, & w_i > 0 \end{cases}$；$c_{ki}$ 为工厂到配送中心 i 每单位运量的运输费；h_{ij} 为配送中心 i 向门店 j 配送单位运量的配送费；c_{ijk} 为工厂 k 通过配送中心 i 向门店 j 配送单位运量的运费，即 $c_{ijk} = c_{ki} + h_{ij}$；$X_{ijk}$ 为工厂 k 通过配送中心 i 向门店 j 运送的运量；W_i 为通过配送中心 i 的运量，即 $W_i = \sum_{j,k} X_{ijk}$；v_i 为配送中心 i 单位运量的可变费用；F_i 为配送中心 i 的固定费用（与其规模无关）。

可以按照以下步骤来计算鲍摩-瓦尔夫模型。首先，给出费用的初始值，求初始解；其次进行迭代计算，使其逐步接近费用最小的运输规划。

初始解要求最初的工厂到门店的运费相对最小，即工厂到配送中心的运输费 c_{ki} 和配送中心到门店的配送费 h_{ij} 之和最小：

$$C_{ki}^0 = \min_i\left(c_{ki} + h_{ij}\right) = \left(c_{ki}^0 + h_{ij}^0\right) \tag{6.6}$$

其中，上标为迭代次数。设对所有的（k,j）取最小运输费 c_{kj}^0，配送中心的序号为 I_{kj}^0。这个结果决定了所有工厂到门店间的费用。那么，如果工厂的生产能力和需要量已知，并把其作为约束条件来求解运输问题，进而使费用函数 $\sum c_{ijk}^0 X_{kj}$ 最小的解就是初始解。

根据初始解，配送中心的通过量的计算方法为

$$W_i^0 = \sum_k \sum_j X_{kj}^0 \tag{6.7}$$

从通过量可以反过来计算配送中心的可变费用，从而得到改善解：

$$c_{kj}^1 = \min_i\left[c_{ki} + h_{ij} + v_i\theta(W_i^0)^{\theta-1}\right] \tag{6.8}$$

式（6.8）是费用函数关于 X_{ijk} 的偏微分。其中，C_{kj}^1 的配送中心序号为 c_{kj}^1。再次求解运输型问题，求使得费用函数 $\sum c_{ki}^1 X_{kj}$ 最小时的 X_{kj}^1，则该解就是改善解。此时配送中心的通过量为

$$W_i^1 = \sum_k \sum_j X_{kj}^1 \tag{6.9}$$

其中，X_{kj}^1 为由改善解得到的所使用配送中心的序号。改善解可使配送中心的通过量反映到可变费用上，因此求改善解就可以得到配送中心新的通过量。

把改善解 X_{kj}^1 的配送中心通过量 W_i^1 和初始解 X_{kj}^0 的配送中心通过量 W_i^0 进行比较，如

果完全相等，就停止计算，该改善解为最优选址方案；如果不等，令 $W_i^0=W_i^1$， $X_{kj}^0=X_{kj}^1$，继续迭代计算。

本节介绍了以最低成本为核心的单个和多个配送中心的最佳选址方法。但是在实际生活中，配送中心的选址可能需要考虑更多的因素，如税收、数量折扣、运输服务和质量，这些因素增加了计算的复杂性，可能需要运用专门的软件来进行配送中心的选址决策。

6.3 配送中心的成本管理

6.3.1 配送成本

1. 配送成本的含义

在配送中心的运营过程中，为了向客户提供配送服务而开展的如备货、存储、分拣、配货、送货等配送活动所消耗的活劳动和物化劳动的货币表现，就是配送中心的成本。配送中心成本的高低直接关系到配送中心的经济利益，因而应该从产生配送成本的各个环节和各类活动中降低配送中心的运作成本。

2. 配送成本的分类

为了有效控制配送中心的配送成本，需要明确配送成本的分类。可以按照配送费用的支付形态、配送中心的功能、配送费用的归属对象进行分类。

按配送中心的费用支付形态的不同，配送中心的成本可以分为内部费用和外部费用。前者包括人工费、材料费、设备和运输车辆使用费及企业管理费。后者包括对外委托费用和其他企业支付费用。

（1）人工费：支付给配送中心员工的计时工资或计件工资、奖金、津贴和补贴、加班工资、特殊情况下支付的工资。

（2）材料费：物料消耗而发生的费用，主要包括材料原价、运杂费、运输损耗费和采购及保管费。

（3）设备和运输车辆使用费：配送中心的设备运转和车辆使用所产生的各类费用，主要包括折旧费、大修理费、经常修理费、人工费、燃料动力费等。

（4）企业管理费：配送中心运营所产生的管理人员工资、办公费、差旅交通费、固定资产使用费、工具用具使用费、劳动保护费、采购检验费、工会经费、职工教育经费、财产保险费、财务费等各类管理费用。

（5）对外委托费用：配送中心对外支付的包装费、运费、保管费、装卸费、加工费、手续费等业务费用。

（6）其他企业支付费用：配送中支付给其他企业的费用，如顾客自提货品时从价格中扣除的费用、生产企业送货时包含在货品价格中的运费。

如果按照配送功能进行分类，配送成本可以分为以下几种。

（1）采购进货费：为完成货品的采购和进货活动而产生的费用，如进货的检验费、产品采购订单的费用。

（2）保管费：配送中心因保管商品而产品的费用，如货品的维护保养费。

（3）装卸搬运费：伴随着货品加工、包装、运输、流通等活动而发生的商品在一定范围内的移动费用，如货品分拣、卸货和装货所产生的人工费用。

（4）流通加工费：为满足客户既定的要求而对货品进行简单加工所产生的费用，如商品的配套、捆扎等活动的费用。

（5）包装费：为了便于或保护货品运输而产生的费用，如运输包装和包装材料的费用。

（6）配送费：将货品送达客户指定地点所产生的费用，如人工配送费和车辆使用费等。

（7）配送管理费：为了配送活动的有序展开而产生的计划、组织、协调和控制等管理费用，如配送中心管理部门的管理费。

（8）信息处理费：配送中心在采购进货、仓储管理、订货处理、配送订单处理等物流活动中对信息进行处理而产生的费用，如配送订单的处理费用等。

按照配送费用的支付形态和配送中心不同的功能来计算配送成本可以实现对配送成本的有效控制。但管理者还需要对不同的货品、配送方式、客户所产生的配送成本进行计算以便制定企业的销售策略。按照配送费用的归属对象对配送中心的成本进行分类的方法称为 ABC 分类法。可以从以下三个方面进行分类。

（1）以客户为对象的配送费用：以客户为统计对象，针对某个客户的费用，主要包括按标准单价计算和按实际单价计算。

（2）以货品为对象的配送费用：以货品为统计对象，针对某个商品的费用，这类方法可以分析货品的盈亏，进而为企业制定合理的产品策略提供依据。

（3）以门店为对象的配送费用：以门店为统计对象，针对某个门店的费用，这类方法可以了解门店单位配送中存在的问题，进而解决这些问题。

6.3.2 配送中心的成本管理与控制

1. 配送成本管理

配送成本管理是指通过对产生配送成本的各个环节和各类活动进行有效控制，降低配送活动中各类活劳动和物化劳动的消耗，以实现降低配送中心成本的目的。配送成本管理主要是通过加强配送的计划性、确定合理的配送路线、进行合理车辆配载等形式实现的。

2. 配送成本控制方法

配送中心的成本控制是指配送中心在配送活动中依据配送成本标准，审核实际发生的配送成本，采取措施减少配送成本过高的作业活动，进而实现既定的配送成本目标。配送成本控制方法主要包括以下三种。①成本控制的阶段方法；②标准成本控制法；③ABC 分类法。

成本控制的阶段方法是按照成本控制的时间阶段进行划分的，可以分为事前控制、事中控制和事后控制三个环节。

成本的事前控制是在配送活动开始之前对影响配送成本的作业活动进行计划、组织与安排，进而确定配送成本目标，以便在后续的配送活动中依据此目标对成本进行控制。例如，在配送活动开始之前对运输路线进行规划，制定最佳的运行路线，减少运输里程和运输时间，以降低配送成本。

成本的事中控制是在配送活动开展的过程中，随时对实际发生的配送成本与成本目标进行比较，对配送成本过高的作业活动进行纠正，进而保障配送成本目标的实现。例如，对行驶过程中的运输车辆进行监控，及时了解道路的路况，并按照实际情况合理调度和指挥，进而避免配送成本的增加。

成本的事后控制是在配送活动结束之后，对实际发生的配送成本进行核算，深入分析实际成本超出目标成本的配送作业活动，查明成本超支的原因，确定责任归属，并对责任人员进行相应的惩罚。例如，总结经验教训，寻求更为合理的配送方案，以便降低将来配送活动的配送成本。

标准成本控制法将成本计算和成本控制相结合，涵盖了制定标准成本、计算和分析成本差异、处理成本差异三个环节。该方法以标准成本为基础，把成本的实际发生额分为标准成本和成本差异两部分。并以成本差异为线索，分析产生成本差异的原因和责任，及时采取有效措施消除存在的差异，实现对成本的有效控制。

ABC 成本法是根据事物的经济、技术等方面的主要特征，运用数理统计方法，进行统计、排列和分析，抓住主要矛盾，分清重点与一般，从而有区别地采取管理方式的一种定量管理方法。ABC 成本法可以为配送中心不断改善经营管理提供准确、及时的有关活动成本的信息，进而为改善配送中心的物流成本提供帮助。我们将在 6.3.3 节介绍此方法的步骤和计算过程。

3. 降低配送中心成本的策略

降低配送中心成本的策略主要有以下四种：①差异化策略；②混合策略；③合并策略；④延迟策略。

差异化策略是指针对不同的货品采取不同的服务水平的策略。其核心是以较低的配送成本实现较高的配送服务水平。配送中心的产品种类众多，如果均按照统一的服务水平进行配送则无法有效控制企业的配送成本。如果按照货品的特点、销售量来选择配送的服务水平，则会大大降低企业的配送成本。

混合策略是指一部分配送业务由企业自身完成而另一部分外包给第三方物流公司的策略。由于货品种类不同、规格不一和配送数量不一等情况，采用单一策略的配送方式不仅不能取得规模经济还可能造成规模不经济；而采用混合策略不仅可以利用外部配送资源弥补自身配送资源的不足，还能更为合理地安排自身的配送资源，进而实现配送活动的专业化和合理化，并最终降低企业的配送成本。

合并策略包括配送方法上的合并和共同配送两种。配送方法上的合并是指配送中心在制定配送任务时，充分考虑运输车辆的载重量和容积，做到满载满装。这是提高车辆利用率，降低配送成本最为直接的一种方式。共同配送是指多个配送企业联合起来，为某一地区的客户提供协作性的配送活动。通过整合各配送企业的运输车辆和物流设施，在统一计划和统一调度下开展配送活动，共同配送不仅提高了所有企业的配送服务水平，还降低了他们的配送成本。

传统的配送计划安排中，大多数的库存是按照对未来市场需求的预测来设置的，当需求存在波动时，就会增加企业的配送成本。延迟策略的核心就是将配送活动的安排尽可能推迟到接到顾客订单之后再确定。这样做的目的是实现规模化的运作。对配送订单批量拣选、包装、组配不仅加快了订单的处理速度，还提高了配送作业的工作效率，进而可以降低配送成本。例如，延迟策略中的地域延迟和生产延迟虽然会增加配送中心的建设成本、运输成本和物流加工成本等，但可以提高响应性，减少缺货成本，从而从总体上降低配送总成本，这也体现了总成本控制的思想。

6.3.3　配送服务与成本之间的效益背反

降低配送成本和提高配送服务水平是配送管理的两大核心任务。因此，正确处理和协调两者的关系是配送管理的最重要的挑战之一。

效益背反是指规律中的矛盾，即在相互联系的两种力量的运动规律之间存在的相互排斥现象。自然界存在两种运动力量，它们之间呈此消彼长、相背相反的关系。而配送服务与成本之间就存在着效益背反。

1. 配送服务与成本之间的效益背反原理

一般来说，高绿色度的商品一定与较高的价格相关联，提高产品的绿色度，其价格也随之上升，因为企业需要额外的研发投入。高水平的配送服务和配送成本之间也存在着类似的关系：提高配送服务水平，配送成本也随之上升。其中配送服务水平可以用配送时间、配送费用和配送效率来衡量，且配送服务水平的提高突出表现在减少配送时间、降低配送成本和提高配送效率这三个方面。

2. 配送服务与成本之间的关系

配送管理的目的之一是尽可能地以较低的配送成本实现较高配送服务水平。一般而言，配送服务和配送成本存在以下四种关系，如图 6.9 所示。

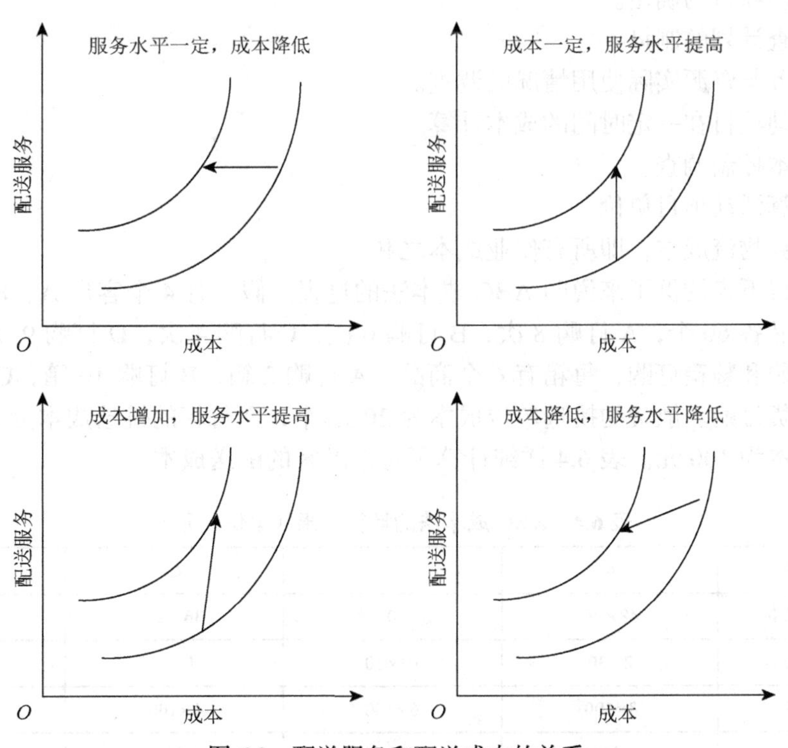

图 6.9　配送服务和配送成本的关系

（1）在配送服务不变的情况下降低配送成本。这是通过聚合运输、路径优化等降低成本的措施实现配送系统的合理化，进而在保持原有服务水平的前提下，提高经济效益。

（2）在配送成本不变的情况下提高配送服务。这是通过保证配送服务的水平、提高配送人员的素质等措施增强配送服务的专业性，进而在保持原有成本水平的前提下，提高配送服务水平。

（3）为了提高配送服务水平，不惜增加配送成本。这是许多大型企业在提高配送服务水平时的状态，特别是当企业面临商品竞争时。它主要的目的是通过提高配送服务水平来获得市场份额。

（4）为了降低配送成本，不惜降低服务水平。这是许多小型企业在降低配送成本时的状态，特别是当企业的运营成本较高且经营不善时。它主要的目的是以降低配送服务水平为代价，有效地降低企业的配送成本进而提高经济绩效。

3. ABC 成本法

配送成本分析的方法多种多样，具体选取哪种方法取决于企业成本分析的目的。ABC成本法具有可以了解每一个客户的配送成本、将生产要素平摊到每个客户的优点，进而可以有效控制配送费用。当物流活动的单价可以确定时，它是最为常用的一种成本分析方法。

以下为 ABC 成本法的主要步骤。

（1）确定成本分析的目的。

（2）现状调查。

（3）活动项目的确定。

（4）调查计划的制订。

（5）财务与资源实际使用情况的调查。

（6）活动项目在一定时间的成本计算。

（7）成本控制调查。

（8）计算活动项目单价。

（9）计算物流成本，即所有作业成本之和。

我们以接下来的例子来说明 ABC 成本法的过程。假设有 4 个客户 A、B、C 和 D 订购了同一商品各 60 个，A 订购 8 次，B 订购 6 次，C 订购 4 次，D 订购 9 次。订购商品分为散货订购和整箱订购，每箱有 6 个商品。A 订购 2 箱，B 订购 10 箱，C 订购 4 箱，其余按照散货订购。散货的挑选单位成本为 20 元/个，而每箱的挑选成本为 30 元/箱，每次送货的成本为 100 元。表 6.4 详细计算了每个顾客的配送成本。

表 6.4 ABC 成本法的计算结果（单位：元）

各项成本	A	B	C	D
散货挑选成本	48×20	0	36×20	60×20
整箱挑选成本	2×30	10×30	4×30	0
送货成本	8×100	6×100	4×100	9×100
配送成本	1820	900	1240	2100

表6.4的结果清晰地表明，即使不同客户订购的商品和数量一致，但订购方式的不同将导致分拣、运输费用均有很大差别。因此，企业不能仅仅考虑各个作业活动的成本，而应综合考虑订购过程的总成本，致力于总成本最小化。

思考题

1. 请简述我国电商行业配送管理面临的主要挑战。
2. 请简述现代配送模式及其优缺点。
3. 请简述企业如何根据配送规模、配送能力和配送成本的关系来决策配送中心规模。
4. 试结合课外资料，总结单个和多个配送中心选址的方法，并进行比较。
5. 请简述配送成本与配送服务的效益背反原理，以及其为实现配送中心的总成本目标带来了哪些挑战。
6. 试结合现实案例，阐述配送中心如何进行成本管理和控制，以及企业应如何降低配送成本。

第7章

库存管理

库存是一把双刃剑。一方面，库存具有维持生产稳定性、推动规模经济、平衡供需和缓冲风险等作用；另一方面，库存占用了大量的流动资金，增加了企业成本，并可能掩盖诸多管理问题。有些企业为了满足不断变化的客户需求，维持较高的库存，导致其库存成本居高不下；而有些企业致力于消除库存，实施零库存战略，加大了一体化管理的难度。因此，如何进行有效且低成本的库存管理是企业所面临的痛点和难点。

本章强调了面向总成本目标的库存管理。其目标在于在合理的库存成本范围内达到满意的客户服务水平，即旨在平衡缺货成本和库存运作成本，以降低总成本。因此，本章首先介绍库存、库存控制和库存成本的基本概念；其次详细描述如何从总成本角度进行库存管理，包括库存管理水平的评价、库存计划的制订、库存总成本的优化和库存控制方法的实施等；最后探讨如何在供应链中进行库存管理，并介绍 VMI 和联合库存管理（jointly managed inventory，JMI）两种模式，以及由此带来的一体化挑战。希望读者能够掌握库存管理的具体方法，包括四种 EOQ 模型和 ABC 分类法等，并在此基础上深入理解面向总成本目标进行库存管理的核心思想，以及企业所面临的一体化挑战。

引入案例：美的的库存管理模式

自白色家电营销战打响以来，在降低市场费用、裁员、压低采购价格等方面，美的始终围绕着成本与效率，实行“业务链前移”策略，力求用 VMI 和“管理经销商库存”形成整合竞争优势。

一是通过 VMI 控制供应链前端。美的在 2002 年开始尝试 VMI。居于美的上游且较为稳定的供应商共有 300 多家，其中 15%的供应商距离较远。对于这 15%的远程供应商，美的在顺德总部建立了很多仓库，然后把仓库分成很多片。外地供应商可以在仓库里租赁一个片区，并把零配件放到片区里面进行储备。美的需要用到这些零配件的时候，就会通知供应商，然后进行资金划拨、取货等工作。此时零配件的产权才由供应商转移到美的手上。而在此之前，所有的库存成本都由供应商承担。也就是说，在零配件交易之前，美的一直把库存转嫁给供应商。

二是通过管理经销商库存理顺供应链后端。在空调、风扇这样季节性强的行业，断货或压货也是经常的事，调来调去又是一笔巨大的开支。而因为信息传导渠道不畅，传导链条过长，又往往造成生产过量或紧缺。因此，在经销商环节上，美的由以前半年一次的手工性的繁杂对账，改为电子化的实时对账和审核。运用这些信息，通过合理预测制订其生产计划和安排配送计划以便补货。也就是说，美的作为经销商的供应商，为经销商管理库存。理想的模式是：经销商基本不用备货，缺货时，美的立刻自动送过去，而不需经销商提醒。这种存货管理上的前移，可以有效地削减和精准地控制销售渠道上昂贵的存货，而不是任其堵塞在渠道中，让其占用经销商的大量资金。

实施上述模式之后，美的的零部件库存周转率上升到 70～80 次，零部件库存也由原来 5～7 天存货水平大幅降低为 3 天左右，而且这 3 天的库存也是由供应商管理并承担相应成本。库存周转率提高后，一系列相关的财务“风向标”也随之“由阴转晴”：资金占用降低、资金利用效率提高、资金风险下降、库存成本直线下降。

请结合案例思考以下问题。

（1）对美的来说，为什么库存管理如此重要？

（2）美的是如何做到延伸供应链、消除供应链库存的？

（3）美的实施 VMI 的条件和优势有哪些？

7.1　面向总成本目标的库存管理

在企业经营过程中，一个产品大致要经过采购、加工、组装、运输、仓储、配送等环节才能被消费者购买。库存可以调节各节点之间由于供求和数量不一致产生的差异，使得各个环节能够独立运行。

然而不同的部门对待库存的态度也有所不同：采购部门通过批量采购降低原材料单价，使得原材料的库存水平较高；制造部门为降低单位产品的固定费用而进行单一产品的大批量生产，也会导致较高的库存水平；销售部门为提高消费者的满意程度，往往希望维持较高的库存水平和尽可能多的商品种类；而库存管理部门为减少资金占用和节约成本，力图维持最低的库存水平。由此可见，库存管理部门与其他部门的目标相互冲突。为实现总成本最低的目标，企业需要进行库存管理，需要对各部门的活动进行协调和整合。

当从单一企业扩展到由供应商、制造商、经销商和零售商组成的供应链时，库存的总量将大大增加。供应链中的各企业由于信息不透明等原因，难以对库存进行有效的协调管理，进而损害了供应链的利益。例如，当制造商不相信供应商的交货时间时，其库存量会超过实际需求量，以应对供应商延期交货或不能交货的情况，此时过多的库存会占用企业的流动资金并增加其运作成本。这使得库存管理在供应链管理中变得至关重要。

7.1.1　库存理论基础

库存是指储存作为今后按预定的目的使用而处于闲置或非生产状态的物品。库存通常是伴随着物质生产活动而产生的。例如，对于粮食的生产过程来说，从春耕到秋收及之后的分销等环节中都会存在库存；在汽车生产和计算机生产过程中，零部件、半成品和产成品等就是库存；而对于连锁经营的超市来说，公司都会有一个库存配送中心，集中采购成千上万种产品，当下游需要补货时就会进行配送，这时也存在大量的库存。由上述例子可知，库存广泛地存在于生产和流通领域。

1. 库存的分类

根据企业的生产过程，可以将库存划分为以下几类。

（1）原材料库存：企业通过采购或其他方式取得的、用于制造产品并构成产品实体的物品，以及供生产消耗但不构成产品实体的辅助材料，用于支持企业内制造或装配过程的库存，如钢材、木板、染料等。

（2）在制品库存：已经经过一定的生产过程，但尚未全部完工，在销售以后还要进一步加工的中间产品和正在加工中的产品，包括产品生产的不同阶段的半成品。

（3）产成品库存：准备运送给消费者的最终的产品，为满足用户需求，很多企业都有一定量的产成品库存，并且通常由市场或物流部门来控制。

（4）维修库存：用于维修与养护的、经常消耗的物品或部件，如石油润滑脂和机器零件，但不包括产成品的维护活动所用的物品或部件。

图 7.1 展示了其中最常见的三种库存。

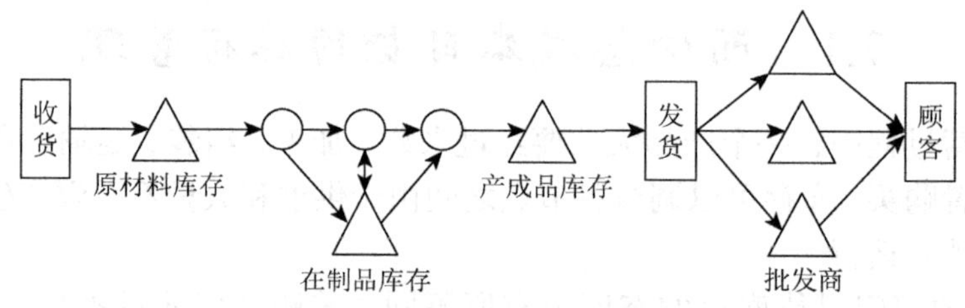

图 7.1　供应链中最常见的三种库存

一般生产企业拥有原材料库存、在制品库存、产成品库存和维修库存；流通企业通常只有产成品库存；而公用事业单位一般需要提供服务，其所拥有的库存一般是维修库存。上述库存可以存放在供应链的不同位置。原材料库存通常在供应商或生产商处。原材料进入生产企业后，依次通过不同的工序，每经过一道工序，其附加值都有所增加，从而成为不同水准的在制品库存。当在制品库存在最后一道工序被加工完后，就会变成产成品存放在不同的储存点，如生产企业、配送中心、零售点，最终转移到消费者手中。

2. 库存的功能

库存除了商品的储存和保管外，还具有整合供需、保证各项活动顺利进行的功能。企业为了满足生产和客户需求及应对各种不确定性，就必须保持一定数量的原材料库存和产成品库存。若企业库存不足会造成供货不足、无法正常生产的情况，从而失去销售机会和部分市场占有率，进而增加缺货成本；库存过多则会占用大量的流动资金，产生较多的库存运作费用，还会因商品积压而产生库存风险，使库存成本上升。因此，要保持合理的库存量，避免库存不足或库存过多带来的损失。

3. 库存的影响

库存对企业有双重影响：一是影响企业的成本，二是影响企业生产和销售的服务水平。

企业通过合理的库存控制可以有效地降低企业的库存成本，并可以通过加速库存流转来提高生产和销售水平。因此，库存控制是企业管理的重要内容之一，也是企业降低成本、提高服务水平的一条重要途径。

7.1.2 库存的作用与弊端

1. 库存的作用

库存是企业为了满足未来的需求而暂时闲置的资源。维持一定数量的库存，对企业的经营管理具有积极作用，主要包括以下几点。

（1）维持生产的稳定。

（2）实现规模经济。

（3）平衡供应和需求。

（4）缓冲供应链中断的风险。

库存能够维持生产的稳定。企业按销售订单和需求预测安排生产计划，并制订原材料采购计划，下达采购订单。采购的物品具有一定的提前期，并且有延迟交货的风险，这会影响企业正常的生产计划，造成生产的不稳定。为了降低这种风险，企业会保持一定的原材料库存。而且有些原材料在特定时期会出现需求高峰，如中秋节对月饼的需求，此时突然扩大生产是不现实的，但可以提前持有一定的库存，以应对需求的变化。

库存能使企业实现规模经济。当企业想要在采购、运输和制造等方面实现规模经济时，就需要设置库存。首先，企业往往需要做一些库存准备工作，如厂房的租赁和设备的购置等。一旦企业完成了这些准备工作，就希望能够生产尽可能多的产品，以充分发挥规模效益，降低产品的边际成本。其次，在采购方面，大批量采购可以获取价格折扣，因为当采购数量足够大时，采购合同是根据年采购量来进行谈判的，而不是根据每个订单的数量来确定的。最后，大批量采购有时能减少价格上涨带来的损失，甚至还能由于订单的减少而降低运输费用。

库存能够平衡供应和需求。当市场需求增大，而企业又不能及时增加产量以适应这个变化时，就可以利用库存来满足客户的需求，以提高客户服务水平。很多企业的原材料供应及产品市场需求常具有季节性的特点，而对于季节性的供应和需求，企业必须持有库存。而且客户的取货时间往往短于企业的生产时间，为了弥补时间差，企业也需要一定的库存。

库存在供应链中起“缓冲器”的作用。缓冲作用是库存最根本的作用。由于供应链上各个企业之间的信息并不是完全透明的，对于生产商来说，存在着供应商延期交货而使其无法正常生产的风险；而对于零售商来说，则存在订购的商品延迟交货而无法正常销售的风险，并且供应链中各成员之间在地理位置上是相互分离的。因此，为了实现产品的时间和空间效用，企业需要持有一定量的库存，来防止因供应中断而影响企业正常运行的情况的发生。

2. 库存的弊端

库存是总成本的重要组成部分。但是，企业往往不希望存在任何形式的库存，无论是原材料库存、在制品库存还是产成品库存。这是由于库存存在以下缺陷。

（1）占用大量的流动资金。

（2）增加总成本。

（3）掩盖企业的管理问题。

库存占用了大量的流动资金。通常情况下，库存所占用的资金为企业总资产的 20%～40%，若企业对库存管理不当，会造成大量资金的沉淀，形成积压库存。并且大量的资金占用也增加了企业的机会成本。

库存的存在增加了企业的总成本。库存材料成本的增加直接增加了产品成本，而相关库存设备、管理人员的增加也增加了企业的管理成本。库存的维持费用，如场地费用等，也会影响企业的利润。

库存掩盖了企业的管理问题。由于库存的存在，许多问题暴露得不及时，这样常常会带来很多管理上的问题，如计划不周、采购不力、生产不均衡、产品质量不稳定及市场销售不力等。比如，库存会掩盖产品的质量问题。当某一批次产品的不良率异常时，企业也许会通过加大生产批量和增加批次来降低总体不良率，从而掩盖某一批次产品的质量问题。用比较形象化的比喻来说，这就好像高水位掩盖了海水下的礁石，但如果海水退去，这些礁石就会暴露出来，从而容易造成触礁事故。

7.1.3 库存控制与库存管理

库存控制是指对制造业或服务业的生产、经营全过程的各种物品、产成品及其他资源进行管理和控制，使其储备保持在经济合理的水平上。库存控制是库存管理的核心问题，也是库存管理的重要手段。它是在满足顾客要求的前提下，为使库存物品达到最合理的数量所采取的有效手段。企业通过库存控制尽可能地降低库存成本，提高物流效率，以增强企业的市场竞争力。

库存控制往往使库存保持在最经济的水平（总成本最低的水平）上。库存量并不是越多越好，也不是越少越好，多了会形成库存的积压，少了会使企业无法正常生产。因此，库存量过多或过少都会给企业造成损失。使库存保持一定量的水平既能维持企业正常的供应，又不会形成库存积压，是有效降低仓储成本、提高经济效益的重要途径。

库存管理的目标在于在合理的库存成本范围内达到满意的客户服务水平，以增加公司的盈利能力。换句话说，库存管理旨在平衡客户服务水平和库存成本，以降低总成本，如图 7.2 所示。

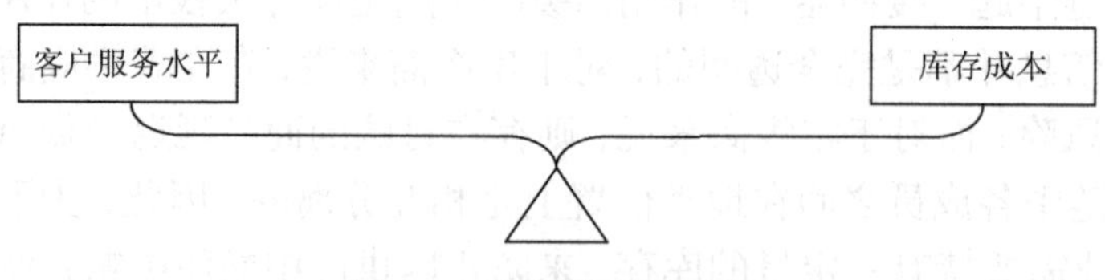

图 7.2 库存管理的目标

从广义上说，客户服务水平是公司满足客户要求的能力；从库存管理的角度来说，客户服务水平用来表示物品在需要时的可得性，是库存管理效率的衡量指标。库存可以通过提高供货的稳定性来帮助企业达到最好的客户服务水平。库存成本这一概念将会在 7.2 节进行讨论。

7.2 面向总成本目标的库存成本

各个行业库存的类型和构成往往有所区别，但其库存活动都呈现以下的形式：进货—储存—出货。此时将会发生相应的成本，这就是库存成本。它是指为取得和维持一定规模的存货所发生各种费用的总和。

7.2.1 库存成本

在进行货物补充活动时，企业会发生启动费用和购买或生产货物的费用；在货物储存过程中，会发生持货费用；当市场产生需求时，若有货物能满足市场需求，则会获得收益，若缺货而无法满足市场需求，则会发生缺货相关费用。因此，可把库存成本分为库存运作成本和缺货成本。

1. 库存运作成本

库存运作成本一般包括订货成本和库存持有成本。

（1）订货成本：包括订货启动费用和订货可变费用。

（2）库存持有成本：包括资金占用成本、库存费用和保险费用。

订货成本一般由两部分组成，即订货启动费用和订货可变费用。订货启动费用是指企业向外部供应商发出采购订单的成本或内部的生产准备成本，通常包括出订货申请单、分析货源、填写采购订单、验收来料、跟踪订货等各项费用。订货可变费用是指为了在预定地点（如仓库）获得货物的所有权而发生的成本，包括货物的购价、运输和装卸费及装卸过程中的损耗等，往往与订货量成正比。

在现实交易中，有时可能很难体会到订货启动费用的存在。当需要进行货物补充时，企业与供应商的交易主要集中在进货单价和进货量上，而并不关心订货启动费用的情况，或者说并不直接发生订货启动费用。当需要进行货物补充时，如果进货量太少，上游厂家往往不愿进行生产补充，也不愿为少数货物进行配送。这就是订货启动费用在起作用。另外，有些情况下，对订货启动费用进行精确的量化是比较困难的。即便是相同的工作，在不同的企业所造成的订货启动费用也可能是不同的。因此，这笔费用应由供应方来承担还是由购买方来承担，并不是一件容易处理的事情。

库存持有成本包括资金占用成本、库存费用和保险费用。资金占用成本是指库存所占用的资金所能带来的机会成本，即库存占用的资金不用于库存而用于经营其他投资所能获得的平均收益。库存费用包括货物存储过程中的资源消耗（场地、水、电等）、货物损失（变质、过期）和货物保管费用。保险费用是指因持有库存而支付的火灾及盗窃保险。

库存系统的一次性投入，如建库房、购买设备等，是否应折算到库存持有成本中，要视具体情况而定。如果库存系统今后要运行非常长的时间，从理论上来讲，初期的一次性投入折算到无限长的时间上后单位时间的费用就等于零，因此这种情况下可以不考虑初期的一次性投入。如果一开始就计划库存系统只在今后一段较短的时间内运行，则应考虑将初期的一次性投入折算到单位时间上。

2. 缺货成本

缺货成本是因企业内部或外部供应中断，不能及时满足市场需求而造成的损失，主要包括以下内容。

（1）原材料中断造成的停工损失。

（2）产成品库存缺货造成的延迟发货损失。

（3）销售机会丧失带来的损失。

（4）企业采用紧急采购解决库存中断问题而承担的额外采购成本。

当用户得不到相应的全部订货时，发生的缺货叫作外部缺货；而当组织内部某一个部门得不到相应的全部订货时，发生的缺货叫作内部缺货。外部缺货将导致延期交货、当前的利润损失（潜在销售量的损失）和未来的利润损失（商誉受损）等。内部缺货可能导致生产损失（人员和机器的闲置）和完工日期的延误。

当出现缺货而无法及时满足顾客需求时，企业有两种处理方式。一种是缺货不补，顾客通过其他渠道来得到满足，这种方式适合于市场上有许多替代品的情形，如日用品、消耗品等。另一种方式是缺货回补。当顾客需求具有一定的特殊性和针对性时，如特殊类商品，他可能无法从其他渠道轻易地得到满足，或者顾客认准了某种品牌的商标，非从该商家购买不可。这种情况下顾客可等待货物到货之后再取货，相当于缺货后延期交货。这里要指出的是，不要简单地将缺货的现时损失与缺货不补方式挂钩、未来损失与缺货回补方式挂钩，无论是哪种处理方式，都会造成现时损失和未来损失。对于缺货回补的情形，表面上看来似乎没有失去销售机会，但由于顾客的需求被保存下来，企业必须对其进行维护和管理，这也会带来成本。进一步地，如果频繁的缺货给顾客带来不便，顾客就会考虑是否还有必要继续消费该品牌的商品，甚至可能会转移到该企业的竞争对手处。

7.2.2 库存管理评价指标

库存是企业的重要组成部分，库存管理的好坏直接影响企业的经济效益。通过一系列有效的评价指标对库存管理效率进行比较分析，找出其中隐藏的问题，可以提高企业的管理水平。库存管理的评价指标可以分成库存运作成本指标和缺货成本指标。

1. 库存运作成本指标

库存运作成本指标主要包括：①单位库存成本；②库存周转率。

单位库存成本为每单位库存物资所消耗的成本。单位库存成本越高，说明其总成本越高，企业的库存效率越低。降低单位库存成本，可以降低企业成本，提高企业的管理效率。

$$单位库存成本 = 年库存成本/年库存量 \tag{7.1}$$

库存周转率可以衡量单位库存资金用于供应的效率，反映了企业的库存控制水平。企业可以通过比较各个销售渠道和销售环节的库存周转率来找出销售的发展趋势，并发现其中存在的问题。

$$库存周转率 = 年销售额/年平均库存量 \tag{7.2}$$

2. 缺货成本指标

缺货成本指标主要包括：①服务水平；②缺货率。

服务水平一般用供应量占需求量的百分比大小来衡量，其直接表现为客户的满意程度，如客户的忠诚度、取消订货的频率、不能按时供货的次数等。对于一个企业来说，为了保证正常的供应，提高服务水平，必须设置一定量的库存，以防止各种突发事件造成的供应链中断。

$$服务水平 = 供应量/需求量 \tag{7.3}$$

缺货率是间接衡量企业服务水平的指标。当一个企业经常延期交货，不得不使用加班生产、加急运输的方式来弥补库存的不足时，说明该企业库存控制的效率很低。但是当延期交货成本低于节约的库存成本时，企业可以选择延期交货，这样可以使企业总成本最低。

$$缺货率 = 缺货次数/总订货次数 \tag{7.4}$$

库存管理的目标在于在合理的库存成本范围内达到满意的客户服务水平。那么在了解了库存成本的构成及其评价指标后，这一目标可以继续拆解成如何平衡库存运作成本和缺货成本，如图 7.3 所示。当企业的库存量较大时，其库存运作成本往往处于一个较高的水平，但发生缺货的可能性将大大降低，缺货成本较小；而当企业库存量较小时，虽然库存运作成本降低了，但缺货率较高，缺货成本增大。此时，如何平衡库存运作成本和缺货成本对库存管理来说至关重要。

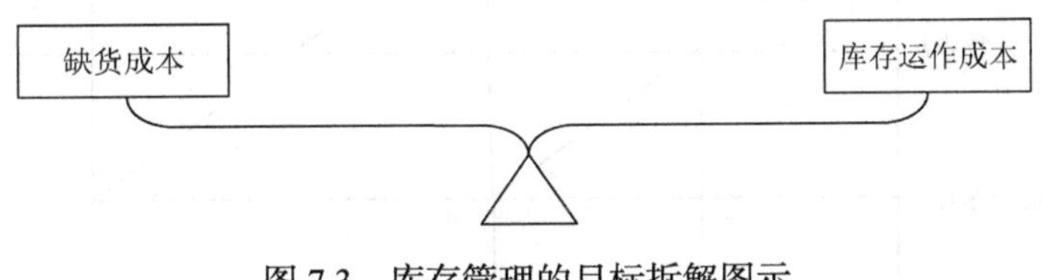

图 7.3 库存管理的目标拆解图示

7.3 面向总成本目标的库存计划

库存计划包括确定订货的时间和数量等。订货的时间取决于产品需求的平均值、需求变化及补货计划等。订货的数量则由订单数量决定。企业应根据不同物品的用途和客户的要求，合理地制订库存计划，将库存保持在适当水平上，并允许一定的缺货情况的出现，以达到总成本最低的目标。

7.3.1 订货策略

库存计划的订货策略一般包括四种。

（1）(R, Q) 策略：即定量订货策略。企业对库存进行连续性检查，当库存降低到订货点 R 时，发出固定订货量为 Q 的订货。该策略适用于需求量大、缺货成本较高、需求波动性很大的情形。

（2）(t, S) 策略：即定期订货策略。企业每隔一定时期 t 检查一次库存，并发出订货，把现有库存补充到最大库存水平 S。该策略适用于重要性较低或需求量较低的物资。

（3）(R, S) 策略：即最大最小订货策略。企业对库存进行连续性检查，当库存降低到订货点 R 时，发出订货，将库存补充到最大库存水平 S。

（4）（t, R, S）策略：即综合订货策略。企业每隔一定时期 t 检查一次库存，若库存低于订货点 R，则发出订货，把现有库存补充到最大库存水平 S；否则，不订货。

7.3.2 订货点的确定

确定订货点实际上就是确定订货提前期内的需求。如果需求是确定的，即库存需求速率不发生变化，订货提前期也是确定的，那么订货点就等于订货提前期与需求速率之积。但当订货提前期和需求量是随机变量，并且具有一定的分布规律时，订货点等于订货提前期期望值与需求速率的期望值之积，此时就会存在缺货风险。管理者为了减少缺货风险，在设定订货点时往往会考虑安全库存。

图 7.4 描述了订货点的确定方法。此时，订货点的确定公式为

$$R = Ld + S \tag{7.5}$$

其中，R 为订货点；L 为订货提前期；d 为需求速率；S 为安全库存。

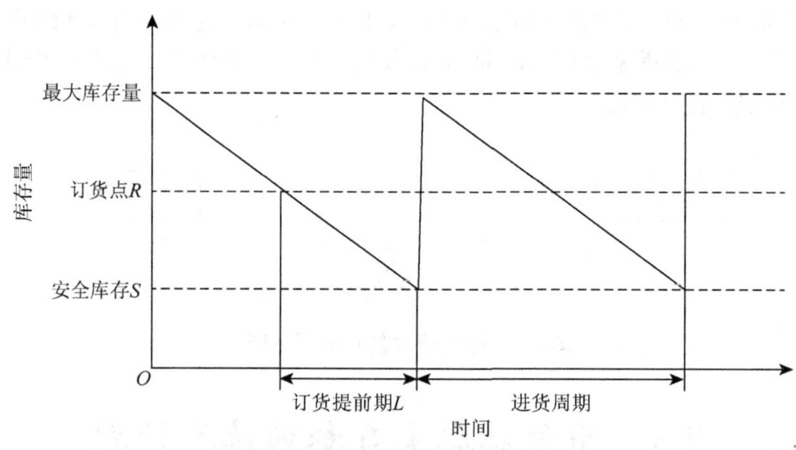

图 7.4 订货点的确定方法示意图

安全库存是一种额外持有的库存，它作为“缓冲器”用来补偿在订货提前期内实际需求超过期望需求量，或者实际提前期超过期望提前期时所产生的需求。在随机库存系统中，需求速率和订货提前期的随机变化被预订的安全库存所吸收。安全库存对企业的成本有双重影响：一方面，降低库存维持费用会增加缺货损失费，并降低服务水平；另一方面，降低缺货损失费和提高服务水平会增加库存维持费用。即使有安全库存的存在，仍不能保证顾客的每一次需求都能得到满足，因此缺货是不可避免的。

假设单位时间内的产品需求服从均值为 d 、标准差为 σ 的正态分布，订货提前期为 L 。依据正态分布的性质，有需求量 $D = Ld$ ，$\sigma_D = \sigma\sqrt{L}$ 。那么安全库存为

$$S = z \times \sigma_D = z\sigma\sqrt{L} \tag{7.6}$$

其中，S 为安全库存；z 为安全因子，即标准正态分布系数；σ_D 为订货提前期内需求的标准差。

7.3.3 订货批量的确定

确定合理的订货批量有助于实现库存持有成本与订货成本之间的平衡。要理解它们之间的关系，关键要牢记平均库存等于订货量的一半。所以，订货量越大，平均库存也就越多，相应地每年的库存持有成本也就越高。然而，订货量越大，每个计划时期内需要订货的次数就会越少，总的订货成本也会随之降低。在销售数量一定的条件下，EOQ模型可以精确地计算出总成本最低时的订货量，其中，该模型下的总成本指的是库存持有成本与订货成本的总和。图7.5直观地说明了它们之间的关系，库存持有成本与订货成本之和的最低点代表了最低的总成本。简单来说，其目标就是要确定总成本最小时的订货批量。

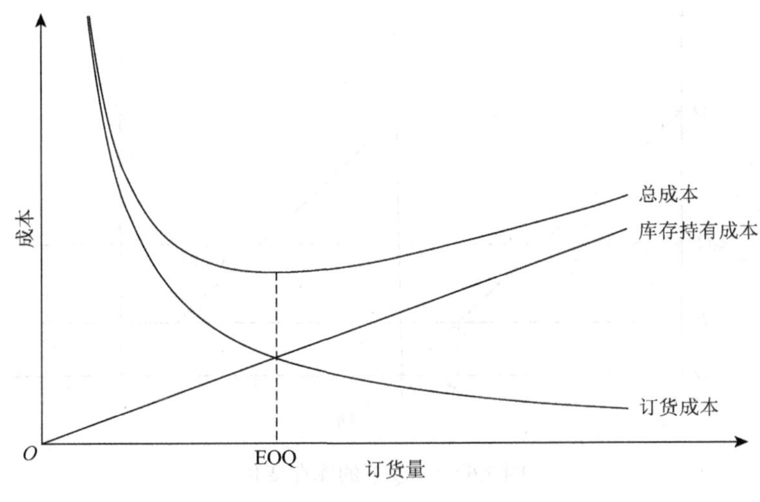

图7.5 库存成本曲线

1. EOQ模型

EOQ模型是由哈里斯于1915年提出的，它通过平衡订货成本和库存持有成本以实现库存总成本最低的最佳订货量。EOQ 模型是固定订货批量模型的一种，可以用来确定企业一次订货（外购或自制）的数量。当企业按照EOQ模型订货时，可实现订货成本和库存持有成本之和最小。基本EOQ模型的假设如下。

（1）所有需求都能够得到满足。

（2）需求量是一个连续已知的常量。

（3）补给运作周期是一个已知的常量。

（4）产品价格是确定的常量，它不会受订货数量和时间的影响。

（5）计划周期不受到任何限制。

（6）各项产品的库存之间不存在相互影响。

（7）不考虑中转库存和在途库存。

（8）没有限制可用资金的数量。

在以上假设下，简单的EOQ模型只考虑两类成本，即库存持有成本与订货成本。如

图 7.5 所示，订货成本随着订货次数或订货量的变化而呈反方向变化。起初随着订货量的增加，订货成本的下降比库存持有成本的增加要快，即订货成本的边际减少量比库存持有成本的边际增加额要多，从而使得总成本下降。当订货量增加到某一点时，订货成本的边际减少量与库存持有成本的边际增加额相等，这时总成本最小。此后，随着订货量的不断增加，订货成本的边际减少量比库存持有成本的边际增加额要小，导致总成本不断增加。总之，随着订货量（或生产数量）的增加，库存持有成本增加，而订货成本降低，总成本线呈“U”形。

库存持有成本等于库存平均持有量与单位持有成本的乘积。假设库存持有量平稳地从 Q 单位降到 0 单位，则平均库存持有量便是 $Q/2$，如图 7.6 所示。

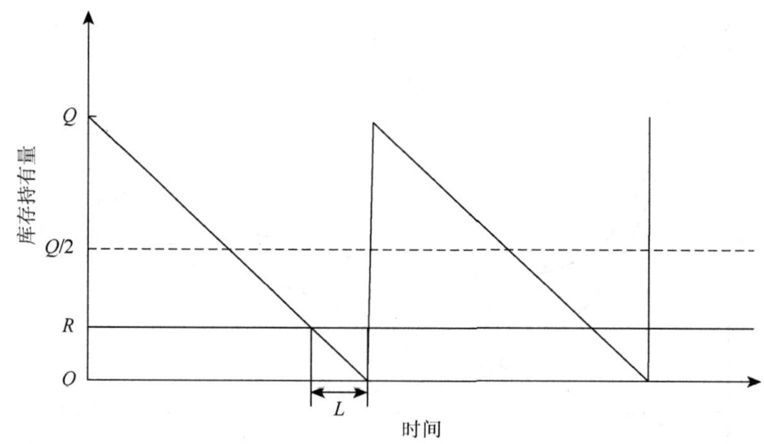

图 7.6　EOQ 下的库存变化

用 H 代表单位货物的年库存持有成本，那么每年库存持有成本 C_H 为

$$C_H = QH/2 \quad (7.7)$$

订货成本是订购一批货物所必须支出的费用，如与供应商的信函联系费用、采购人员的差旅费等。设需求量为 D，每次订货的费用为 S，则每年订货成本 C_R 为

$$C_R = DS/Q \quad (7.8)$$

总成本由库存持有成本和订货成本两部分组成，若每次订货 Q 单位（最大库存量），则每年总成本 C_T 为

$$C_T = C_H + C_R = QH/2 + DS/Q \quad (7.9)$$

运用微积分可以得到最优订货批量 Q^* 的表达式为

$$Q^* = \sqrt{2DS/H} \quad (7.10)$$

在此基础上，可推导得到最小的每年总成本为

$$C_T^* = \sqrt{2DSH} \quad (7.11)$$

最优订货周期为

$$T^* = Q^* / D = \sqrt{2S / DH} \tag{7.12}$$

最优订货次数为

$$n^* = D / Q^* = \sqrt{DH / 2S} \tag{7.13}$$

2. 允许缺货的 EOQ 模型

物资储存过多要增加持有费用，过少则要发生缺货损失。如果因缺货而产生的缺货损失比增加储存的持有费用小的话，就需要降低储存量。因此，需要研究允许缺货情况下的经济批量问题。

假设当期发生的缺货将在下期到货时补上，即缺货回补。图 7.7 表示有缺货时库存随时间变化的模型。其中，T 为订货周期；t_1 为补足缺货到库存用完的时间；$T-t_1$ 为库存用完到再补充的时间，即缺货时间；Q_t 为补足缺货后的库存持有量，即最大库存量；Q_s 的绝对值为缺货量。

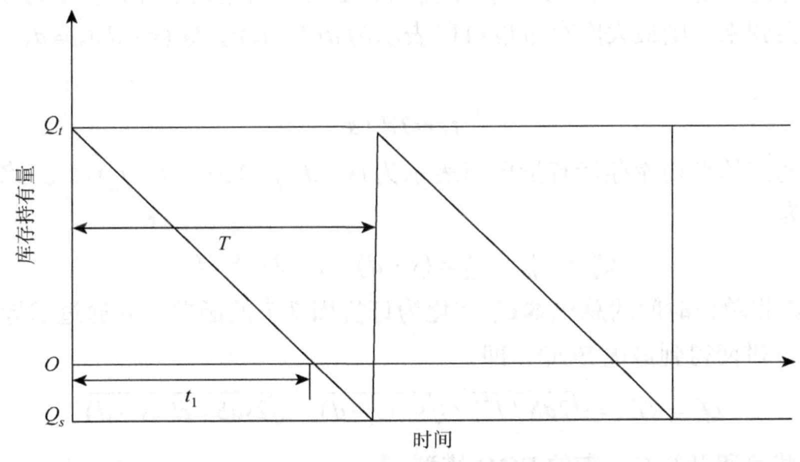

图 7.7 允许缺货时的库存随时间的变化

此时，单位时间的总成本为

$$C'_T = C'_H + C'_R + C'_Q = [Q_t H' t_1 / 2 + S + (Q - Q_t) K' (T - t_1) / 2] / T \tag{7.14}$$

其中，C'_H 为单位时间的库存持有成本；C'_R 为单位时间的订货成本；C'_Q 为单位时间的缺货成本；H' 为单位时间单位货物的库存持有成本；K' 为单位时间单位货物的缺货损失。

假设 d 为单位时间的需求量，即需求速率，则有 $Q = dT$，$t_1 = Q_t / d$。此时，可以将单位时间的总成本表示为 T 和 Q_t 的函数，并将企业的决策问题转化为确定单位时间的总成本最小时的订货周期 T 和最大库存量 Q_t 的优化问题。分别对其求偏导，并令偏导为零，建立微分方程组，可求解出最优订货周期 T^*，进而得到最优订货批量 Q^* 的表达式为

$$Q^* = dT^* = \sqrt{2dS / H'} \times \sqrt{(H' + K') / K'} = \sqrt{2dS(H' + K') / H'K'} \tag{7.15}$$

其中，$\sqrt{(H' + K') / K'}$ 为缺货因子。

3. 逐渐补充库存的 EOQ 模型

在某些情况下，所订货物不是在某一特定时间一次性到货，而是在一定时期内分批到货。此时，库存的补充是通过多次到货而逐渐实现的。例如，在杂货和服装零售行业中，库存是以连续补充（continuous replenishment，CR）的方式保持的。供应商得到的合同是在某一时期内连续有效的。在这一期间，他们从零售商的销售点系统或条码扫描器直接得到库存变化信息。当库存下降时，供应商按合约规定直接向零售点送货以保证其拥有最低库存量。类似的合约也应用于向医院和保健产业供应医疗用品，以及向生产企业供应原料及部件。

库存一方面被逐渐补充，另一方面又在逐渐被消耗，以满足企业的生产需求。只要库存供应速率 s 高于内部及外部用户的需求速率 d，库存的数量便会增加，直到达到最大库存量 $(s-d)t_2$，其中 t_2 为订购的货物不断到达的持续时间。这里没有考虑安全库存。当订购的货物全部到达后，供应停止，库存便会因满足需求而连续下降，直至为零，紧接着新一批货物将会到来。则最大库存量也可以表示为 $d(T-t_2)$。令 $(s-d)t_2 = d(T-t_2)$，可以得到

$$t_2 = Td / s \tag{7.16}$$

订货周期内的平均库存持有量可以表示为 $(s-d)t_2 / 2$ 或 $d(T-t_2) / 2$。此时，单位时间的总成本为

$$C'_T = C'_H + C'_R = (s-d)t_2 H' / 2 + S / T \tag{7.17}$$

我们可以将单位时间的总成本 C_T 转化为订货周期 T 的函数，并通过求导得到最优的订货周期 T^*，进而得到最优 EOQ，即

$$Q^* = dT^* = \sqrt{2dS / H'} \times \sqrt{s / (s-d)} = \sqrt{2sdS / H'(s-d)} \tag{7.18}$$

4. 有缺货且逐渐补充库存的 EOQ 模型

该模型是上述两个模型的结合。企业在库存水平下降到零时，并不马上补充货源，而是允许一段时间内的缺货。然后当缺货达到一定水平时，企业之前生产的或订购的货物开始到达。货物的到达速率大于需求率，因而企业库存在持续补充。但需要注意的是，到达的货物需要先被用来弥补缺货，然后才能成为库存。因此，只有当缺货被完全弥补之后，企业库存才会持续增加。当订购的货物完全到达后，达到最大库存量，此时库存将随需求的满足而下降，并再次出现缺货，直至下一批货物到达。

读者可自行建模、求解并证明。在该模型下，企业的最优 EOQ 为

$$Q^* = \sqrt{2dS / H'} \times \sqrt{(H' + K') / K'} \times \sqrt{s / (s-d)} = \sqrt{2sdS(H' + K') / H'K'(s-d)} \tag{7.19}$$

可以发现，该模型中的最优 EOQ 是在经典 EOQ 模型的基础上乘上了两种因子。它描述了更为广泛的情景，即允许缺货和连续补充库存。

7.4 面向总成本目标的库存管理技术

7.4.1 库存控制方法

1. ABC 分类法

ABC 分类法是从 ABC 曲线转化而来的一种管理方法。该方法是由意大利经济学家维尔弗雷多·帕累托首创的。1879 年，帕累托在研究个人收入的分布状态时，发现美国 80%的人只掌握了 20%的财产，而另外 20%的人却掌握了全国 80%的财产，而且很多事情都符合该规律。他将这一关系用图表示出来，就是著名的帕累托图。随着这种研究方法的改进，美国通用电气公司前董事长迪基认为上述原理也适用于库存控制。1951 年，管理学家戴克将其应用于库存管理，并将帕累托法则正式命名为 ABC 分类法。1963 年，德鲁克将这一方法推广到全部社会现象，使 ABC 分类法成为企业为提高效益普遍采用的管理方法。

ABC 分类法是一种对进出库频繁的商品重点管理的有效方法，可以被应用于商品库存成本分析与核算，对畅销与滞销商品的进出库和库存管理进行研究与计算。

ABC 分类法是运用数理统计的方法，对种类繁多的各种事物属性进行统计、排列和分类，将其划分为 A、B、C 三部分，分别给予重点、一般、次要等不同程度的相应管理。对应到库存管理中，ABC 分类法就是将库存物资按品种和占用资金的多少分为重要的 A 类、一般重要的 B 类和不重要的 C 类三个等级，针对不同等级分别进行管理和控制的一种方法。其具体分类方法为：A 类物资所占品种少但所占资金多；B 类物资占用的品种比 A 类物资多一些，占用的资金比 A 类物资少一些；C 类物资所占品种最多，所占资金最少。其具体含义如表 7.1 所示。

表 7.1 ABC 分类法

类别	品种数占全部品种的比例	价值占总价值的比例
A	5%～15%	60%～80%
B	20%～30%	20%～30%
C	60%～80%	5%～15%

实施 ABC 分类法时，应该遵循一定的原则。否则，不仅不会降低成本，还可能适得其反，给库存控制增添麻烦，主要原则如下。

（1）成本–效益原则：无论采用何种方法，只有在其付出的成本能够得到完全补偿的情况下才可以施行。

（2）最小最大原则：在追求 ABC 分类管理成本最小的同时，也要追求其效果的最优。

（3）适当原则：在施行 ABC 分类法进行比率划分时，要注意企业自身境况，对企业的存货划分 A 类、B 类、C 类，但是这种划分并没有一定的基准。

ABC 分类法的步骤主要包括以下三步。

（1）确定影响库存管理结果的物品的特征。

（2）根据已经确定的标准将物品分类。

（3）根据每一类物品的重要性，对其进行不同程度的管理。

第一步确定影响库存管理结果的物品的特征。特征的确定通常使用年资金使用量，但是也可能使用其他标准，如物品稀缺性、较长的补货提前期、较短的货架寿命或质量问题等。

第二步根据已经确定的标准将物品分类。首先，把各种库存物资的全年平均耗用量分别乘以它的单价，计算出各种物资的耗用总量及总金额；其次，按照各品种物资耗费金额的大小顺序重新排列，并分别计算出各种物资所占耗用总量和总金额的比重，填写 ABC 分类表，如表 7.2 所示；最后，把耗费金额适当分段，计算各段中各项物资的品种数占总品种数的百分比，分段累计耗费金额占总金额的百分比，根据一定标准将它们划分为 A、B、C 三类，并绘制 ABC 分析图，如图 7.8 所示。

表 7.2 ABC 分类表举例

物料名称	品种数量/个	占总品种百分数	累计品种百分数	库存金额/万元	占总库存金额百分数	库存金额累计百分数	分类
物料 1	4	4%	4%	40	40%	40%	A
物料 2	6	6%	10%	30	30%	70%	A
物料 3	8	8%	18%	10	10%	80%	B
物料 4	12	12%	30%	10	10%	90%	B
物料 5	10	10%	40%	4	4%	94%	C
物料 6	15	15%	55%	3	3%	97%	C
物料 7	20	20%	75%	2	2%	99%	C
物料 8	25	25%	100%	1	1%	100%	C

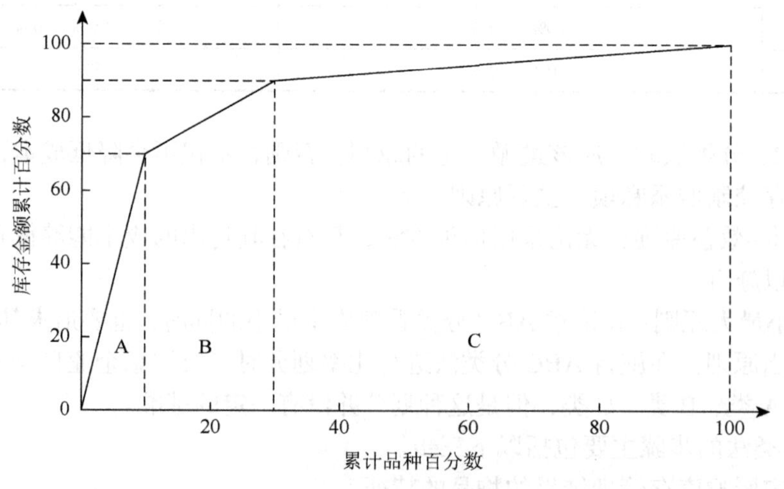

图 7.8 ABC 分析图

第三步根据每一类物品的重要性，对其进行不同程度的管理。用上述方法分出A、B、C类货物之后，应在库存管理中相应地采用不同的方法。A类货物尽管占总品种数量的比例很小，但该类货物占用了大部分金额，应该重点管理；对B类货物按照常规方法进行管理；对C类货物，则需要实行粗放式管理。

具体来说，对A类货物的管理应注意以下几点。

（1）采用更精确的库存控制模型及控制方法。

（2）缩短订货周期，减少货物出库的波动，使仓库的安全储备量降低。

（3）尽量保证A类货物按时交接货。

（4）合理增加采购次数，降低采购批量。

（5）提高货物的机动性，尽可能地把货物放在易于搬运的地方。

对B类货物应进行次重点管理。现场管理不必投入比A类更多的精力，库存检查和盘点的周期可以比A类更长一些。

由于C类货物数量大、价值低，因而对C类货物的管理可以采用以下方法。

（1）该类货物不列入日常管理的范围，不必经常盘点，那些很少使用的货物可以规定最少出库的数量，以减少处理次数。

（2）为防止库存缺货，可适当增加安全库存量，减少这类货物的订货次数以降低费用。

（3）给予最低的优先级次序。

2. CVA库存管理法

CVA库存管理法即关键因素分析（critical value analysis）法。CVA库存管理法比ABC分类法有更强的目的性。有时ABC分类法因为有太多的优先级较高的物品，以至于哪种物品都得不到重视。也有企业发现采用ABC分类法的结果并不令人满意，如C类物资往往得不到应有的重视。鞋类的经销商会把鞋带列为C类物资，但是如果鞋带短缺将会严重影响鞋的销售。一家汽车制造厂商会把螺丝列为C类物资，但缺少一个螺丝往往会导致整个生产链的停工。

CVA库存管理法的基本思想是把库存按照其关键性分为3～5类。

（1）最高优先级，这是A类存货中的关键物品，经营的关键性物资，不允许缺货。

（2）较高优先级，这是B类存货中经营活动的基础物资，允许偶尔缺货。

（3）中等优先级，这是C类存货中生产经营中比较重要的物资，允许在合理范围内缺货。

（4）较低优先级，经营中需要这些物资，但可替代性高，允许缺货。

CVA库存管理法比ABC分类法有着更强的针对性。实际工作中，可以把两种方法结合使用，效果会更好。

7.4.2 供应链中的库存管理

长期以来，库存是由库存拥有者管理的，即库存的拥有与控制是由同一组织完成的。因此，供应链上的库存各自为政。供应链中的每一个部门都是各自管理自己的库存，零售商、批发商、供应商都有自己的库存控制策略。但是，库存控制策略的不同会不可避免地产生需求扭曲的现象，从而出现牛鞭效应，无法使供应商快速地响应用户的需求。在供应链管理环境下，供应链上各个环节的活动应该是同步进行的，而传统的库存控制方法无法满足这一要求。

1. VMI

近年来，出现了一种新的供应链库存管理模式——VMI。这种库存管理模式打破了传统的各自为政的库存管理模式，体现了供应链的集成化管理思想。VMI 能够适应市场变化，是一种新兴的、有代表性的库存管理思想。

VMI 是指在供应链环境下，由供应链上的制造商、批发商等上游企业对众多分销商、零售商等下游企业的流通库存进行统一管理和控制的一种新型管理方式。其主要思想就是实施供应链一体化。在这种方式下，供应链的上游企业不再是被动地按照下游订单发货和补充订货，而是根据自己对众多下游经销商需求的整体把握，主动地安排一种更合理的发货方式，既能满足下游经销商的需求，又使自己的库存管理和补充订货策略更为合理，从而降低供应链上供需双方的成本，实现 VMI 下的双赢。

VMI 系统可分成以下两个模组。

（1）需求预测模组：可以产生准确的需求预测。

（2）配销计划模组：可根据实际客户订单、运送方式、客户满意度和成本进行配送。

需求预测最主要的目的就是协助供应商做库存管理决策。准确预测可让供应商明确了解应该销售何种商品、销售给谁、以何种价格销售、何时销售等。预测所需参考的要素包括：客户订货历史资料，即客户平时的订货资料，可以作为未来需求预测的资料；非客户历史资料，即市场情报，如促销活动资料等。

需求预测的程序一般包括以下三步。

（1）供应商收到用户最近的产品销售资料，然后进行需求历史分析。

（2）使用统计分析方法，以客户的平均历史需求、客户的需求动向、客户需求的周期做参考，产生最初的预测模式。

（3）使用统计工具模拟不同的条件，如促销活动、市场动向、广告、价格异动等，产生调整后的预测需求。

配销计划最主要的目的是有效地管理库存量。VMI 可以通过比较库存计划和实际库存量得知目前的库存量还能维持多久，并依据需求预测模组得到的需求、与用户约定的补货规则（如最小订购量、配送提前期、安全库存）、配送原则等制订补货计划。至于补货订单方面，VMI 可以自动产生最符合经济效益的建议配送策略（如运送量、运输工具的承载量）及配送时间。

在 VMI 系统中，核心企业既可以在供应链上游，也可以在供应链下游。而当其在下游时，它既可以是供应链的中间环节，也可以是供应链的末端。图 7.9 简要描述了 VMI 的运行结构，它包括一系列的物流相关计划，如需求计划、补库计划、采购计划、运输计划等。显然，对于不同的情况，VMI 的运行模式也是不相同的。

VMI 主要包括以下三种模式。

（1）供应商-制造商模式。

（2）供应商-零售商模式。

（3）核心企业-分销商模式。

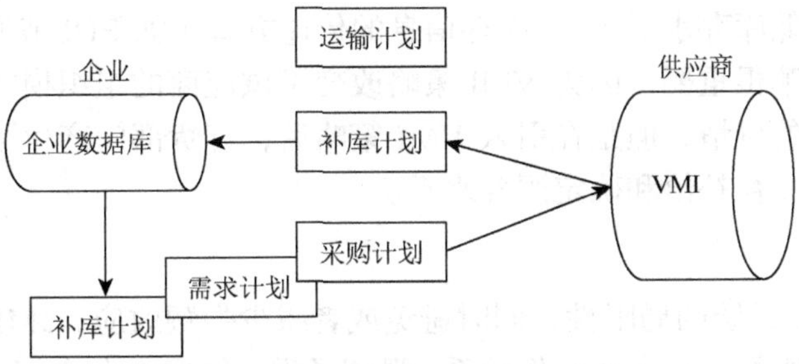

图 7.9　VMI 的运行结构

在供应商–制造商模式中，制造商除了作为核心企业以外，一般还有如下特点。

（1）生产规模大且稳定。制造商的生产一般比较稳定，即每天对零配件或原材料的需求量的变化不是很大。

（2）每次供货的数量比较小。一般是满足一天所需的零配件，有的甚至是几个小时。

（3）供货频率较高。有时甚至要求一天两到三次的供货频率。

（4）为了保持连续的生产，一般不允许发生缺货现象，即服务水平要求达到 99% 以上。

供应商–零售商模式指的是当零售商把销售等相关信息（通常是一个补货周期的数据）通过 EDI 技术传输给供应商后，供应商根据接收的信息来预测需求，然后将预测的信息输入物料需求计划（material requirement planning，MRP）系统，并根据现有的企业内的库存量和零售商仓库的库存量，生成补货订单，安排生产计划，进行生产并将生产出的成品经过库存、分拣、包装后，运送给零售商。

核心企业–分销商模式由核心企业充当 VMI 中的供应商角色。它的运作模式与前两种大致相同，即由核心企业收集各个分销商的销售信息并进行预测，然后按照预测结果对分销商的库存进行统一的管理与配送。由于这种模式下的供应商只有一个，所以不存在要在分销商附近建立仓库的问题。核心企业可以根据各个分销商的实际情况，统一安排对各个分销商的配送。

VMI 的实施主要包括以下内容。

（1）建立顾客情报信息系统。

（2）建立销售网络管理系统。

（3）建立供应商与分销商的合作框架协议。

（4）变革组织机构。

供应商要有效地管理销售库存，就必须要获得顾客的有关信息。通过建立顾客的信息库，供应商能够掌握需求变化的有关情况，把由分销商进行的需求预测与分析功能集成到供应商的系统中来。

供应商要很好地管理库存，就必须建立起完善的销售网络管理系统，保障产品需求信息和物流的畅通。为此，必须保证产品条码的可读性和唯一性；解决产品分类、编码的标准化问题；解决商品存储运输过程中的识别问题。

供应商还需要和分销商一起，通过协商确定处理订单的业务流程及控制库存的有关参数（如订货点、最低库存水平等）、库存信息的传递方式（如 EDI 或互联网）等。

组织机构的变革很重要，因为 VMI 策略改变了供应商的组织模式。过去一般由财务部处理与用户有关的事情，但是在引入 VMI 策略后，订货部门产生了新的职能，即负责用户库存的控制、库存补给和确定服务水平。

2. JMI

为了克服 VMI 系统的局限性，同时避免或者减少牛鞭效应，JMI 应运而生。JMI 体现了战略供应商联盟的新型企业合作关系，强调了供应链中企业之间的互利合作关系。适合实施 JMI 的核心企业是零售业及连锁经营企业中的地区分销中心（或在供应链上占据核心位置的大型企业）。

JMI，顾名思义，就是供应链上的各类企业（供应商、制造商、分销商等）共同进行库存的管理和控制，利益共享、风险同担。

JMI 旨在解决供应链系统中由于各节点企业库存的相互独立运作模式导致的需求放大现象，是提高供应链的同步化程度的一种有效方法。它强调供应链中的各个节点同时参与、共同制订库存计划，从而使供应过程中的每个库存管理者（供应商、制造商、分销商等）都从相互之间的协调性考虑，使供应链相邻的两个节点之间的库存管理者对需求的预期保持一致，从而消除需求放大现象。JMI 把供应链系统管理进一步集成为上游和下游两个协调管理中心，如图 7.10 所示，从而部分消除了由于供应链环节之间的不确定性和需求信息扭曲现象导致的供应链的库存波动。通过协调管理中心，供需双方共享需求信息，使供应链的运行更加稳定。

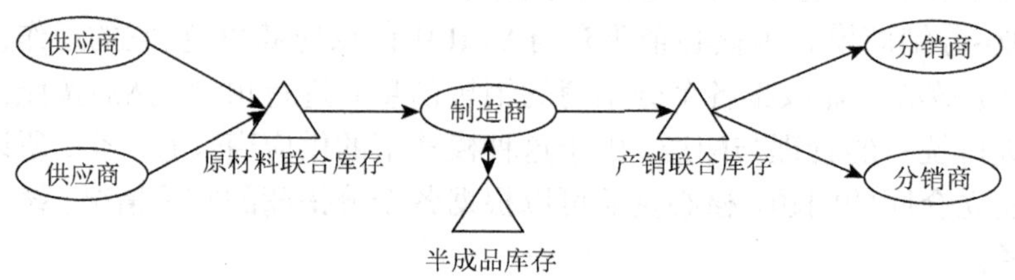

图 7.10　基于协调管理中心进行 JMI 的供应链结构

为了充分发挥 JMI 的优势，建立供需协调管理机制，供需双方应从充分合作的精神出发，明确各自的目标和责任，建立合作和沟通的渠道，为供应链的 JMI 机制提供条件。针对企业的供应链结构，在供应链管理中实施 JMI 的步骤主要包括以下几步。

（1）分析物料供应商的现状。例如，利用现存的关键表现指数对供应商进行评级。

（2）选取级别最高的若干个物料供应商，建立 JMI 模式。供需双方应本着互惠互利的原则，树立共同的合作目标。例如，采用 SWOT 分析（strength-weakness-opportunity-threat analysis）法，通过协商形成共同的目标。

（3）建立联合库存的协调控制方法。通过供需双方的固定部门，利用 EDI 技术可以建立一个共用的工作平台，将双方的库存信息和需求预测等实时共享。

（4）在供需双方的资源管理系统之间建立系统间的共享，增强供需双方的协调机制。

（5）定期召开供需双方见面会，就联合库存的协调问题、数据处理和共享的问题、双方工作流程等多方面进行面对面的交流，增进了解，促进合作。建立 JMI 协调机制以对需求变化做出快速响应，从而提升供应链各个节点企业的运行效率，降低库存成本，赢得竞争优势。

思 考 题

1. 请简述库存的作用及影响。
2. 请简述库存管理的目标。
3. 试结合现实案例，描述企业库存成本的构成。
4. 请比较四种订货策略的优劣势和适用范围。
5. 请简述安全库存的作用。
6. 针对本章所描述的四种 EOQ 模型，试推导出各模型下的最优 EOQ 和最优订货周期，并比较它们之间的差异与相似之处。
7. 请简述 ABC 分类法的实施步骤。
8. 请比较 VMI 和 JMI 的作用、实施模式与优劣势。

第8章 智慧物流

智慧物流通过全面助推供应链升级，深刻地影响着社会生产和流通方式，促进了产业结构调整和功能转换，推进了供应链结构改革，为物流业发展带来了新的机遇。随着技术的不断发展与成熟，智慧物流在提升物流效率、推动物流一体化的同时，也在减少物流业的总成本。

本章首先介绍智慧物流的基本内涵，包括基本概念、特征、发展历程与动因、功能和作用；其次详细说明智慧物流的相关技术体系及系统目标和组成，强调智慧物流系统的目标是实现物流系统的横向集成和纵向集成，达到物流系统的全局最优化和效益最大化，由此也给物流一体化带来了挑战；最后介绍智慧物流的典型应用——无人仓。希望读者能够深刻体会智慧物流在提升物流效率、减少物流总成本、推动物流一体化方面的重要作用。

引入案例：京东无人技术开启中国智慧物流新篇章

自2016年5月成立京东X事业部以来，从无人机配送试运营、物流机器人应用平台开放到京东无人机全国运营调度中心落成启用，京东不断地完善着智慧物流体系的布局。2017年6月18日，京东在技术驱动的大旗下，用“智慧”的方式保障了火热进行的京东“618”年中购物节，为用户提供了更好的购物体验。

在京东的武汉“亚洲一号”仓、华北物流基地等仓库中，在占地数千平方米、高达9米的15层货架上，货架穿梭车高速飞驰，马不停蹄地将货架上的货物取出；订单的分拣作业则由Delta拣选机器人或分拣型AGV机器人进行；智能叉车和搬运型AGV机器人则是仓库中头脑和肌肉兼备的大力士，正在“举重若轻”地配合着搬运商品……当人工智能与物流机器人相结合，存储效率得到了成倍的提升。目前装备了物流机器人的仓库的存储效率是传统的横梁货架的存储效率的5倍以上，并联机器人的拣选速度可达3600次/时，相当于传统仓储作业效率的5～6倍。

目前京东配送机器人已经开始在中国人民大学、清华大学、浙江大学及长安大学等多所高等学府日常运营，为高校师生送去他们在京东商城购买的各类商品。这些具备人工智能的配送机器人，具有自主规划路线、规避障碍的能力，可以自如地穿梭在高校的道路上。此外，京东还不断挖掘智慧物流机器人在商用领域的关联性需求，衍生发展出了京东植保无人机、巡检机器人等多种应用场景下的商用机器人机型。

京东智慧物流体系的加速落地进程，驱动着中国物流行业的一场技术革命。京东对技术实践性和场景适用性的重视，也率先将智慧物流体系的各个环节落到实处，为用户提供了更加智能、更加高效的服务，推动着中国甚至世界物流行业的智慧化脚步。

请结合案例思考以下问题。

（1）智慧物流的作用有哪些？

（2）智慧物流体系的特征是什么？

（3）我国智慧物流发展的特点是什么？

8.1 智慧物流概述

8.1.1 智慧物流的概念

“智慧物流”的概念源于“智慧地球”。2008 年 11 月，国际商业机器公司（International Business Machines Corporation，IBM）提出了“智慧地球”的概念，强调实体基础设施和信息基础设施不应该分开建设，而应形成统一的智能基础设施。

智慧物流自提出以来，就受到了专家和学者的高度关注，但目前企业界与学术界对智慧物流的概念并未达成共识。

中国物联网校企联盟认为，智慧物流是利用集成智能化技术，使物流系统能模仿人的智能，具有思维、感知、学习、推理判断和自行解决物流中某些问题的能力。

《中国智慧物流 2025 应用展望》中将智慧物流定义为：通过大数据、云计算、智能硬件等智慧化技术与手段，提高物流系统思维、感知、学习、分析决策和智能执行的能力，提升整个物流系统的智能化、自动化水平，从而推动中国物流的发展，降低社会物流成本、提高效率。

综合而言，智慧物流是指通过智能硬件、物联网、大数据等智慧化技术与手段，提高物流系统分析决策和智能执行的能力，并提升整个物流系统的智能化、自动化水平。

8.1.2 智慧物流的特征

1. 柔性化

柔性化本来是为实现“以顾客为中心”的理念而在生产领域提出的，即真正地根据消费者需求的变化来灵活地调节生产工艺。物流的发展也是如此，必须按照客户的需要提供高度可靠的、特殊的、额外的服务。如果没有智慧物流系统，柔性化的目的是不可能达到的。

2. 社会化

随着物流设施的国际化、物流技术的全球化和物流服务的全面化，物流活动不再局限于一个企业、一个地区或一个国家。为实现货物国际性的流动和交换，促进区域经济的发展和世界资源配置的优化，一个社会化的智慧物流体系正在逐渐形成。构建智慧物流体系对于降低商品的流通成本将起决定性的作用。智慧物流体系将会成为智能型社会发展的基础。

3. 一体化

智慧物流活动既包括企业内部生产过程中的全部物流活动，也包括企业与企业、企业与个人之间的全部物流活动。智慧物流的一体化是指智慧物流活动的整体化和系统化。它是以智慧物流管理为核心，将物流过程中的运输、存储、包装、装卸等诸多环节集合成一体化系统，以最低的成本向客户提供最令人满意的物流服务。

4. 智能化

智能化是物流发展的必然趋势，是智慧物流的典型特征。它贯穿于物流活动的全过程。随着人工智能技术、自动化技术、通信技术的发展，智慧物流的智能化程度将不断提高。智慧物流不再限于处理库存水平的确定、运输道路的选择、自动跟踪的控制、自动分拣的运行、物流配送中心的管理等问题，而是随着时代的发展不断地被赋予新的内容。

8.1.3 智慧物流的发展

智慧物流的发展经历了粗放型物流、系统化物流、电子化物流、智能物流和智慧物流等五个阶段。粗放型物流是现代物流的雏形，系统化物流是发展阶段，电子化物流是现代物流的成熟阶段，而现代物流未来的发展趋势是从智能物流向智慧物流发展。

1. 粗放型物流

粗放型物流发展的黄金时期是20世纪50年代至70年代。第二次世界大战后，世界经济迅速复苏，以美国为代表的发达资本主义国家进入了经济发展的黄金时期。以制造业为核心的经济发展模式给西方发达资本主义国家带来了大量的财富，刺激了消费的大规模增长。大量生产、大量消费成为这个时代的标志。由于经济的快速增长，市场需求旺盛，企业将重心放在生产上，而对流通领域中的物流关注度不高。

粗放型物流时期的特点是专业型的物流企业很少。大部分企业都是自成体系，没有行业协作和大物流的意识。盲目扩张的生产模式很快就维持不下去了，这迫使企业放弃原来的大规模生产消费型的经营模式，寻找更合适的物流经营模式，以降低成本。

2. 系统化物流

从20世纪70年代末到80年代初，世界经济出现了国际化趋势，物流行业也逐渐从分散、粗放式的管理阶段进入了系统管理的阶段。系统化物流得益于企业对物流行业的重要性的认识，以及新技术和新模式的出现。这一时期，企业已经把物流作为一门综合性的学科来看待，同时企业的经营决策和发展战略也开始注重物流的成本和效益。这一时期的物流行业关注削减库存以降低运营成本，并提出了物流总成本的概念。

系统化物流时期的特点是新技术和新模式的出现。企业对物流的理解从简单分散的运输、保管、库存管理等具体功能，上升到从原料采购至产品销售整个过程的统一管理，且更加关注物流成本和效益。

3. 电子化物流

从20世纪90年代中后期以来，以互联网在经济活动中的应用为主要表现形式的电子商务取得了快速的发展。在客户需求的拉动、技术进步的推动及物流产业自身发展需要的驱动等多方面力量的作用下，现代物流业迎来了一个新的发展阶段——电子化物流阶段。在这个阶段，信息技术开始为物流行业助力，并成为持续推动物流行业飞速发展的关键动力，最为典型的两项信息技术是20世纪70年代诞生的条码技术和20世纪80年代诞生的EDI。

电子化物流时期的特点主要包括三点：第一，电子化物流需要借助互联网来开展业务运作；第二，电子化物流体系以满足客户对物流服务的需求为导向，让客户通过互联网参与物流运作的过程，以更好地实现以客户为中心的物流服务发展目标；第三，电子化物流注重追求供应链整体的物流效果，供应链合作伙伴之间通过互联网建立起密切的业务联系，共同为提高供应链物流的效率和效益及降低物流运作的总体成本、减少物流运作的时间而努力。

4. 智能物流

21 世纪是智能化的世纪，随着智能技术的发展，物流也朝着智能化的方向发展。特别是智能标签、无线 RFID 技术、EDI、全球定位系统（global positioning system，GPS）、地理信息系统、智能交通系统等应用日益成熟，基于这些技术的各类智能物流应用相继出现，包括智能仓储物流管理、智能冷链物流管理、智能集装箱运输管理、智能危险品物流管理、智能电子商务物流等。智能物流日益为人们所了解。

5. 智慧物流

智慧物流概念的提出，顺应了历史潮流，也符合现代物流业的自动化、网络化、可视化、实时化、跟踪与智能控制的发展新趋势，对于企业、整个物流行业乃至整个国民经济的发展具有至关重要的意义。

中国经济正步入新常态，以经济结构优化和产业创新为核心驱动力，以提质增效为特征。在经济新常态中，政府从政策层面大力推动智慧物流，消费升级、市场变革倒逼智慧物流的创新发展，工业 4.0、中国智造、"互联网＋"等为传统生产与物流产业注入了"智慧基因"，新技术的发展为智慧物流创造了条件，这主要表现在以下三个方面。

第一，国家政策。国家高度重视智慧物流发展。2016 年 4 月，国务院办公厅发布《关于深入实施"互联网＋流通"行动计划的意见》，提出加快完善流通保障制度，组织开展道路货运无车承运人试点工作，健全流通法规标准体系，加快修订完善流通领域相关法律法规，推动线上线下规则统一，健全批发、零售、物流、生活服务、商务服务领域标准体系，加大标准贯彻实施力度，引导企业规范化发展；2017 年 7 月，国务院发布《新一代人工智能发展规划》，提出加快推进物流产业智能化升级要求，"加强智能化装卸搬运、分拣包装、加工配送等智能物流装备研发和推广应用，建设深度感知智能仓储系统，提升仓储运营管理水平和效率。完善智能物流公共信息平台和指挥系统、产品质量认证及追溯系统、智能配货调度体系等"；2020 年 8 月，国家发展和改革委员会等部门联合印发《推动物流业制造业深度融合创新发展实施方案》，鼓励制造业企业开展物流智能化改造，推广应用物流机器人、智能仓储、自动分拣等新型物流装备。

第二，技术进步。从 2015 年开始，大数据、物联网、云计算、机器人、增强现实/虚拟现实、区块链等新技术驱动物流技术朝模块化、自动化、信息化等方向持续、快速变化。这些新技术驱动物流变化的结果主要体现在三个方面：一是感应，使物流的整个场景数字化；二是互联，使整个供应链内的所有元素相互连接；三是智能，使供应链的相关决策更加自主、智能。

云计算和存储、预测性大数据分析等绝大多数新技术将逐渐进入生产成熟期，预计会广泛应用于仓储、运输、配送等各个物流环节，为推动中国智慧物流的全面实现和升级奠定基础。

第三，商业变化。传统的分工体系已经被打破，原来专业化的分工协作方式逐步被实时化、社会化、个性化取代。众包、众筹、分享成为新的社会分工协作方式，这使得物流信息资源、物流技术与设备资源、仓储设施资源、终端配送资源、物流人力资源等的共享成为现实，从而能在整个社会层面进行物流资源的优化配置、提高效率、降低成本。同时，技术进步也在改变着物流模式，如3D打印技术的推广应用将会催生出更多的B2C物流需求。

8.1.4 智慧物流的功能

1. 感知功能

感知功能是指运用各种先进技术获取运输、仓储、包装、装卸搬运、流通加工、配送、信息服务等各个环节的大量信息，实现实时数据的收集，使各方能准确掌握货物、车辆和仓库等的信息，初步实现感知智慧。

2. 规整功能

规整功能是把采集的信息通过网络传输到数据中心，进行数据归档，建立强大的数据库，并对各类数据按要求进行规整，实现数据的联系性、开放性及动态性，并通过对数据和流程的标准化处理，推进跨网络的系统整合，实现规整智慧。

3. 智能分析功能

智能分析功能是指运用智能模拟器模型等手段分析物流问题。根据问题提出假设，并在实践过程中不断地验证问题、发现新问题，做到理论与实践相结合。在运行中，系统会自行调用原有的经验数据，随时发现物流作业活动中的漏洞或者薄弱环节，从而实现发现智慧。

4. 优化决策功能

优化决策功能是指结合特定需要，进行预测分析，协同制定决策，提出最合理、有效的解决方案，使做出的决策更加准确、科学，从而实现创新智慧。

5. 系统支持功能

系统支持功能是指智慧物流并不是各个环节相互独立、毫不相关的物流系统，而是每个环节都能相互联系、互通有无、共享数据、优化资源配置的系统，能够为物流的各个环节提供最强大的系统支持，从而使得各环节协作、协调、协同。

8.1.5 智慧物流的作用

1. 降低物流成本，提高企业利润

智慧物流能大大降低制造业、物流业等各行业的成本，显著提升企业的利润。智慧物流的应用能有效实现物流的智能调度管理，整合物流核心业务流程，加强物流合理化措施，从而降低物流成本，减少流通费用，增加利润。

2. 加速物流产业的发展，成为物流业的信息技术支撑

智慧物流的建设，将加速当地物流产业的发展，打破行业限制，实现集约化高效经营，优化社会物流资源配置。同时，将物流企业整合在一起，对过去分散于多处的物流资源进行集中处理，可以发挥整体优势和规模优势，实现传统物流企业的现代化、专业化和互补性。此外，物流企业还可共享基础设施、配套服务和信息，以降低运营成本和费用支出，获得规模效益。

3. 为企业生产、采购和销售系统的智能融合打下基础

随着 RFID 与传感器网络的普及，物与物的互联互通将为企业的物流系统、生产系统、采购系统与销售系统的智能融合打下基础，而网络的融合必将产生智慧生产与智慧供应链的融合。

4. 使消费者节约成本，轻松、放心地购物

智慧物流通过提供货物源头的自助查询和跟踪等多种服务，尤其是对食品类货物的源头查询，能够让消费者买得放心、吃得放心，从而增强消费者的购买信心，促进消费。

5. 提高政府部门的工作效率

智慧物流可全方位、全程监管商品的生产、运输、销售，在大大节省了相关政府部门的工作压力的同时，使监管更彻底、更透明。通过计算机和网络的应用，政府部门的工作效率将大大提高。

8.2 智慧物流技术

8.2.1 智慧物流技术架构

智慧物流技术架构包括四层，如图 8.1 所示。

1. 感知层

感知层是智慧物流系统实现对货物、运行环境、物流设施设备的感知的基础，是智慧物流的起点。具体而言，其可划分为：①物流识别、追溯感知层；②物流定位、跟踪感知层；③物流监控、控制感知层。

物流识别、追溯感知层主要解决货物信息的数字化管理问题。在传统方式下，企业多采用单据、凭证等载体，手工记录、电话沟通、人工计算、邮寄或传真等方法，对物流信息进行采集、记录、处理、传递和反馈。这极易出现差错、信息滞后，使得管理者难以对物资流动过程中的各个环节进行统筹协调，不能系统控制，更无法实现系统优化和实时控制，从而造成效率低下和人力、运力、资金、场地的大量浪费。在智慧物流环境下，企业借助条码、RFID、区块链等技术可以快速地对货物进行识别和追溯。

物流定位、跟踪感知层主要解决货物运输过程的透明化问题。现代物流对货物位置感知的需求越来越强烈，只有知道物资的确切位置才能进行更加有效的物流调度。目前，定位感知技术根据定位需求和应用场景划分为室外定位和室内定位。GPS 是室外定位技术的典型代表，已经在物流领域得到了有效应用。我国目前也在积极发展自己的卫星定位系统，随着北斗二代卫星的不断升空，北斗定位的精度也在不断提高，应用的领域也在不断拓宽，它必将成为我国物流室外定位的首选技术。室内定位技术是指以 Wi-Fi（无线通信技术）为代表的无线定位技术。卫星定位技术会因建筑物对其信号的干扰发生阻断，无法对室内物体进行准确定位，因此，Wi-Fi 定位、超宽带（ultra

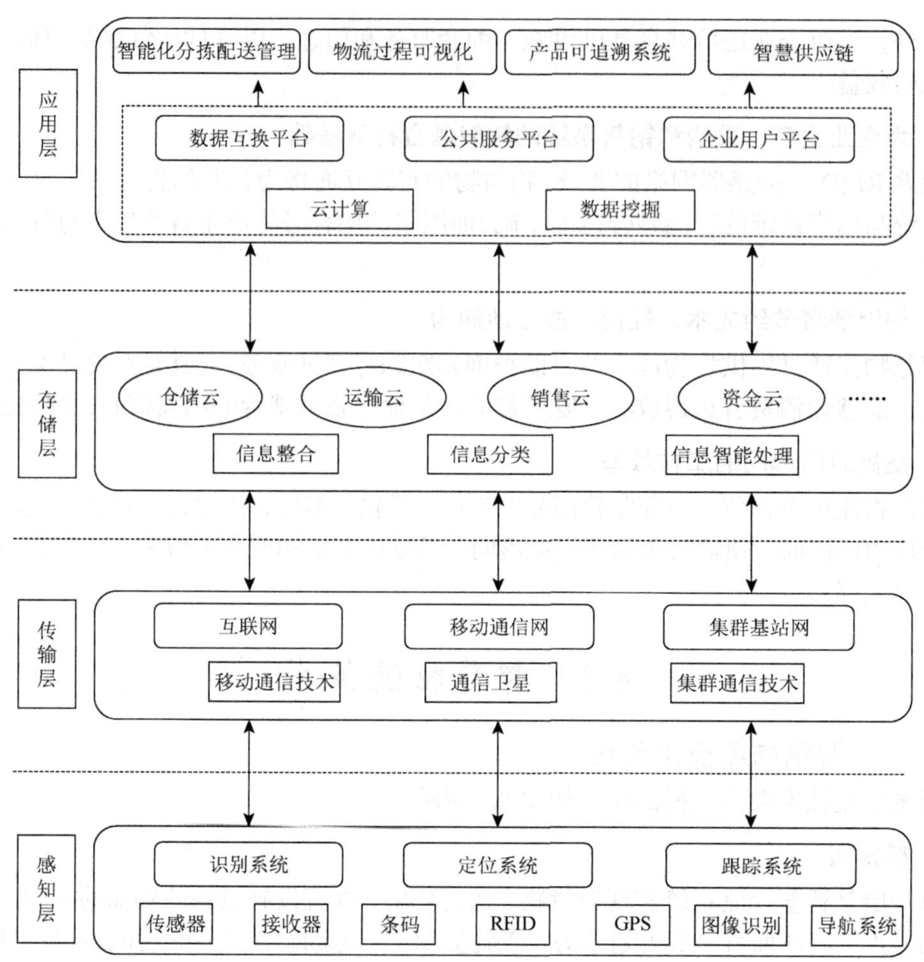

图 8.1 智慧物流技术架构

wide band，UWB）定位、RFID 定位等室内定位技术已经成为目前弥补卫星定位技术功能缺陷的有效手段。

物流监控、控制感知层为智慧物流过程中的安全提供了有效的支撑手段，是物流监控信息化的重要组成部分。企业通过获取物流过程的实时视频、实时数据交换，及时、有效地采集信息，并结合物流视频监控、报警设备的使用，实时掌握物流运行状况，及时发现问题、解决问题，从而实现对物流过程的无缝监管。

2. 传输层

智慧物流传输层通过通信网络进行信息传输。通信网络由各种私有网络、互联网、有线和无线通信网等组成，负责将感知层获取的信息安全、可靠地传输到应用层，然后根据不同的应用需求进行信息处理。

智慧物流传输层包含接入网和传输网，分别实现接入功能和传输功能。传输网由公网与专网组成，包括电信网、广电网、互联网、专用网等。接入网包括光纤接入、无线接入、以太网接入、卫星接入等各类接入方式。

在智慧物流作业过程中，既有大范围的物流运输与调度，也有以仓储系统与拣选系统为主的智慧物流中心的物流系统作业与运筹。智慧物流传输层需要综合已有的全部网络形式来构建更加广泛的互联。每种网络都有自己的特点和应用场景，互相组合才能发挥最大的作用，因此在实际应用中，信息往往以任何一种网络或几种网络组合的形式进行传输。

同时，随着智慧物流的不断发展，传输层承担着巨大的数据量，并且面临着更高的服务质量要求，因此需要对现有网络进行融合和扩展，利用新技术实现更加广泛和高效的互联功能。目前，在智慧物流中，使用比较广泛的通信和网络技术主要有 4G、第 6 版互联网协议（internet protocol version 6，IPv6）、车联网、Wi-Fi 和全球微波接入互操作性（world interoperability for microwave access，WiMAX）、蓝牙、蜂舞协议（ZigBee）等。

3. 存储层

存储层在应用层和传输层之间，对感知层获取的信息进行处理和管理，通过对信息进行智能处理，可为各类对象（客户、管理人员、司机等）提供信息服务，如仓储云、运输云、资金云等。

4. 应用层

应用层是智慧物流的应用系统，借助物联网感知技术，感知前端的物流运行状态，在应用层执行物流操作或产生决策指令。根据物流作业层次，应用层可划分为：①决策层；②管理层；③执行层。

决策层面向物流高层决策人员，主要是以物流系统为应用背景，对物流系统进行智能化的整合，为物流决策者提供有力的支持。

管理层由物流管理信息系统组成，主要是针对具体的物流活动进行管理和控制，如 WMS、分拣管理系统、运输管理系统等。管理层具有承上启下的作用。该层通过应用流程集成平台与上层决策管理系统进行集成，通过数据集成平台与各种物流设备控制器进行数据交换，从而对具体的物流活动进行管理和控制。

执行层由物流执行系统组成，主要是通过传输层与物流感知设备进行数据接收和控制。该层通过数据组成平台接收来自物流管理层的调度控制指令，并及时反馈物流设备的指令执行情况和设备故障信息。在物流设备的支持下，执行层通过控制总线连接各种物流设备控制器，提供与物流设备集成的基础界面。一些物流设备可以通过专有的或标准的设备总线同设备控制器进行连接。

基于智慧物流技术架构，可以看到智慧物流过程中应用了各类技术，一般可将其分为感知与识别技术、通信与网络技术及数据处理与计算技术。

8.2.2 智慧物流感知与识别技术

智慧物流领域常用的感知技术主要包括条码技术、RFID 技术、传感器技术、跟踪定位技术等。

1. 条码技术

条码是一组黑白相间、粗细不同的条状符号，它隐含着数字信息、字母信息、标志信息、符号信息等，能够用特定的设备识读，并将其转换成计算机能够识别的二进制和十进制信息。条码可分为一维条码和二维条码，一维条码仅在横向上包含信息；而二维条码除了横向上条码的粗细及黑白颜色有意义外，上下的条高也有意义。与一维条码相比，由于二维条码上下左右的线条皆有意义，故其可存储的信息量比较大。

条码起源于20世纪40年代，应用于70年代，普及于80年代。条码技术的主要特点是快速、准确、成本低、可靠性高、误码率小，首读率可达98%，并且适应性强、应用领域广、推广普及方便。条码技术打破了计算机应用中数据信息采集的瓶颈，提高了数据信息获取和传输的速度及准确性，是信息管理系统和管理自动化系统的基础。条码技术有机地联系了各行各业的信息系统，使信息流可以同步于实物流，有效地提高了供应链管理的效率，是实现电子商务、物流管理现代化等的必要前提。

2. RFID技术

RFID技术，是利用射频信号及空间耦合和传输特性进行非接触双向通信，可以实现数据交换，以及对静止或移动物体的自动识别。20世纪90年代，RFID技术开始应用于物品跟踪等民用领域。RFID技术具有识读距离远、识读速度快、不受环境限制、可读写性好、可同时识读多个物品等优点。随着RFID技术的不断进步和成本的不断降低，其开始进入物流、供应链管理领域。目前，RFID在汽车或火车等交通监控、高速公路自动收费系统、仓储管理、安全检查、车辆防盗等方面得到了广泛应用。

RFID可以用来追踪和管理几乎所有的物理对象。采用RFID最大的好处是可以对物流进行高效管理，有效降低成本。因此对于物流管理应用而言，RFID是一项非常适合的技术。

智慧物流可以通过RFID技术实现物资从仓储到使用者的全程管理。任何商品在生产后，都存在着商品的自身信息，这些信息可以以条码和RFID电子标签的方式存储。在物资的流通过程中，可以通过扫描枪或RFID阅读器等方式读取这些信息，通过对物资流通中的信息的获取，可以完全跟踪物资的位置，直接使物资流通到最终使用者手中。

随着RFID技术的不断成熟及其使用成本日益降低，它必将代替条码技术，真正让万物都具有唯一的身份标识，让万物可以真正联网，使现代物流真正成为智慧物流。

3. 传感器技术

传感器是读取信息的主要途径与手段。在工业领域和国防领域，高度自动化装置、控制系统、工厂和设备都离不开传感器。从工业自动化中的柔性制造系统、计算机组成制造系统、几十万千瓦的大型发电机组、连续生产的轧钢生产线、无人驾驶汽车、多功能武器指挥系统，到宇宙飞船或星际、海洋探测器等，无不装置着数以千计的传感器。

现在使用的传感器一般是无线传感器，和传统的传感器不同，无线传感器的节点不仅包括了传感器部件，还集成了微型处理器和无线通信芯片等，能够对感知的信息进行分析处理和网络传输。

传感器技术是智慧物流发展的基础技术之一，是实现智能化管理的关键。如今，传感器技术已经在物流的各个环节实现了广泛应用。就仓储作业来说，自动化仓储系统的应用正不断增加，而其依靠的核心技术之一便是传感器技术。除此之外，传感器技术在输送、分拣环节更是不可或缺，如采用光电传感技术或者光幕传感技术扫描输送线上的物品进行信息读取、检测及复核已得到了广泛应用。

4. 跟踪定位技术

跟踪定位技术是对物品进行准确定位并对其位置状况进行监控的技术。随着科技的进步，现代物流对定位服务的要求越来越高。提到定位技术，我们最先想到的是卫星定位技术，它已经在户外环境的定位中得到了广泛应用。然而，由于混凝土等障碍物对电磁波的阻挡，它在室内环境中完全失效。随着无线通信技术的发展，新兴的无线定位技术逐渐弥补了这一不足。目前跟踪定位技术包含了卫星定位技术、红外线室内定位技术、超声波定位技术、RFID 定位技术、超宽带定位技术、Wi-Fi 定位技术等。

卫星定位技术利用人造地球卫星进行点位测量，具有全球性、全能性、全天候等特点。卫星定位技术应用于物流过程，能有效实现四个方面的物流功能：物流实时监控功能、双向通信功能、动态调度功能、数据存储和分析功能。

红外线室内定位技术的定位原理是，红外线标识发射调制的红外射线，通过安装在室内的光学传感器接收后对携带标识的物体进行定位。红外线仅能视距传播，且传输距离较短。所以红外线室内定位的效果很差，只适合短距离传播，且容易被荧光灯或者房间内的灯光干扰，在精确定位上有局限性。

超声波定位技术主要采用反射式测距法，通过三角定位等算法确定物体的位置，即发射超声波并接收由被测物产生的回波，根据回波与发射波的时间差计算待测距离。超声波定位系统可由若干个应答器和一个主测距器组成，主测距器放置在被测物体上，在微机指令信号的作用下向位置固定的应答器发射同频率的无线电信号，应答器收到无线电信号后同时向主测距器发射超声波信号，从而得到主测距器与各个应答器之间的距离。当同时有三个或三个以上不在同一直线上的应答器做出回应时，就可以根据相关计算确定被测物体在二维坐标下的位置。超声波定位技术的整体定位精度较高，结构简单，但超声波受多径效应和非视距传输的影响很大，同时需要大量的底层硬件设施投资，成本很高。

RFID 定位技术利用射频方式进行非接触式双向通信交换数据以达到识别和定位的目的。这种技术作用距离短，一般最远为几十米，但它可在几毫秒内得到厘米级定位精度的信息，且传输范围很大，成本较低。同时由于其具有非接触和非视距等优点，有望成为优选的室内定位技术。RFID 标识的体积比较小，造价比较低，但是作用距离近，不具有通信能力，而且不便于整合到其他系统中。

超宽带定位技术通过发送和接收纳秒级以下的极窄脉冲来传输数据，从而具有千兆赫兹（GHz）量级的带宽，具有穿透能力强、功耗低、抗多径效果好、安全性高、系统复杂度低、定位精度高等优点。因此，超宽带定位技术可以用于室内静止或者移动物体及人的定位跟踪与导航，且能提供十分精确的定位精度。

Wi-Fi 定位技术可以实现复杂的大范围定位、监测和追踪，总精度比较高，但是用于室内定位的精度只能达到 2 米左右，无法做到精准定位。Wi-Fi 路由器和移动终端的普及，使得定位系统可以与其他客户共享网络，硬件成本很低。

不管是卫星定位技术，还是利用无线传感网或其他定位手段进行的定位都有其局限性。未来室内定位技术的发展趋势是将卫星定位技术与无线定位技术相结合，发挥各自的优点，既可以提供较好的精度和响应速度，又可以覆盖较广的范围，从而实现无缝、精确定位。

8.2.3 智慧物流通信与网络技术

智慧物流感知技术实现了信息的自动采集。随着信息技术的发展，人们对网络通信的要求不断提高，传统数字化设备的有线连接已不能满足其需求。发展无线通信技术将人们从有线连接的束缚中解放出来，已经成为一种必然趋势。诸多新技术得到了广泛的应用，如红外线数据通信、蓝牙、Wi-Fi、WiMAX、超宽带、近场通信（near field communication，NFC）、RFID、ZigBee 等。

由于近距离无线通信的应用非常多样化且要求各不相同，所以多种标准和技术并存的现象会长期存在。例如，需要宽带传输的视频、高速数据可以采用超宽带技术；对速率要求不高的，但对功耗、成本等有较高要求的无线传输可以采用 ZigBee 及相似的技术；对于非常近距离的标签无线识别应用，则可采用 NFC、RFID 等技术。

8.2.4 智慧物流数据处理与计算技术

没有数据处理与计算技术，智慧物流将不能称为智慧物流，在智慧物流领域应用的数据处理与计算技术主要包括大数据技术、云计算技术、智能控制技术、数据挖掘技术和视频分析技术等。

1. 大数据技术

大数据指的是一种规模大到在获取、存储、管理、分析方面大大超出了传统数据库软件工具能力范围的数据集合，具有海量的数据规模、快速的数据流转、多样的数据类型和价值密度低等特征。

大数据技术在物流管理中的应用主要表现在物流决策、物流企业的行政管理、物流客户管理和物流智能预警等方面。

例如，在物流决策中，大数据技术的应用涉及竞争环境的分析与决策、物流供给与需求匹配、物流资源的配置与优化等。在竞争环境的分析与决策中，为了达到利益的最大化，需要与合适的物流或电商等企业合作，对竞争对手进行全面的分析，预测其行为和动向，从而确定在某个区域或在某个特殊时期内应该选择的合作伙伴。在物流供给与需求匹配方面，需要分析特定时期、特定区域的物流供给与需求的情况，从而进行合理的配送管理。在物流资源的配置与优化方面，主要涉及运输资源、存储资源等。物流市场有很强的动态性和随机性，需要实时分析市场的变化情况，从海量的数据中提取当前的物流需求信息，同时对已配置和将要配置的资源进行优化，从而实现对物流资源的合理利用。

2. 云计算技术

在互联网时代，随着信息与数据的快速增长，有大规模、海量的数据需要处理。为了节省成本和实现系统的可扩展性，云计算的概念应运而生。

云计算是通过网络“云”将巨大的数据计算处理程序分解成无数个小程序，然后，通过多部服务器组成的系统处理和分析这些小程序，得到结果后将其返回给用户。云计算具有超大规模、虚拟化、可靠安全等特点。云计算的核心是服务。可以说，云计算是智慧物流应用发展的基石。原因有两个：一是云计算具有超强的数据处理和存储能力；二是智慧物流系统中无处不在的数据采集需要大范围的支持平台以满足其规模需要。

3. 智能控制技术

随着科技的进步，人们对大规模、不确定、复杂的系统的控制要求也不断提高，智能控制在这种背景下应运而生。智能控制是自动控制发展的最高阶段。

智能控制主要包含模糊控制、专家系统、神经网络和遗传算法等内容。模糊控制是应用模糊集合理论，从行为上模拟人的模糊推理和决策过程的一种实用方法，其核心为模糊推理，主要依赖于模糊规则和模糊变量的隶属度函数。专家系统是利用专家知识对专门的或困难的问题进行描述的控制系统。专家系统的实际应用相对还是比较少的。遗传算法是一种基于生物进化模拟的启发式智能算法，具有并行计算、快速寻找全局最优解等特点，它可以和其他技术混合使用，用于智能控制的参数、结构或环境的最优控制。神经网络是模拟人脑的思维方式，利用大量的神经元，按一定的拓扑结构进行学习和调整的自适应控制方法。它能表示出丰富的特性，具体包括并行计算、分布存储、可变结构、高度容错、非线性运算、自我组织、学习或自学习。神经网络在智能控制的参数、结构或环境的自适应、自组织、自学习等控制方面具有独特的能力。

智能控制技术在物流管理的优化、预测、决策支持、建模与仿真、全球化物流管理等方面的应用，使物流企业的决策更加准确和科学。

4. 数据挖掘技术

数据挖掘是指从数据集合中自动抽取隐藏在数据中的那些有用信息的过程。这些有用的信息的表现形式为规则、概念、规律及模式等，它们可以帮助决策者分析历史数据和当前数据，并从中发现隐藏的关系和模式，进而预测未来可能发生的行为。

数据挖掘是对数据库中的大量数据进行抽取、转换、分析和其他模型化处理，并从中提取辅助决策的关键性数据。数据挖掘的过程可以分为数据准备、数据挖掘及结果评价和表达等三个主要阶段。数据挖掘技术主要包括统计方法、关联规则、聚类分析、决策树方法、神经网络、遗传算法、支持向量机等。数据挖掘技术在物流决策、仓储管理、运输管理、配送管理等场景中均有比较广泛的应用，它对于提高现代物流的智慧化水平有着重要作用。

5. 视频分析技术

视频分析技术就是使用计算机图像视觉分析技术，通过将场景中的背景和目标分离，对视频进行分析并跟踪在摄像机场景内出现的目标。用户可以根据视频内容进行分析，在不同摄像机的场景中预设不同的报警规则，一旦目标场景中出现了违反预定义规则的行为，系统立即自动报警。智能视频分析软件能够对视频图像信息进行智能化、自动化的处理，使系统具有针对视频图像的智能分析、自动锁定跟踪、自动预警、自动告密、自动录像、自动上传等功能，具有智能性、可靠性、易集成等特点。视频分析技术在货物追踪、仓库安防、智能停车管理等方面具有广泛的应用。

8.3 智慧物流系统

8.3.1 智慧物流系统及组成

智慧物流系统是以智慧运输系统和相关信息技术为基础，在集成环境下进行物流作业信息采集、传输、分析和处理，提供高效物流运作和全面信息服务的现代物流系统。

智慧物流系统一般由智慧决策系统、信息传输系统和智慧执行系统组成。

1. 智慧决策系统

智慧决策系统基于信息分析处理功能提供有效的物流解决方案。大数据是智慧决策系统的资源；云计算是智慧决策系统的引擎；人工智能是智慧决策系统的核心。物流企业都开始重视物流数据的收集、分析与应用。基于大数据预测的前置分仓技术缓解了“双 11”等物流高峰阶段的物流配送压力。基于数据分析的物流全程优化运筹为企业的物流发展插上了翅膀。但真正能够做到自主决策，实现软件定义物流的系统还很少见。目前我国智慧物流的智慧决策系统正在从数字化向程控化（软件程序主导物流系统）演进，未来的演进方向是智能化。

2. 信息传输系统

信息传输系统是物流系统的神经网络。其中物联网是信息感知的起点，也是信息从物理世界向信息世界传输的末端神经网络；“互联网 +”是信息传输的基础网络，是物流信息传输与处理的虚拟网络空间。在智慧物流信息传输系统方面，随着物联网技术的广泛应用，以条码为基础的自动识别技术、卫星导航追踪定位技术、RFID 技术、传感器技术得到了普遍应用，互联网开始延伸到实体网络阶段，推动了物流业务流程的透明化。目前，信息传输系统正处于物联网技术逐步普及、物流末端神经网络初步形成的阶段，需要进一步向全面深化网络链接与信息融合的信息物理系统方向演进，以实现信息联网、物品联网、设备联网、计算联网、控制联网，从而全面进入互联互通与虚实一体的阶段。

3. 智慧执行系统

智慧执行系统是物理世界中智慧物流具体运作的体现，呈现的是自动化、无人化的自主作业，其核心是智能硬件设备在仓储、运输、配送、包装、装卸搬运等领域的全面应用。在智慧执行系统方面，物流自动化技术获得了快速发展，配送终端的智能货柜、无人机、机器人技术开始进入应用阶段；自动驾驶卡车、地下智能物流配送系统等技术成为关注热点。目前，智慧执行系统正在从机械化、自动化向智能硬件全面发展演进，演进方向是系统和平台即智能硬件组网应用，以实现执行系统全面无人化与智能化。

8.3.2 智慧物流系统的目标

智慧物流系统的目标是实现物流系统的横向和纵向两个方向的集成，达到物流系统的全局最优化和效益最大化。

1. 横向集成

横向集成又称为水平集成，即企业内部各部门或智慧物流系统中同级企业之间对于各日常运作系统的集成，是对同一类资源、同类型业务体系进行识别、选择、运作、协调，主要强调优势资源在内沿横向汇总提升，具体体现在以下两个层次。

第一个层次是在智慧物流系统的企业内部，表现为生产制造商、经营贸易商、物流服务商内部的并行工程、准时生产、准时采购和物流作业协同等。各企业通过对自身内部各部门间的业务关系进行协调，对同类资源进行协调、整合，在部门之间建立密切的工作联系。

第二个层次是在智慧物流系统的企业之间，表现为加盟企业在合作的基础上共享物流优势资源，形成“强强联合，优势互补”的战略联盟，构建利益共同体去参与市场竞争。

2. 纵向集成

智慧物流系统的纵向集成主要是指以平台为核心，对加盟企业的市场供应能力、生产制造计划、物流服务能力等进行平衡。这种集成方式能够将平台的服务能力及上游企业的供应能力和意愿反映到下游企业的需求意愿中。其目的在于保持企业间的协调同步，从而达到整体产业的高效率、高效益。从智慧物流系统集成的深度和广度来看，纵向集成可分为三个级别：①信息流集成；②业务集成；③全面的物流服务链集成。

物流服务链主要由商流、物流、信息流和资金流共同驱动。物流服务链的集成以这四部分资源作为组成源头，是必要且可行的。其中最为重要的是信息流集成。智慧物流系统的信息流集成是指运用现代信息技术、数据库技术、多媒体技术、系统集成技术等开发智慧物流信息管理软件，以实现对整个系统各方面信息的收集、整合、分析和处理，对产品服务中各项业务进行预测和辅助决策，对中间服务环节进行实时监督和控制，从而降低整体管理成本，提高管理效率。

智慧物流系统中的业务集成主要体现为以智慧物流信息服务平台为途径完成企业间的协同计划。协同计划是物流服务链上的成员企业针对生产计划、市场需求和作业联动所采取的联合设计和执行计划，主要包括生产计划、库存计划、分销计划、运输计划、销售计划、需求计划、产业链网络设计和战略计划等。协同计划的实现方式包括同步的产品设计和试制，以及大规模定制化生产。

物流服务链纵向集成按照延伸方向主要分为前向集成和后向集成。前向集成是指企业拥有或控制供应商，大多数情况下出现于生产制造企业中，即从基本原材料的采购到生产加工，从零部件的生产到组装均由自身企业完成，或由自身合资或持股或外包的企业完成。后向集成是企业可控制自己的客户，多出现于包装回收等延伸服务中。

综合来看，全面的物流服务链集成是尽可能地在部分集成的基础上结合前向集成和后向集成，真正对整个物流服务中涉及的企业优势资源进行整合，充分发挥智慧物流系统信息互通、资源共享、计划同步、技术互补的优势，最大限度利用物流服务中所涉及的资金、人力、物力、技术等各类资源，营造一个良好集成的物流服务环境，为平台上的加盟企业提供一个全新的商业运作模式，以全新的、更有效的方式追求企业的目标。

8.4 智慧物流应用——无人仓

8.4.1 无人仓的概念

无人仓指的是货物从入库、上架、拣选、补货，到包装、检验、出库等物流作业流程全部实现无人化操作，是高度自动化、智能化的仓库。

从市场需求来看，随着以智能制造为代表的制造业物流的发展，以及电商行业海量订单处理对更高效率的自动化系统的需求越来越大，要求越来越高，传统的物流系统已经无法满足需要；另外，随着土地成本及人工成本的不断上涨，机器换人、空间换地成为趋势，仓库无人化成为必然趋势。

从物流技术本身的发展来看，仓储系统自动化、信息化、智能化程度的不断提高，使得物流作业人员的劳动强度大幅降低，甚至替代人工实现了更加准确、高效的作业，因此其作业效率、准确性的优势不断凸显。同时，以设备大量替代人工，使得物流作业的成本大幅降低。并且随着无人仓技术越来越成熟，应用越来越广泛，其成本也将得到有效降低，投资回报率不断提高。

智能制造，特别是电商企业的需求直接推动了无人仓技术的发展升级，无人仓是市场需求和物流技术发展双重作用的结果，是供需双方联合创新的典范。

8.4.2 无人仓的技术标准

2018 年，京东物流首席规划师、无人仓项目负责人章根云认为，无人仓的标准须从作业无人化、运营数字化和决策智能化三个层面去理解。

1. 作业无人化

无人仓使用了自动立体式存储、3D 视觉识别、自动包装、人工智能、物联网等各种前沿技术，兼容并蓄，实现了各种设备、机器、系统之间的高效协同。

2. 运营数字化

在运营数字化方面，无人仓需要具备自感知等能力。在运营过程中，与面单、包装物、条码有关的数据信息要靠系统采集和感知，出现异常要能够自己判断。在无人仓模式下，系统通过数据感知技术系统对所有的商品、设备等信息进行采集和识别，并迅速将这些信息转化为准确有效的数据上传，系统再通过人工智能算法、机器学习等生成决策和指令，指导各种设备自动完成物流作业。其中，基于数据的人工智能算法需要在货物的入库、上架、拣选、补货、出库等各个环节发挥作用，同时还要随着业务量及业务模式的变化不断调整、优化作业。因此可以说算法是无人仓技术的核心与灵魂所在。

3. 决策智能化

在决策智能化方面，无人仓能够实现成本、效率、体验的最优，可以大幅度地减轻工人的劳动强度，且其效率是传统仓库的 10 倍。京东物流无人仓能够满足业务全局发展的需要，具有自主决策的能力，其核心是监控与决策算法的优化。

8.4.3 无人仓的主要构成

无人仓的构成包括硬件与软件两大部分。

1. 无人仓的硬件

存储、搬运、拣选、包装等物流环节对应有各类自动化物流设备。其中，存储设备的典型代表是自动化立体仓库；搬运设备的典型代表包括输送线、AGV、穿梭车、Kiva 机器人、无人叉车等；拣选设备的典型代表包括机械臂、自动分拣机等；包装设备的典型代表包括自动称重复核机、自动包装机、自动贴标机等。

2. 无人仓的软件

无人仓的软件主要包括 WMS 和 WCS 两类。

WMS 时刻协调存储、调拨货物、拣选、包装等各个业务环节，根据不同仓库节点的业务繁忙程度动态调整业务的波次和执行顺序，并把需要做的动作指令发送给 WCS，使得整个仓库高效运行。此外，WMS 记录着货物出入库的所有信息流、数据流，知晓货物的位置和状态，确保库存准确。

WCS 接收 WMS 的指令，调度仓库设备完成业务动作。WCS 需要支持各种类型、各种厂家的仓库设备，并能够计算出最优执行动作，如计算机器人的最短行驶路径、均衡设备动作流量等，以此来支持仓库设备的高效运行。WCS 的另一个功能是时刻对现场设备的运行状态进行监控，出现问题立即报警提示维护人员。

此外，智慧大脑运用人工智能、大数据、运筹学等相关算法和技术，实现作业流、数据流和控制流的协同。它支持 WMS、WCS 进行决策，让自动化设备有条不紊地运转，代替人进行各类操作（行走、抓放货物等）。智慧大脑既是数据中心，也是监控中心、决策中心和控制中心，它从整体上对全局进行调配和统筹安排，最大化设备的运行效率，充分发挥设备的集群效应。

总之，无人仓是在整合仓库业务、设备选型定制化、软件系统定制化的前提下实现仓库作业无人化的结果。理论上来说，仓库内的每个业务动作都可以用机器替代人，关键是要把所有不同业务节点的设备连接起来形成一套完整高效的无人仓解决方案。

8.4.4　无人仓的主要实现形式

无人仓虽然代表了物流技术的发展趋势，但真正实现仓储作业全流程无人化并不容易，从仓储作业环节来看，当前无人仓的主要实现形式如下。

1. 自动化存储

在入库环节，卸货机械臂抓取货物投送到输送线后，货物自动输送到机械臂码垛位置，自动码垛后，系统调度无人叉车送至立体仓库入口，由堆垛机储存到立体仓库中。需要补货到拣选区域时，系统调度堆垛机从立体仓库取出货物，送到出库口，再由无人叉车搬运货物到拣选区域。

2. Kiva 机器人拣选

Kiva 机器人方案完全省去了补货、拣货过程中的员工行走动作，由机器人搬运货物到指定位置，作业人员只需要在补货、拣选工作站根据电子标签灯光显示屏的指示完成动作。这种方案省人、效率高、出错少。Kiva 机器人方案分订单到人和货到人两种模式。

3. 输送线自动拣选

货物在投箱口自动贴条码标签后，对接输送线投放口，由输送线调度货物到拣选工作站。可通过机械臂完成无人化拣选，或者人工根据电子标签灯光显示屏进行拣货。

4. 自动复核包装分拨

拣选完成的订单箱输送到自动包装台，通过称量和 X 射线透视等方式进行复核。复核成功则由自动封箱机、自动贴标机进行封箱、贴面单，完成后输送到分拣机，自动分拨到相应道口。

8.4.5 案例：基于柔性自动化的菜鸟网络无人仓

2018 年，菜鸟网络与圆通速递联合宣布，超级机器人分拨中心在圆通速递杭州转运中心正式启用。350 台机器人昼夜工作，每天可分拣超过 50 万个包裹，这一效率引起了行业的广泛关注。

2020 年，菜鸟网络资深算法专家、柔性自动化项目负责人朱礼君表示，人工智能时代自动化物流系统的新变化，即柔性自动化，具有四大特点。第一，扩展性强、鲁棒性强。系统可以很快部署新的机器人等自动化设备，从而处理更多的订单；同时系统的鲁棒性非常强，当单个节点出现问题时不会影响整个仓库的作业。第二，模块化设计、易部署和搬迁。正是因为模块化的设计，柔性自动化物流系统能轻松实现部署和搬迁。例如，菜鸟网络某个面积为 5000 平方米的机器人仓库仅用 1 小时便在正常拣货作业的情况下完成了搬仓作业。第三，便于根据业务变化调整作业流程。仓库需要根据订单商品的特点，不停地改变物流作业模式，以快速适应业务发展的变化。第四，在物流全链路大部分实现自动化的情况下，物流作业的可预测性更强。

菜鸟网络无人仓主要分为四大功能区域：立体存储仓、机器人拣选仓、机械臂拣选仓和机器人分拨区域。立体存储仓采用 AS/RS，该系统通过机器人将商品自动码放在托盘上，并由无人叉车送至输送线，堆垛机按指令实现商品自动入库存储及自动出库。机器人拣选仓分为 A、B 两大区域，A、B 区中间设置播种工作站，即货物合流区，通过“货到人”和“车到人”配合人工完成订单商品拣选作业。订单商品拣选完毕后，包裹被送上输送线完成面单的全自动粘贴及全自动封箱。机械臂拣选仓主要针对中型包裹，其通过无人叉车将货物送上传送带，3D 相机完成箱体的自动识别，机械臂从托盘上准确抓取包裹，逐一将其投入传送带，最终由交叉带分拣机实现包裹自动分拣。机器人分拨区域主要针对小件商品，它通过高效的调度算法系统，结合工业相机快速读码技术和机器人智能调度系统，实现机器人自主运行、读码、分拣包裹等作业，并将包裹送往指定格口，包裹经螺旋升降机等设备落入集包袋。最后，包裹通过无人叉车等设备装车后发运。

菜鸟网络无人仓实现了全链路柔性自动化。柔性自动化物流系统需要应用大量的机器人及人工智能技术。可以说，人工智能为智慧物流带来了多样化的技术，同时智慧物流给人工智能提供了广阔的应用场景。在菜鸟网络无人仓中，应用了无人叉车、拣选 AGV、分拨 AGV、自动封箱机、码垛机器人等多种物流设备，入库、拣选、打包、分拨等物流全链路都体现了柔性自动化的特点。

菜鸟网络无人仓柔性自动化方案包括以下几个方面。

1. 多方式并行拣选

在菜鸟网络无人仓内的机器人拣选仓中，A区机器人针对低流动量的商品，即“冷品”，采用货到人的类Kiva系统进行拣选作业；B区机器人针对高流动量商品，即“爆品”，采用车到人（订单到人）拣选。这两种方式采用的并行拣选作业是模块化的，不会影响其他区的作业，同时打破了原有AGV系统仅能单区作业的局限，提升了整个系统的作业效率，这背后提供支撑的无疑是菜鸟网络先进的算法。

2. 柔性分拨

柔性分拨即将仓库生产好的包裹按照不同的流向和目的地进行分拣。对此，菜鸟网络设计了新的柔性分拨系统解决方案，即通过机械臂将包裹放到AGV上；在AGV经过扫描台时，包裹上的信息被自动扫描，AGV按照上位系统的指令前往目的地，然后将包裹倒入对应的集包篓；集包篓装满后，会被另外一台AGV带到对应的出库月台。这是非常柔性的自动化分拨系统。

需要注意的是，由于既有运送集包篓的大型AGV，也有分拣用的小型AGV，因此它们的路径规划非常复杂；此外，每一个集包篓的目的地也需要规划，不同目的地的集包篓的流量不同，如何使它既不拦路，又能缩短AGV的行走时间非常关键，这是整个系统的关键所在。

3. 机械臂的应用

采纳基于深度图像数据的三维物体识别定位、姿态估计、箱体分割算法等技术，机械臂在菜鸟网络无人仓内被应用于拆/码垛及拣货作业，具有高效率、高可靠性、高鲁棒性等特点。

思 考 题

1. 请简要概述智慧物流的特征、功能和作用，并结合课外资料详细谈谈智慧物流对降低物流总成本的重要影响。
2. 请谈谈智慧物流对日常生活的影响，并从消费者角度分析智慧物流的优缺点。
3. 请简要描述智慧物流技术的架构，并谈谈对现有的智慧物流技术的看法。
4. 请简述智慧物流系统的目标，并谈谈智慧物流系统的实施给物流一体化带来的挑战。
5. 请结合现实案例，对比无人仓和传统仓库的差异，并分析无人仓的优缺点。
6. 请结合课外资料分析智慧物流的发展现状及主要趋势。

第9章

物 流 金 融

随着全球经济和市场竞争国际化的发展，资金往往成为制约企业发展的重要因素。我国中小型企业面临融资困境，银行面临创新困境，而物流企业亟须战略升级。在这种情况下，物流金融服务应运而生。它降低了中小型企业的融资成本，拓宽了其融资渠道，为银行和物流企业提供了新的利润来源，尤其是推动了供应链一体化的进程。它对降低物流总成本和促进供应链一体化起着关键作用。

本章首先介绍物流金融的基本概念、发展动因和价值所在；其次详细介绍物流金融的生态体系、相关业务和风险管理；最后分析物流金融所面临的发展困境，并强调区块链技术对推动物流金融发展的重要作用。希望读者能够通过本章的学习，掌握物流金融的基本业务流程，并深入理解和思考物流金融对于缓解中小型企业融资压力和降低物流总成本的重要作用，以及其所带来的供应链一体化挑战。

引入案例：UPS 的物流金融之路

美国联合包裹运送服务公司（United Parcel Service Inc.，UPS）是全球最大的快递承运商与包裹递送公司，提供货物配送、全球货运、金融服务、邮件包裹服务和业务拓展咨询等综合服务。UPS 大约花了十几年的时间引入物流金融，主要分为以下两个阶段。

第一阶段：货物流的扩张推动信息技术创新。

截至 1993 年，UPS 每天为 100 万个固定客户传递 1150 万件包裹和公文，如此繁重的工作量迫使 UPS 不得不发明新技术以提高效率，为保持价格竞争性，UPS 长期花费大量资金用于技术改造及创新。UPS 的技术创新几乎无孔不入，从手持信息采集终端，到专业化设计的包裹快递设备，再到全球计算机互联网系统和专用卫星。通过技术创新和信息化建设，UPS 的综合吞吐能力激增，客户需求得到进一步满足，从而实现了货物流与信息流的结合。

第二阶段：物流和信息流的成熟催生物流金融模式。

20 世纪 90 年代末，UPS 认为，企业要想获得可持续性发展必须摆脱当时以货物和信息配送为主要业务的单一运作模式，而金融管理业务是实现企业“全程供应链管理”目标不可或缺的模块，并且公司在货物流和信息流方面的领先技术能够比较容易地匹配金融流。因此，UPS 进行了长期战略布局和核心资源调整。1998 年，UPS 资本公司成立，其宗旨是提供综合性的金融产品服务，该公司是UPS供应链解决方案的“金融翅膀”。2001年5月UPS并购了美国第一国际银行，并将其融入UPS资本公司。2002年，UPS成立了UPS供应链解决方案公司，将UPS的业务扩展到以物流、金融、供应链咨询为核心的全方位第四方物流管理。

当前，UPS依托其物流业务优势，强化特色金融服务，扩大了全程物流规模和收益。UPS的物流金融服务已成为该企业最大的利润来源。

请结合案例思考以下问题。

（1）UPS是如何做到将物流、资金流和信息流“三流合一”的？

（2）为何UPS会认为金融管理业务不可或缺？

（3）物流金融会产生哪些影响？

9.1 物流金融概述

9.1.1 物流金融的基本概念

物流金融是指物流企业在运营过程中，运用和开发各种金融产品对供应链上企业间的信息流、物流、资金流进行有效整合，组织和调剂供应链中上下游企业的资金运作的服务。这些服务包括发生在物流过程中的各种存款、贷款、投资、信托、租赁、抵押、贴现、保险、有价证券发行与交易及各种中间业务等。

9.1.2 物流金融的发展动因

1. 中小企业面临融资困境

改革开放以来，我国的中小企业得到了迅速的发展。截至2018年，我国中小企业总数占全部企业数量的99.8%，吸纳就业人员数量占全部企业就业人员总数的79.4%，2018年全年营业收入占全部企业全年营业收入的68.2%，已经成为繁荣经济、扩大就业和推动创新的重要力量。但资金紧张、融资困难是制约其发展的主要因素之一。

虽然近年来国家加大了对中小企业贷款的扶持力度，但是其融资需求还远未得到充分满足和重视。当前我国中小企业融资的主要问题有：融资渠道单一，主要是通过银行贷款；直接融资渠道条件限制较多；难以获得信贷支持。

我国中小企业普遍存在自身管理水平较低、抗风险能力弱、财务制度不健全、信用等级评级较低、可抵押资产少等问题，这在客观上增大了银行的信贷风险。另外，在我国，由于资产交易市场不够发达，银行缺乏对存货、应收账款等动产的鉴别和评估能力，所以银行较不愿或难以向中小企业提供贷款。

2. 金融机构面临创新困局

我国金融机构主要面临以下三个创新困局。

（1）利差收窄，主要收入来源受影响。

（2）银行业同质化竞争激烈。

（3）客户需求的变化对银行提出了更高的服务要求。

目前，国内银行同业竞争激烈，在客户、产品、区域等方面的定位异常雷同。低水平的同质化竞争，不仅侵蚀了我国商业银行的盈利水平，也恶化了银行业的竞争环境，外资银行的注入加剧了竞争。

从经营环境看，银行客户的需求日益提升。在银行和客户的关系中，客户的弱势地位已经发生了根本转变，客户选择银行的空间日益扩大。客户的需求日益多元化、个性化，传统的融资、结算业务已远远不能满足其需求。

3. 物流企业寻求战略升级

物流业的发展能够提升国家和地区经济运行的总体质量和企业的市场竞争力，但物流行业内竞争激烈。物流企业需要在控制及降低成本的同时，满足客户日益增长的需求，发展物流金融业务成为其战略升级的一个主要手段。

随着经济的发展，生产企业原有的生产方式、市场渠道受到了很大的冲击，企业本身和客户需求都发生了很大的变化，这促使物流市场需求向供应链整合方向发展。物流企业的物流基础服务提供的利润空间被进一步挤压，以金融和物流集成为主要模式的增值服务逐渐成为物流企业盈利的关键。

4. 物流与金融相结合的必然

物流业是现代经济中最为古老但又新兴活跃的行业，经济中物的流动过程必然也是资金的流动过程，因此物流业与金融业具有天然的紧密联系。

在中国经济逐步融入全球大市场的过程中，产品结构和产业结构的优化使得物流和资金需求持续上升。金融业在保持持续增长的同时也面临诸多金融风险，而与了解企业经营状况的物流企业进行合作成为金融业降低金融风险的一种有效手段。因此，物流业和金融业相结合进行协同发展将会给两个行业带来共赢的结果，这也是两个行业发展的必然选择。

9.1.3 物流金融的价值分析

1. 物流金融对于银行业的价值

物流金融对于银行来说有两种价值：①新的利润来源；②提高风险控制能力。

根据我国2007年颁布的《中华人民共和国物权法》，用作抵质押的存货范围得到很大程度的扩展。采购过程的原材料、生产阶段的半成品、销售阶段的产品、企业拥有的机械设备等都可以作为存货抵质押的担保物。《中华人民共和国物权法》的这些重大突破，扩大了银行办理信贷业务的范围，使银行的信贷资产得到了更有效的保障，物流与供应链金融业务可以给银行创造新的利润来源。另外，供应链管理与金融的结合产生了许多跨行业的服务产品，相应地也就产生了对许多新金融工具的需求，这些都有利于银行增加中间业务收入，降低利润模式单一的风险。

在传统的信贷业务中，银行主要是通过审查企业单方面提供的材料和信息来评估企业的偿债能力，处于被动地位。在物流与供应链金融的运作中，银行不再单纯看重企业的财务报表，也不再注重评估单个企业的状况，而是更加关注其交易对象和合作伙伴，关注其

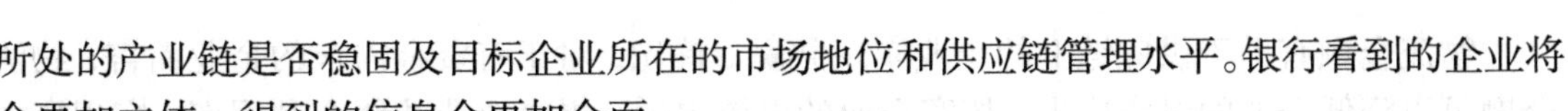

所处的产业链是否稳固及目标企业所在的市场地位和供应链管理水平。银行看到的企业将会更加立体，得到的信息会更加全面。

2. 物流金融对于中小企业的价值

物流金融对于中小企业的价值体现在两个方面：①降低融资成本；②拓宽融资渠道。

在物流金融提供的融资服务中，票据融资是相当重要的一部分。目前，票据贴现利率是可以自由浮动的；市场贴现利率一般远低于中国人民银行规定的贷款基准利率。利率的降低将直接导致融资成本的降低。

供应链中的核心企业往往在资本市场筹集资金，其必然要有明晰的产权关系、完善的公司治理结构、规范化的企业行为。这就促使与其合作的中小企业努力改善内部财务状况、提升企业信用状况，以降低融资中的成本、风险。中小企业内部财务状况的改善和企业信用状况的提升，间接为其获得政府的金融支持（如产业发展基金、科技创新基金、风险投资基金等）提供了方便，使企业融资进入良性循环。

3. 物流金融对于物流业的价值

物流金融对于现代物流具有三种作用：①保障作用；②支持作用；③增值作用。

现代物流需要满足客户个性化的需求，为客户提供高时效性、零距离的服务，只有在金融资本服务的支持下，才能实现上述令客户满意的服务。没有金融工具的运用，现代物流结算就难以实现；没有金融安全的保证，现代物流个性化服务的及时性就难以实现。金融服务能够有效盘活物流过程中的沉淀资金，提高物流企业核心产品的市场占有率，促进物流企业的发展。因此，物流金融对现代物流发展起着保障作用。

现代物流随着供应链的延伸，要以满足不同批量、不同品种、不同地区的客户的需求为发展方向，所以金融的配套服务也随之延伸到世界各地。如果没有金融结算、仓单质押等配套的服务措施，现代物流的灵活性、多样性、个性化的发展优势将难以凸显。物流金融对现代物流在信用组合、供应链多方借贷、投资方案设计等方面起到了很大的支持引导作用。

金融业与物流业的协同合作为物流企业提供了合适的各项新型金融业务，使得物流企业能够最大限度地满足客户的个性需求，为企业之间的物资流通减少了中间环节，降低了运作成本，促使企业有效增值。

4. 物流金融对于供应链的价值

物流金融对于供应链来说具有以下价值。

（1）整合一体化。

（2）资源共享，优化配置。

（3）实现供应链共赢。

物流金融服务加强了供应链运作过程中物流与资金流、信息流的协调，满足了企业的需求，达到了提高物流效率、降低物流成本的效果，实现了供应链的整合一体化。

物流金融可有效促进资源共享并优化供应链配置。物流金融能够为企业提供高质量的金融增值服务，实现物流与资金流的双向整合，盘活资金占用；同时通过信息共享为银行和企业间的合作架起桥梁，解决银行与企业间的供需缺口。

物流金融有助于供应链上的企业实现共赢。首先，对于有资金需求的企业而言，物流金融可以降低企业的融资成本，拓宽企业的融资渠道，提高企业的资金利用率，实现资本配置优化，提高企业的销售利润；其次，对于金融机构而言，开展物流金融业务，可以增加放贷机会，培育新的经济增长点，降低贷款风险；最后，对于物流企业而言，通过物流金融业务可以办理金融服务的优势吸引更多的客户，同时也促进企业不断加强企业基础设施的建设，提升企业管理能力，形成更强的综合竞争力。

9.2 物流金融生态体系概述

物流金融生态体系是由市场主体、服务载体、规范和支撑要素组成的，如图 9.1 所示。其中，服务载体、规范和支撑要素是市场主体存在和发展的支撑条件，而市场主体可以通过自身的创新对已有的服务载体、规范和支撑要素进行改善和完善，并在与其他行为主体要素的利益博弈中逐渐达到动态平衡，构成一个既相互约束、相互牵制，又相互促进、共同发展的生态平衡系统。

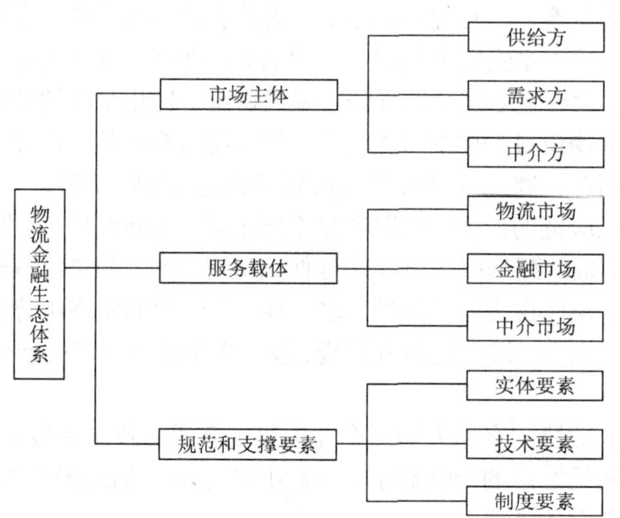

图 9.1　物流金融生态体系

9.2.1　市场主体要素

1. 物流金融供给方

物流金融的供给方包括金融机构和物流企业。

金融机构类供给主体主要包括银行业金融机构、证券业金融机构、保险业金融机构、信托公司及小额贷款公司、典当行、融资担保公司、融资租赁公司和金融仓储公司等在内的准金融机构。其中，银行业金融机构是指在中华人民共和国境内设立的商业银行、城市信用合作社、农村信用合作社等吸收公众存款的金融机构及政策性银行。

综合而言，多元化的金融机构发展体系为我国物流金融的服务创新发展提供了良好的土壤。各种金融机构可以充分发挥我国金融组织体系相对健全、金融环境相对较好的优势，以服务中小企业为重点，从建立健全组织体系、强化物流金融产品、加强风险管控能力等方面推进物流金融。

物流企业也可以扮演双重角色，即物流金融服务的供给方和需求方。在整个物流过程中的各种保险、贷款、投资、信托、租赁、抵押、贴现、结算、有价证券的发行与交易、收购兼并与资产重组、咨询、担保及金融机构所办理的各类涉及物流业的中间业务等活动，都有可能成为物流企业的利润来源。

2. 物流金融需求方

物流金融需求方包括供应链上下游的中小企业和物流企业。

3. 物流金融中介方

随着电子商务及物联网等新兴技术的发展，以第三方电子商务平台、商品交易所为代表的物流金融服务中介方快速兴起，在物流金融业务的发展中发挥着愈加重要的作用。

9.2.2 服务载体要素

1. 物流市场

物流市场是为保证生产和流通过程的顺利而形成的为商品流动和暂时保留提供服务的服务性市场，其主要功能有资源配置、实现规模经济和集约经济、提高物流效率、降低物流成本等。物流市场作为物流金融中物流的服务载体，提供了对物流金融参与方的物的暂时保管等服务，实现了资源的有效配置，降低了物流成本。其发展程度，直接决定了物流金融业务的成败。我国物流市场起步较晚，目前主要存在以下问题：缺乏政策引导和规范；高端供给不足，粗放型供给过剩；物流需求方理性需求不足；缺少物流服务的中介组织。

2. 金融市场

金融市场是经营货币资金借款、外汇买卖、有价证券交易、债券和股票的发行、黄金等的场所的总称。直接金融市场与间接金融市场共同构成了金融市场整体。对于物流金融来说，金融市场为其资金供需双方提供了直接交易的场所，反映了金融资产在供应方和需求方之间的供求关系，是物流金融中资金流的服务载体。

3. 中介市场

中介市场是继金融市场和物流市场之后，为供需双方提供辅助的市场。其主体主要包含律师事务所、会计师事务所、咨询机构、信用评级机构、第三方电子商务平台等，此外还包括工商、海关、行业协会，以及政府主管部门（物流办、金融办等）。

9.2.3 规范和支撑要素

1. 实体要素

支撑物流金融实体要素为物流基础设施，物流基础设施是物流业的基础，更是物流金融这一高附加值业务的基础。

2. 技术要素

支撑物流金融的技术要素主要包括：①信息技术；②金融技术；③仓管技术。

物流金融业务作为金融业和物流业协同发展的产物，具有现代物流业和金融业的共性，即两者均属于信息密集型行业，其发展与信息技术的发展息息相关。目前，利用通信技术、数据处理和应用技术及系统集成技术等建立起来的信息系统一般包括三个层面。以银行为例：首先是银行内部的信息系统，包括柜台业务服务网络和银行管理信息系统网络；其次是银行之间的信息系统，如清算体系；最后是银行业与客户之间的信息系统，包括自动客户服务系统网络等。从物流金融业务来看，这些系统为商业银行和物流企业开展该业务提供了必要的技术支撑。

金融技术包括对金融契约进行风险和收益评估的具体的统计计量方法和财务分析数据。金融技术的发展水平决定着金融产品与服务的水平，也决定着金融市场的广度和深度。

提供动产质押监管的仓储业在当前我国物流金融业务实践中起着非常重要的作用，因此，仓管技术的水平直接决定了物流金融的发展水平。

3. 制度要素

物流金融的制度要素主要包括以下内容。

（1）有关动产担保物权设定和保护的法律法规。

（2）有关动产担保物权实现的司法体系。

（3）金融监管制度与政策。

（4）行业标准与规范。

完善的法律框架对于信贷市场的发展意义重大。物流金融业务主要是资产支持型信贷业务，有关信贷人权利的法律安排，尤其是涉及动产担保物权的安排，将直接影响金融机构开展此类业务的安全性，进而影响其开展此项业务的积极性。

2021 年 1 月 1 日起施行的《中华人民共和国民法典》，改变了原先我国物流金融相关法律法规分散在若干部法律、行政法规、部门规章及相应的司法解释中的局面，全面建构了物流金融相关民事权利体系，对于物流金融业务意义重大。例如，《中华人民共和国民法典》在以前《中华人民共和国物权法》关于仓单质押的规定的基础上，对仓单质押的设立进行了细化，明确了对于仓单及其项下的存货的重复质押问题，制定了仓单重复质押的优先顺位规则。《最高人民法院关于适用〈中华人民共和国民法典〉有关担保制度的解释》中规定“出质人既以仓单出质，又以仓储物设立担保，按照公示的先后确定清偿顺序；难以确定先后的，按照债权比例清偿。保管人为同一货物签发多份仓单，出质人在多份仓单上设立多个质权，按照公示的先后确定清偿顺序；难以确定先后的，按照债权比例受偿”。

司法体系作为社会权利的救济部门，在信贷人权利的保护中同样能够发挥重要作用。

物流金融业务中，由于参与主体多，为保障业务的健康发展，除了现有的“一行一会一局”的监管主体之外，还应遵循属地原则，积极发挥地方政府部门的监管职责。此外大型物流企业在物流金融中日渐具备了金融属性，因此必须进行前瞻性的监管。

总的来说，我国物流金融业务现阶段缺乏规范标准的操作流程和细则，加快研究科学的行业标准和操作规范显得极为迫切。

9.3 物流金融业务

9.3.1 物流金融业务概述

随着现代金融和现代物流的不断发展，物流金融的形式也越来越多，可以分为三种模式：①物流结算；②物流融资；③物流保险。

物流结算是指利用各种结算方式为物流企业客户融资的金融活动。目前主要有代收货款、垫付货款等形式。

物流融资主要是为上下游中小企业服务的供应链金融及改善物流行业自身融资缺口的金融活动。从物流活动的全过程来看，企业物资和资金的流动按采购、生产、销售可依次体现为预付、存货和应收三个阶段。相应地，物流金融融资类产品可对应地分为预付类、存货类、应收类三个类型，或者是其多个类型的组合。

物流保险就是一切与物流活动相关联的保险，即物品从供应地向接收地的实体流动过程中对财产、货物运输、机器损坏、人身安全等一系列与物流活动发生关联的保险内容，其中还包括可预见的和不可预见的自然灾害。

9.3.2 物流结算

结算是指经济单位之间由商品交易、劳务供应、资金转移等原因引起的货币收付行为。结算主要包括以下两类。

一类是现金结算，是指以现金收付的方式结清往来款项的业务，该业务必须在现金管理条例规定的范围内进行。在现金结算中，买卖双方同时在场，交货和付款是在同一时间、同一场所进行的。交易双方一手交钱，一手交货，交易可以当场两清，手续较为简便。

另一类是转账结算，是指通过银行将货币资金从付款人账户划转到收款人账户的货币收付行为。其实质是以存款货币的流通代替现金的流通。在银行办理的货币收付总额中，转账结算约占 95%。

物流结算业务主要包括物流企业提供的代收货款和垫付货款及在此基础上发展形成的其他形式等。

1. 代收货款

代收货款业务打破了买卖双方一对一、面对面的交易方式，为商户解决了商品配送与资金结算不方便、不及时的难题，也避免了买卖双方非面对面交易带来的信用风险。

在物流领域，代收货款通常是指在合同约定的时限与佣金费率下，第三方物流为发货方承运、配送货物的同时，向收货方收缴款项并转交发货方的附加值业务。这种业务具有直接投资小、见效快、附加值较高的特点。除了正常的实物递送资费之外，第三方物流企业还可以收取结算手续费。

代收货款模式常见于 B2C 业务中，并且已经在我国物流行业内广泛开展。发货人与第三方物流供应商签订委托配送和委托收款合同。第三方物流供应商每日为用户送货上门，同时代收货款，并在每周或每月或根据合同约定期限与发货人结清。这样对于第三方物流供应商而言资金在结清前往往有一个沉淀期。另外，从代收货款的收费标准来看，通常第三方物流企业采用在快递邮寄费的基础上，增加代收货款业务手续费的计费方式。手续费一般为代收款项金额的0.5%～3%。

2. 垫付货款

与代收货款不同，垫付货款常见于B2B业务中，主要有两种模式。一种是没有金融机构参与，物流企业在接运货物时，即时支付一定比例的货款给供方企业，待物流企业将货物送达买方企业，收取买方货款之后，再结算剩余货款，其业务模式如图9.2所示。

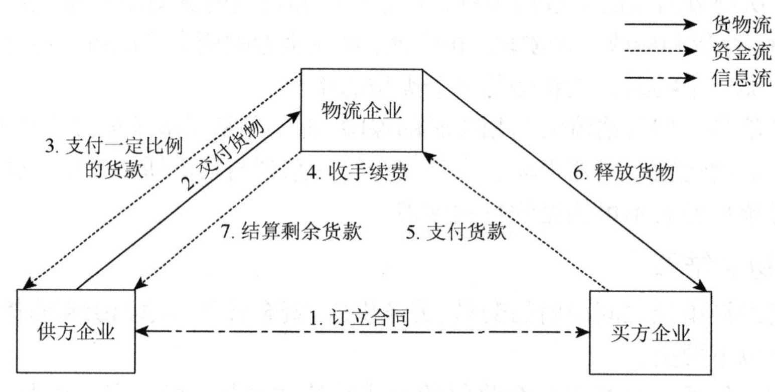

图9.2 无金融机构参与下的垫付货款的业务模式

由于上述模式需要占用物流企业大量的流动资金，因此金融机构参与的模式更为普遍。如图9.3所示，在金融机构参与的模式中，供方企业将货权转移给金融机构，金融机

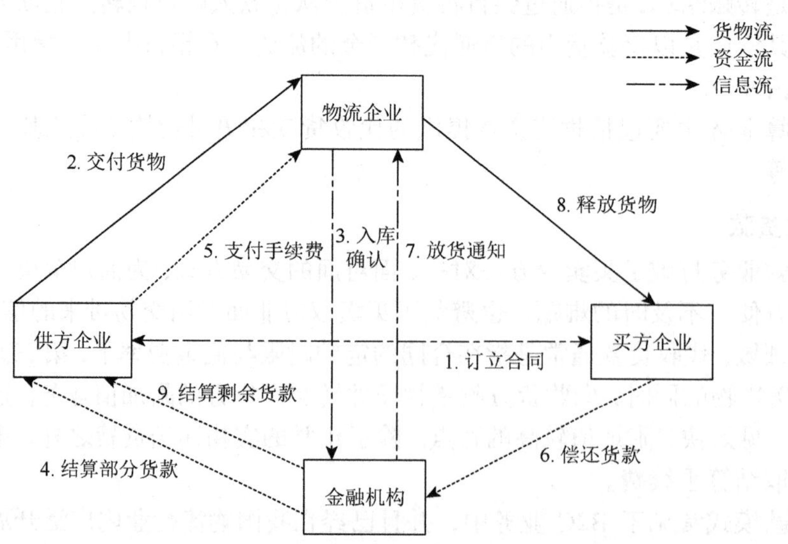

图9.3 金融机构参与下的垫付货款的业务模式

构根据市场情况按照一定比例提供融资，当买方企业向金融机构偿还货款后，金融机构向物流企业发出放货通知，将货权还给买方企业。在这种模式中，物流企业的角色发生了变化，由商业信用主体变成了为银行货物信息、承担货物运送、协助控制风险的配角。

9.3.3 物流融资

1. 物流融资概述

如果从供应链管理的角度来考虑物流融资业务的运作，其可以为供应链上的所有企业提供一体化的融资服务，即供应链金融业务。与传统的物流金融业务不同，供应链金融业务相对来说参与主体更加多元化，不仅包括银行、融资企业、物流公司，还增加了核心企业。核心企业在业务中发挥着重要的作用，核心企业为供应链金融提供信用支持，其运营状况直接决定了整条供应链的运行情况。由于是在整个供应链上提供融资服务，因此该业务具有自偿性、封闭性及连续性的特点。自偿性是指还款来源为贸易自身产生的现金流；封闭性是指银行通过设置封闭性的贷款操作流程来保证专款专用，不能把资金挪为他用；连续性是指同类贸易行为在上下游之间会持续发生。另外，供应链更加注重多方共赢的过程，其服务贡献在于协调买卖双方的利益冲突并实现多方共赢，以促使整个供应链资金流更加稳定。

在企业生产经营的周期中，上游供应商在接到下游厂商的订单后，一要组织生产，要购买原材料，其不但要承受自身在制品和产成品库存的资金占用压力，还要承受购买原材料的采购预付款的资金压力。此时，企业的资金需求不断上升，并达到整个周期的峰值。之后，企业开始向下游厂商发货，但依然要面对应收账款对资金的占用，直到应收账款回流，企业的资金需求也随之回落。在整个企业生产经营的周期中，企业的资金缺口如图 9.4 所示。

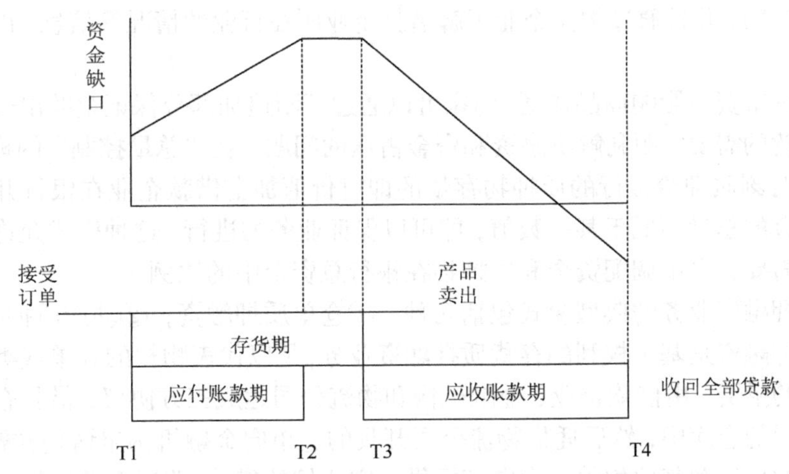

图 9.4　企业生产经营周期中的资金缺口

根据企业融资的不同阶段，物流融资业务可以分为三类：存货质押融资、应收账款融资、预付款融资，其业务内涵与特点如表 9.1 所示。

表 9.1 物流融资业务的内涵与特点

物流融资业务模式	融资属性	银行风险监管重点	物流企业主要职能
存货质押融资	质押融资	质押物	存储、监管质押物
应收账款融资	质押融资/信用融资	质押物/企业信用	存储/运输
预付款融资	信用融资	企业信用、经营能力	银行的业务代理人

2. 存货质押融资

存货质押融资业务是指需要融资的企业将其拥有的存货作为担保，向资金提供方出质，同时将质物转交给具有合法保管存货资格的中介公司（物流企业）进行保管，以获得贷款的业务活动。

存货质押融资业务的商业模式有以下三大特征。

（1）属于质押融资。

（2）物流企业的参与使两方契约关系变为三方契约关系。

（3）不影响商品流通。

存货质押融资业务属于质押融资。质押是债务人或第三人向债权人移转某项财产的占有，并由后者掌握该项财产，以作为前者履行某种支付金钱或履约责任的担保。《中华人民共和国民法典》规定，债务人不履行到期债务或者发生当事人约定的实现质权的情形，债权人有权就该动产优先受偿。

物流企业的参与使存货质押融资由两方契约关系变为三方契约关系。物流企业的参与保证了借款企业可以不用转移质押物的物理位置，而直接通过物流企业进行质押物入库、出库等操作。银行与物流企业是委托人和代理人的关系，银行不仅委托物流企业利用自身优势监管质押物，并且通过物流企业了解借款企业所在行业的情况等信息，以便控制业务风险。

存货质押融资不影响商品流通。商家可以通过不断追加部分保证金赎出部分质押物以满足正常经营的需要，顺利解决融资和资金占压的问题。在“总量控制”的模式下，银行只规定任意时刻质押给银行的质押物存量的即时价值加上借款企业在银行开设的专门账户内剩余资金的总量不低于某一数值，即可以保证业务的进行。这种模式允许借款企业根据自身生产需要，自由调配资金和质押物在银行总资金中的比例。

存货质押融资业务的典型模式包括两种：①仓单质押融资；②动产质押融资。

仓单质押融资是基于权利的存货质押融资业务，是以代表物权的仓单或类似仓单权利凭证为质押的融资。由借款企业、金融机构和物流公司达成三方协议，借款企业把质物寄存在物流公司的仓库中，然后凭借物流公司开具的仓单向金融机构申请贷款融资。金融机构根据质物的价值和其他相关因素向其提供一定比例的贷款。普通仓单质押融资业务的流程如图 9.5 所示。

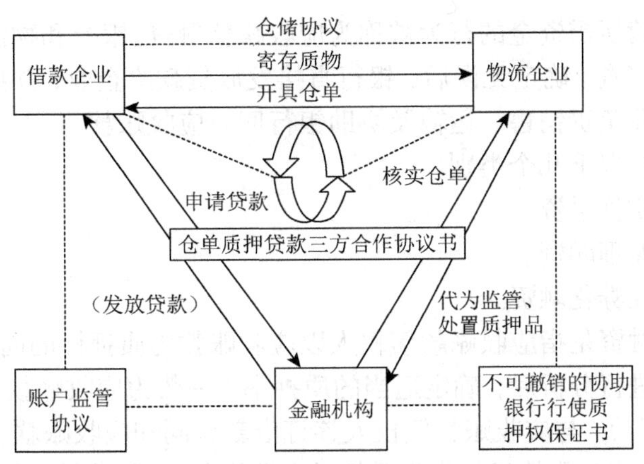

图 9.5 普通仓单质押融资业务的流程

动产质押融资属于现货质押，由借款企业、金融机构、物流公司达成三方协议，借款企业把质物移交给金融机构指定或认可的仓库，由物流公司进行监管，金融机构按照借款企业实际提供的经物流公司确定的质物的价值的一定比例发放贷款。根据质物的形态、数量在业务过程中是否允许改变，动产质押融资分为静态质押和动态质押两种基本模式，其中静态动产质押融资业务的流程如图 9.6 所示。

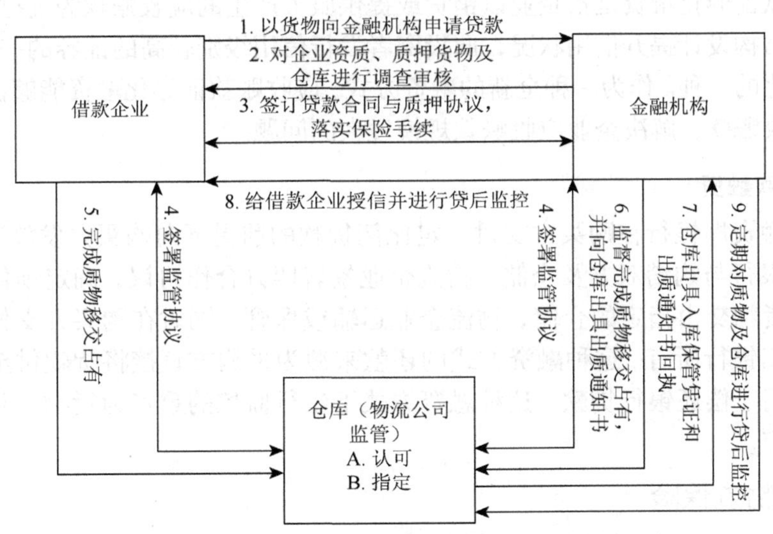

图 9.6 静态动产质押融资业务的流程

3. 应收账款融资

应收账款是指企业因销售商品、提供劳务等，应向购货或接受劳务的单位收取的款项，是企业因销售商品、提供劳务等经营活动而形成的债权。

企业为了筹到继续运营的短期资金，缓解资金紧张的局面，以应收账款为支撑，通过特定的程序取得经营所需资金的行为被称为应收账款融资。银行和物流企业联合对借款企业的销售合同进行审查。确定无误后，银行直接发放贷款给企业，并接收应收账款质押或保理业务；物流企业负责销售、运输及协助银行回收应收账款。

应收账款融资有以下几个类别。

（1）应收账款质押融资。

（2）应收账款保理融资。

（3）应收账款证券化融资。

应收账款质押融资是指应收账款债权人以应收账款为质押标的向贷款方提供担保，贷款方对其财务状况进行分析后，确定适当的质押率（一般为应收账款额的50%～90%）和贷款期限（1 年以内），与应收账款债权人签订借款合同和应收账款质押合同，并提供资金。在这种方式下，应收账款只是作为质押品。借款方必须在银行开设具有担保性质的应收账款质押专户。借款方用于质押的每笔应收账款的回收都要通过该专户进行结转，而贷款方通过该质押账户有效监督借款方质押的应收账款的回收情况。在质押应收账款的债务企业不能及时付款时，银行享有对申请贷款企业的追索权，而申请贷款的企业必须承担其损失。

应收账款保理融资是企业将赊销形成的未到期的应收账款在满足一定条件的情况下，转让给银行，以获得银行的流动资金支持，加快资金周转。保理可以分为买断型保理和非买断型保理、有追索权保理和无追索权保理、明保理和暗保理等。

应收账款证券化融资是指企业以销货或提供服务产生的应收账款为支撑，通过特定的组织机构和结构设计提升信用状况，向投资者发行信用级别较高的证券的一种融资方式，是资产证券化的一种。作为一种全新的融资方式，应收账款证券化融资能够优化和利用数额较大的应收账款，解决企业应收账款规模过大的问题。

4. 预付款融资

预付款融资即银行在购买方支付一定比例货款的前提下向购买方发放贷款。其风险控制措施为银行与购销双方及仓储、物流企业签署四方合作协议，确定预付货款的支付方式，并将货物交由指定的仓储、物流企业运输或保管，同时在购买方支付足额货款之前货物权利归银行所有。这种融资方式的还款来源为采购方直接将货款付至银行指定账户，并首先用于偿还银行贷款。这种融资方式下银行监控的重点为货物，并不需要对采购方进行认定。

9.3.4 物流保险

物流保险广义上是指投保人根据货物运输保险的合同约定向保险人支付保险费，保险人对合同约定的投保人发生的事故造成的财产损失或人身伤亡承担赔偿或给付保险金。

1. 物流保险的关系人

物流保险的关系人有以下三种。

（1）保险人，指收取保险费，并在约定的情况下，负责给予约定赔偿的人。保险人可以是法人，也可以是自然人，在我国是指保险公司。

（2）被保险人，指在物流保险中，在出险后接受赔偿的一方当事人。在跨国物流中，被保险人通常是货物的所有人或收货人。

（3）投保人，也被称为要保人。在物流保险中，投保人就是申请保险的人。

2. 物流保险的种类

物流保险的种类主要包括国内货物运输保险、进出口货物运输保险、物流综合保险等，如表9.2所示。

表9.2 物流保险的种类

物流保险的种类	主要险种
国内货物运输保险	国内水路货物运输保险
	国内铁路货物运输保险
	国内公路货物运输保险
	国内航空货物运输保险
	鲜活易腐货物特约保险
	国内沿海货物运输舱面特约保险
进出口货物运输保险	主要险
	附加险
物流综合保险	物流货物保险
	物流责任保险
其他物流保险	短期贸易信用保险
	中小企业贷款保证保险
	企业财产保险
	机器损坏保险
	雇员忠诚保证保险
	人身意外险
	车辆保险

3. 物流保险的职能

（1）物流保险的基本职能。物流保险的基本职能是经济补偿，即在物流保险活动中，投保人根据物流保险合同的约定，向保险人支付保险费，保险人对于物流保险合同约定的可能发生的事故因其发生所造成的财产损失及其相关利益的损失承担赔偿保险金责任。

（2）物流保险的派生职能。物流保险具有融通职能。保险人从收取保险费到赔付保险金之间存在着时间和规模差，使保险资金中的一部分资金处于闲置状态，从而为保险公司融通资金提供了可能性。另外，物流保险也具有防灾防损职能。

4. 物流保险的基本原则

（1）最大诚信原则。最大诚信原则是指保险双方在签订和履行保险合同时，必须以最大的诚意履行自己应尽的义务；物流保险合同双方应向对方提供影响对方做出签约决定的全部真实情况，互不欺骗和隐瞒，信守合同的认定和承诺，否则物流保险合同无效。最大诚信原则是物流保险合同成立的基础。

（2）保险利益原则。保险利益是投保人或被保险人对保险标的具有的法律上承认的利益。这里的利益一般是指保险标的的安全与损害直接关系到被保险人的切身经济利益。遵循保险利益原则的主要目的在于限制损害补偿的程度，防止诱发道德风险。

（3）近因原则。近因原则是判断风险事故与保险标的损失之间的因果关系，从而确定保险赔偿责任的一项基本原则。近因原则是指保险赔付以保险风险为损害发生的近因为要件的原则。

（4）补偿性原则。补偿性原则是物流保险合同中最重要的原则。大多数货物保险合同是补偿性合同。补偿性原则是物流理赔的重要原则，在物流保险合同中使用补偿性原则可以防止被保险人从保险中获利。

（5）代位求偿原则。代位求偿原则是指在财产保险中，保险标的发生保险事故造成推定全损或者保险标的所有权的损失，保险人按照合同的约定履行赔偿责任后，依法取得对保险标的所有权或对保险标的的损失负有责任的第三者的追偿权。保险人所获得的这种权利就是代位求偿权。

9.4 物流金融风险管理

9.4.1 物流金融风险管理概述

物流金融近年来取得了飞速发展，在改善中小企业融资困境，促进物流企业由低端的传统服务向高附加值的现代物流升级方面做出了重要贡献。然而，信息不对称、业务流程不规范及风险机制不合理等一系列因素导致物流金融存在巨大的潜在风险，在当前经济下行的压力下，物流金融风险成为掣肘其业务发展的关键因素。

物流金融风险的控制理念从静态、单一的企业控制理念转变为动态、系统的风险控制理念。商业银行对企业的信用评级亦不再单独强调固定资产价值、财务指标、企业规模和担保方式，而是更关注企业单笔贸易的真实背景、供应链核心企业的实力和信用水平，更强调贸易背景的特定化及系统性统筹授信。因此物流金融风险管理的两个重要手段为现金流的控制与管理、结构性授信安排。

1. 现金流的控制与管理

不同于传统的现金流预测，现金流的管理是指区分资金的性质后，对资金出发点、流量、流向、循环周期等进行全面管理。其管理手段包括金融产品的组合运用、信息文件的约束和控制、对业务流程模式和商务条款的控制，以及发挥财务报表在现金流控制中的作用。

2. 结构性授信安排

结构性授信指银行基于同一交易客户群体的融资需求和总体抗风险能力，根据不同的产业特征和客户需求，对相应封闭的供应链贸易链条上关联环节的客户进行主动授信安排，并提供不同的产品组合和差异化服务。

9.4.2 物流金融风险分类

物流金融业务作为一项新兴业务，国内关于其风险的界定并未形成统一的标准，结合物流金融各种业务模式的实践，业务风险大致可分为质物风险（包括质物的形态风险、权属风险、价格风险、流动性风险）、信用风险、操作风险（包括法律风险等）、市场风险等。

1. 质物风险

质物风险可以分为以下几类。

（1）质物的形态风险：取决于质押存货的易损程度、保管条件及标准化程度（是否易于计量）。因此，银行在开展质押业务时，均要求质物的物理、化学性质稳定，易于储存、保管。

（2）质物的权属风险：主要针对的是授信企业是否拥有对质押存货的所有权，以防止授信企业对质物进行重复担保、重复质押，造成银行的优先受偿权无法实现。

（3）质物的价格风险：存货的市场价格在授信期间，并非稳定不变的，而是表现出一定的波动性，当存货的价格处于上扬态势时，银行并不承担质物风险，而当存货价格处于下跌态势，尤其是短期内价格跳水时，则银行风险显著增加。

（4）质物的流动性风险：对质押存货变现能力的考查，要考虑存货市场容量的大小，销售渠道是否稳定等，因此，银行在选择质物时，往往倾向于选择用途广泛、流动性好的原材料。

2. 信用风险

信用风险可以分为以下几类。

（1）系统性风险：宏观经济环境和行业发展要素发生变化造成行业内大部分企业亏损的风险。

（2）非系统性风险：授信的中小企业自身的经营战略等方面的变化给银行带来的风险。

（3）道德风险：其主体不仅包括授信的中小企业，还包括交易对手、核心企业及物流公司、担保公司等第三方管理机构。

3. 操作风险

操作风险分为以下几类。

（1）法律风险：主要包括银行及员工、代理机构在法律上的无效行为，以及法律的不确定性和法律的执行效率带来的风险。

（2）模式风险：主要来源于商业模式选择不合适、担保程度不适合、质押方式和监控强度的选择不合理、业务结算情况与业务不匹配、没有必要的个人担保或第三方担保方式（如担保公司）、没有必要的损害保险（保险公司）等。

（3）流程风险：在供应链金融业务流程中标准化和信息化方面的不足造成的风险。

（4）具体操作风险：银行及物流企业的员工操作不当引起的风险。对于银行人员的操作风险问题，大部分银行均有相应的操作规范和事后问责制度进行有效制约，而第三方物流企业的具体操作风险，还需要有效的识别、评估和控制。

4. 市场风险

市场风险，是指利率因素和汇率因素引起银行损失的可能性。

9.4.3 风险控制关键指标

1. 利率

利率一直是信贷业务中最基本的风险定价工具，在物流金融业务中，也不例外。一个合适的利率水平可以缓释银行面临的逆向选择和道德风险。因此，商业银行在开展业务时，往往针对不同的客户设定不同的利率。主体评级和债项评级好的企业，银行往往给予其较为优惠的利率，而对于综合评级水平较差的企业则设定较高的利率水平，如在基础利率水平上上浮 10%或者 20%。

2. 质押率

质押率是银行授信额度与质押存货价值的比率，质押率的设定最为核心的技术工作是对多方参与下的物流金融业务的集成风险的综合考量。在实践中，银行则采用更为保守的经验估值法，质押率多在 50%～70%。

3. 警戒线与平仓线

警戒线与平仓线均是应对质物价格波动风险的风险控制指标。当质物的价格跌破警戒线时，银行会要求授信企业通过补足质物或者追加保证金的方式，使质物的价值恢复到合约初始水平。

9.4.4 案例：99 亿元保兑仓

2014 年 1 月至 7 月，犯罪嫌疑人任某伙同犯罪嫌疑人闫某某利用其控制的三家公司，虚构贸易背景，使用伪造的中国石化化工销售有限公司华北分公司公章及法人章，冒充中国石化化工销售有限公司工作人员，与某银行济南分行、某银行泰安分行等多家银行签订三方保兑仓协议，骗取某银行济南分行、某银行泰安分行等多家银行开具的银行承兑汇票票面总金额 99 亿元。

保兑仓是企业向合作银行交纳一定的保证金后，银行开出承兑汇票，且由合作银行承兑，收款人为企业的上游生产商。生产商在收到银行承兑汇票前开始向物流公司或仓储公司的仓库发货，货到仓库后转为仓单质押。若融资企业到期无法偿还银行敞口，则上游生产商负责回购质押货物。

在整个骗局中，闫某某扮演着重要的角色，其冒充中国石化化工销售有限公司的工作人员，周旋于多个银行之间。因为任某的公司此前确实与该石化公司有过贸易往来，所以熟知里面的操作程序，而且任某认识该公司的两名工作人员。由于签订三方保兑仓协议，需要加盖三方的公章。因此，每次签约前，任某和闫某某都会来到北京该石化公司的办公大楼，通过熟悉的那两名员工预订好一个会议室。签约当天，任某和闫某某就陪着银行工作人员来到该石化公司内部的会议室。

“因为这个石化公司是非常大的企业，银行的工作人员一看在这个公司的办公室签约，就放松了警惕。”时任济南市公安局经侦支队一大队的副大队长褚洪泉称。一旦签约，闫某某就称要拿着协议到财务部盖章。其实，闫某某是拿着协议来到旁边的厕所，将事先准备的伪造公章盖上，然后再将协议带回会议室。整个过程看上去天衣无缝，即便曾有银行工作人员提出要跟着去盖章，也被闫某某用恐吓的言语给吓回去了。

搞定三方保兑仓协议之后，任某和闫某某就开始筹备截留银行开具的承兑汇票。一般而言，银行会将承兑汇票快递给该石化公司。作为三方之一，任某假装关心承兑汇票的快递情况，从而获知了快递单号。他们在快递到达该石化公司之前就来到其办公楼，主动打电话给快递员询问快递到达的日期。一旦快递员来到办公楼，闫某某就会主动联系快递员称自己出来进行签收。如此一来，银行承兑汇票就落入了任某和闫某某的口袋。此后，任某和闫某某就将银行承兑汇票进行贴现，在给银行贴现利息之后获取余额。“这样任某归还借来的保证金，支付部分贴现利息之后，剩下的钱就是自己的。”褚洪泉称。任某等人获取了票面总金额 99 亿元中的 40%多，也就是说他们可以支配 40 多亿元。

2016 年 5 月，经济南市中级人民法院和山东省高级人民法院两审终审，主要犯罪嫌疑人任某、闫某某分别被判处无期徒刑和 13 年有期徒刑。

9.5　物流金融业务发展的新技术

9.5.1　物流金融业务发展困境

尽管物流金融通过衔接上下游企业与核心企业在一定程度上解决了中小企业融资难的问题，可是从某些方面看，它依旧存在一些弊端需要改进，主要包括以下几个方面。

1. 信息不对称制约授信对象

物流融资过程中，存在上下游信息不对称的问题，主要体现在企业资信等级、经营状况和资金流向等方面。银行难以对中小企业做出全方位、精确的评估，因而为了保障安全，银行将风险转移给核心企业，让核心企业作为银行和中小融资企业的中间桥梁。这种方式也是物流金融的核心思想。可是银行对核心企业的“授权”不是无条件的，并不是只要是核心企业就可以作为中间桥梁。银行为了规避风险，又考虑到授信额度有限，往往只接受核心企业对接一级供销商，其他与核心企业没有直接交易合约的二级及以上的供应商与销售商很难获得授信额度，甚至被拒绝授信。在这种情况下，参与物流金融的合作者有限，不利于业务规模的扩张，从而限制了物流金融的发展。加上核心企业对中小企业信息的获取渠道有限，也不可能对它们完全了解，无法彻底把控，因而，企业间建立信任困难，从而会进一步限制物流金融业务授信对象的选择。

2. 业务流程透明度低，责任追溯困难

在供应链中，存在业务流程透明度低的问题。一旦出现贸易纠纷，很难分清双方各自应该承担的责任。因此银行为了控制风险，有时会引入中介机构，让第三方机构对中小企业进行监督，如存货融资模式和预付账款融资模式都借助了第三方物流企业。但是，这不代表这种方式能够绝对避免信息不对称所引发的问题。在整个业务流程中，所有项目的操作透明度不高，信息公开不完全，即使有第三方机构的监督和核心企业的把控，也不能保证第三方机构和核心企业的操作绝对规范。因此，操作透明度低，责任追溯困难成为物流金融业务顺利进行的制约因素。

3. 交易过程手续烦琐

在物流金融中，交易过程中的手续十分烦琐，主要原因在于银行贷款时必须控制风险，保证整个金融市场稳定运行。因此，银行得顾及所有的细节，让各个环节都有据可查，每进行一步操作，都要有加盖公章的纸质单据作为凭证，涉及交易事项的需要留下凭证方便日后查证。

签章次数多不仅造成交易流程烦琐，还影响业务运行效率。物流金融的大部分业务依赖手工操作，需要检查各式各样的纸质交易单据，审阅公司账务，以及完成各种认证工作。尤其是应收账款票据、出账等工作均需要人工完成，这些烦琐的流程既耽误时间又占用成本，长期下来制约了物流金融的发展速度。

9.5.2 区块链技术

区块链技术是一种独特的数字加密技术，它采用分布式记账的方式对数据进行存储、传递、交流与验证。区块链按照时间顺序对区块进行连接并排列组合，形成一个链式数据结构。这种技术在实现数据检验和保存功能的基础上，通过分布式节点共识机制刷新和产生数据，利用特有的加密技术保证数据访问和传输的安全性，是一种新型的计算模式和基础构架。区块链技术有如下特点。

1. 去中心化

去中心化能让供应链中的所有参与主体相互信任，彼此可以直接放心交易，不必因信息不对称而不得不委托物流企业、信托公司等第三方机构。每个用户端都是一个节点，中心可以由供应链参与主体中的任何一方来承担。简单来说，大家手里都有一个分布式账本，上面记录了所有交易者的信息，成员可以直接获取任意信息而不必依靠中间桥梁。

2. 信息不可篡改

信息不可篡改是将区块链技术融入供应链的一大亮点。信息录入平台系统后，数据写入数据块，验证通过后便很难改动，并且数据会被永久保存。这种算法可以从源头上保证数据的真实性，有较强的可靠性。

3. 可追溯性

使用区块链的记账功能不仅可以实现数据的记录与存储，还能准确记录数据录入的时间，就像日常结账时打印机可以显示打印时间一样。和一般系统一股脑地大量录入数据不同，它能显示供应链中每笔交易发生的准确时间，每次交易活动都有据可查，也就是可以溯源。若参与主体间发生纠纷，可以靠这个功能追查问题源头，划清双方责任。在财务审计或者风险监控方面，区块链技术也能派上重要用场。

4. 集体维护，公开透明

数字签名同时使用了公钥和私钥，供应链中所有用户都有一把公钥。这样人手一本记账本，大家都能获取公共信息，即整个系统里信息是公开透明的，全网数据同步，人人都能自由查询所需信息，任何变动所有人也会同时知晓。除了只有私钥能开启的部分，无论什么恶意篡改行为都会被暴露。

9.5.3 区块链技术应用的优势

区块链技术具有显著提高交易效率、改善监管控制和消除非必要作业环节的巨大潜力。区块链技术具有颠覆性的潜力，并能为消费者、商家、金融机构、企业和供应链带来各种好处。以下概述了区块链技术的一些主要优点。

（1）供应链中任何对象的活动都可以被永久地、不可更改地记录下来。

（2）追踪卖方的身份和信誉，即使在跨境交易的情况下，也可以通过公开参与的方式创造新的共享经济体。

（3）区块链技术能完成开具发票、验证、批准、付款请求、交易和清算过程。

（4）买方可以控制其资产并能够做出备份，还可以绕过某些支付障碍。

（5）区块链技术通过消除错误并简化对账流程来降低与合同相关的交易成本。

（6）买方可以通过区块链技术为其订购的商品和服务提供付款保证。

9.5.4 案例：腾讯云区块链供应链金融（仓单质押）解决方案

腾讯云区块链供应链金融（仓单质押）解决方案将腾讯云区块链技术与仓单质押融资场景充分融合，结合智能仓储、智慧物联网、人工智能、大数据分析等技术，有效解决了传统仓单质押融资过程中的身份信任、风险管控及效率低下等问题。资金方、担保方能够基于这一方案，搭建一个能够快速担保、可信确认的融资平台，仓单质押融资过程中的金融风险管理的难度将有效降低，融资效率得以大幅提升。

然而，由于以往业务过程不透明、信息不对称、数据更新不及时，仓单质押融资也存在诸多痛点问题。对于金融机构来说，缺少对质押贷款全过程监控的能力，导致多头借贷、恶意骗贷的现象难以杜绝。对于企业来说，质押成本过高、融资流程效率低下。同时，仓单持有者希望充分发挥仓单的金融工具属性，实现仓单高效、可信地背书、转让、结算。

针对这些问题，腾讯云区块链供应链金融（仓单质押）解决方案通过区块链技术，打造出了一整套完全可信的仓单流通数字化全流程方案，如图9.7所示。

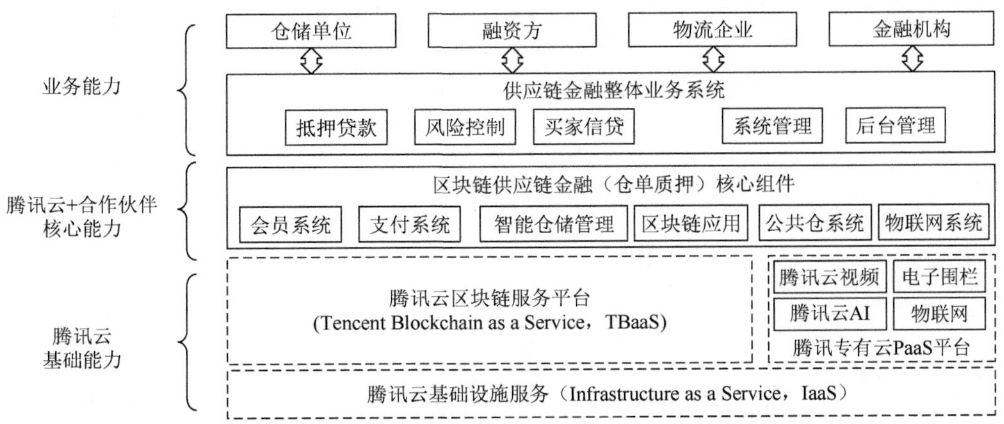

图9.7 腾讯云区块链供应链金融（仓单质押）解决方案

一方面，该方案通过区块链、密钥与数字证书的结合使用实现多方共享账簿，做到数据不可篡改，便于数据追溯与后续审计。另一方面，密码学技术的应用则可确保交易信息只在必要的参与方直接进行分享，可以有效保护商业隐私。而电子化的仓单作为一种数字资产和行使权益的唯一凭证，能够在不同属主之间进行便捷流通。

此外，该方案还创造性地将物联网、智能视频监控、图形图像识别等技术与仓单质押融资场景结合起来。货仓的物联网数据、智能仓储数据、电子围栏数据及车牌标识数据实时动态上链，方便资金方进行监管，解决了平台信任问题，可以有效防止多头借贷和恶意骗贷，降低金融风险。

基于区块链技术打造的数字化全流程方案让质押融资业务在区块链上能够快速地开展起来，此外，该方案作为开放式结构，还可以进一步拓展各类大宗商品业务的服务能力，为各类贸易场景提供技术支持。2019 年，该方案被第七届中国电子信息博览会（China Information Technology Expo，CITE）评为“CITE2019 区块链优秀解决方案”，并已经在一些银行、交易所等落地。

思　考　题

1. 请简要概述物流金融的价值与作用。
2. 请结合物流金融的主要业务，谈谈如何通过物流金融解决我国中小型企业面临的融资困境。
3. 请结合课外资料，谈谈如何防范物流金融风险。
4. 请结合课外资料，谈谈物流金融的发展前景及趋势。
5. 请思考物流金融的发展对物流总成本有何影响，以及给物流一体化带来哪些挑战。

第10章

物 流 外 包

全球经济进程的加快既为企业发展带来了机遇与优势，又给企业生存、壮大带来了压力与挑战。企业必须有效地配置人才、技术、资金等资源，才能在激烈的市场竞争中脱颖而出。资源合理配置的关键之一，就是将企业的核心资源投入到能够产生最大效益的企业核心价值活动中去，主攻战略核心业务，而将一些非核心的、不具备特殊能力的业务外包出去交给第三方企业完成。比如，制造型企业把核心资源集中于生产和研发，而把物流业务外包给第三方物流企业完成。这体现了供应链管理中协调与分工的思想。有物流业务外包需求的企业，以及提供外包的服务商（如第三方物流企业、第四方物流企业和第五方物流企业）共同组成了物流外包行业。

本章首先介绍物流外包的概念，企业进行物流外包的内部动因和外部条件，企业物流外包的风险；其次，概括第三方物流的概念、类型及服务内容，并详细地描述第三方物流的利益来源及运作价值，并描述企业物流外包决策的流程，分析物流外包的风险来源，构建物流外包风险评估指标，从企业、政府、行业协会、保险行业四个层面提出外包风险的防范方法；再次，引入第三方物流的战略管理和运作管理，并详细描述第三方物流企业成本管理的途径；最后，简单地归纳我国物流行业的概况。

希望读者通过本章的学习，领会企业物流外包的基本思想和主要决策方法，掌握第三方物流的管理策略和运作方式，对国内外第三方物流和第四方物流行业的发展有所了解，并深入理解物流外包在物流中的作用，尤其是其对物流总成本的影响，以及其所带来的一体化挑战。

引入案例：通用汽车公司的物流外包策略

通用汽车公司（General Motors Company，GM）通过采用业务外包策略，把物流业务外包给 Leasewag 物流公司。Leasewag 物流公司负责通用汽车公司的零部件到 31 个北美组装厂的运输工作，通用汽车公司则集中力量于其核心业务上——制造轿车和卡车。始于 1991 年的合作使通用汽车公司节约了大约 10%的运输成本，缩短了 18%的运输时间。通过业务外包策略，通用汽车公司得以裁减一些不必要的物流职能部门，减少整条供应链上的库存，进而在供应链运作中保持高效的反应能力。

Leasewag 物流公司在克利夫兰设有一个分销中心用来处理交叉复杂的运输路线，通过电子技术排列它与各通用汽车公司的北美工厂的路线，便可以动态地跟踪装运情况，并能根据实际需求实现 JIT 运输。Leasewag 物流公司的卫星系统可以保证运输路线组合的柔性化，如果一个供应商的装运情况落后于计划，Leasewag 物流公司可以迅速地调整运输路线的组合。Leasewag 物流公司采用的“精细可视路线”技术实现了通用汽车公司生产线上的低库存水平。

请结合以上材料思考以下问题。

（1）通用汽车公司为什么把运输业务外包给 Leasewag 物流公司？

（2）通过外包通用汽车公司可以获得哪些好处？又会存在什么风险或者隐患？

10.1 企业物流外包的概念及原因

10.1.1 企业物流外包的定义及理论依据

1. 物流外包的定义

物流外包是企业业务外包的一种形式。企业的业务外包，指的是企业为了获得比单纯利用内部资源更多的竞争优势，而将其非核心的业务交由合作企业完成的一种战略行为。类似地，企业物流外包就是生产经营型企业为了集中精力发展核心业务，将物流活动以合同的方式委托给专业的物流公司，由物流公司对物流全程进行管理和控制的一种运作方式。

有物流外包需求的主体既包括企业端的制造业企业，也包括消费端的货主，行业也遍布医药行业、汽车行业、家电行业、建材行业等。为了满足客户对物流服务的价值诉求，涌现出了大批第三方物流服务企业，并且它们深耕于特定行业。

2. 物流外包的理论依据

企业物流外包理论主要建立在以下五项理论的基础上。

（1）资源基础理论。

（2）竞争战略理论。

（3）核心竞争力理论。

（4）委托–代理理论。

（5）交易成本理论。

资源基础理论认为，企业只有发展那些有价值的、稀缺的、不易被模仿的和不可替代的异质性资源和能力，不断开发和利用外部的互补性资源，才有可能持续地保持竞争优势。企业要想获得产品或服务的差异性或以最低的成本提供一致的产品/服务或强化企业价值，在自身不具备相应资源或不想在所需资源上进行更多投资的情况下，充分利用外部资源和能力，实施外包或与外部企业缔结战略联盟是企业的战略选择之一。

竞争战略理论认为，企业应当根据对内部竞争优势与劣势和外部的机会与威胁深入分析，制定出正确的战略以强化自身在成本或差异化方面的竞争优势。对于制造业企业来说，其竞争优势一般体现在研究与开发、生产与营销上，在物流的运作上一般处于劣势地位。

将精力集中在价值链中具有竞争优势的研发和生产等领域，将物流外包给专业的第三方物流公司，整个企业的价值链就可以得到强化，竞争优势也会得以增强。

核心竞争力理论认为，并不是企业所有的资源、知识和能力都能形成持续的竞争优势，可以依据价值性、异质性、不可模仿性、难以替代性和延展性来区分企业的核心能力与非核心能力。它解释了对企业来说哪些业务才是真正重要的，企业应有清醒的认知，确定自己的核心竞争力，对企业核心竞争力有影响的、具有战略重要性的产品或者服务应当留在企业内部，而对于企业核心竞争力无直接影响或者影响不大的产品或业务，则应采取外包的方式交给外部的专业组织来处理。

委托-代理理论认为，委托-代理关系是随着生产力大发展和规模化大生产的出现而产生的。在委托-代理关系中，由于委托人与代理人的有限理性和机会主义行为等因素，两者的利益存在冲突。在没有外在制度约束的情况下，代理人的行为最终很可能损害委托人的利益。因此，委托-代理关系的关键是倡导所有权和经营权分离，企业所有者保留剩余索取权，而将经营权利让渡，这也是物流外包契约缔结的关键理论依据。

交易成本理论认为，交易成本是由信息的不对称、有限理性、机会主义和交易的不确定性等原因引起的。从交易全过程来看，采用物流外包能避免交易中的盲目性，降低搜寻信息的成本；能降低讨价还价的成本；能有效地降低交易中的监督执行成本，并降低因机会主义行为而发生的成本；有利于提高双方对不确定性环境的应变能力，降低由此带来的交易风险。同时物流外包企业与外部企业之间的合作竞争关系，又有利于激励第三方企业更好地提高物流效率和市场效率，否则，企业有可能在将来更换服务伙伴，甚至实施物流自营。

交易成本理论、委托-代理理论主要从经济（费用）的角度研究物流外包的机理。换句话说，工业企业之所以外包物流是因为将物流交给专业化的第三方物流企业可以实现规模经济。然而他们没有考虑环境、结构和战略等因素对组织的影响。事实上，组织外包物流，费用效率仅仅是重要的考虑因素之一。如果仅从经济的角度研究物流外包，那么谁提供的费用低谁就会成为外包伙伴，而不考虑以往与该伙伴的合作是否愉快、默契及交易的质量如何，这样会导致决策的不切实际。

竞争战略理论、资源基础理论、核心竞争力理论是从战略的角度研究物流外包的机理的。在这些理论看来，企业实施物流外包是为了获得对企业的生存与发展至关重要的、内部所缺乏的物流资源以获得或维持企业的竞争优势。竞争战略理论强调了企业与外部组织的相互依赖性。然而，这些理论却没有考虑怎样管理或驾驭企业与外部组织之间的关系。因为竞争战略理论着眼于使内部组织实现价值最大化，而没有考虑外部组织的情况。事实上，在当今日益激烈的市场竞争环境中，企业要抓住稀缺资源，实现组织目标的最大化，就必须解决好外部环境的不确定性问题。

10.1.2 企业物流外包的原因与条件

核心能力是企业获取持续竞争优势的来源和基础。大多数中小企业由于规模小，资金、技术实力薄弱，难以取得全面的竞争优势，只能把有限的资金、人力、物力用于某一方面来获得市场优势。物流外包的实现取决于两个因素：一是企业是否有物流业务外包的需求，这是内部动因；另一个是客观环境是否具备物流外包服务所需要的各方面条件。两者共同作用，才能保证物流外包的可行性。

1. 企业物流外包的内部动因

企业物流外包的内部动因主要包括以下五条。

（1）降低成本。

（2）提升效率。

（3）分担企业风险，提高企业的柔性。

（4）快速响应客户需求。

（5）企业自身的局限。

与企业自营物流相比，许多第三方物流公司在国内外都拥有良好的运输和分销网络，在组织企业物流活动方面更有经验、更专业化。所以通过物流业务外包，企业可以降低在运输设备、仓库和其他物流设施方面的投入成本；通过第三方物流企业的运作，企业可以获得规模效应，并将更多的时间和精力放在自己的核心业务上，提高了供应链管理和运作的效率。

企业通过外向资源配置，取消了与用户各自独立拥有的库存和运输，从而分散了由政府、市场、财务等因素产生的风险，促进了资源的优化组合，增加了供应链的柔性，使企业更能适应外部环境的变化。与此同时，通过将物流业务外包给第三方物流企业，企业可以将固定成本转化为可变成本，只需向第三方物流企业支付服务费用，较之原先在企业内部维持物流基本设施来满足需求具有更大的灵活性。

不仅如此，现在企业之间的竞争主要在于时间和速度上，第三方物流公司由于其专业化和规模效应的优势，能够快速地对客户的需求进行响应，提高客户满意度。

企业自身的局限包括资金的限制、人力资源的限制、物流技术的限制和信息系统的限制。当企业的核心业务迅猛发展时，相应的物流系统也需要跟上，而企业原来的自营物流系统往往因为技术和信息系统的局限而滞后。物流外包可以帮助企业突破这一局限。

2. 企业物流外包的外部条件

企业物流外包的外部条件主要包括以下三个。

（1）全球生产分工体系的发展。

（2）物流活动的可分性和价值链分割。

（3）物流业务的高增值服务能力。

从大环境来看，在追求规模经济效益、突出企业核心能力及提升企业整体国际竞争力等因素的驱动下，企业生产分工的范围和规模不断扩大，并随着全球市场的形成及运输成本和通信成本的降低而跨越国境。

从生产链条来看，在产品分工的方式下，一系列分处于不同国家和地区的企业，各自负责某个生产环节和工序，在生产链上共同实现某个特定产品的研发设计、生产制造和品牌销售，这实际上形成一条跨国供应链。如果从企业生产行为的角度来看，生产工序的国际分工必然涉及分工的双方，生产工序的国际分工产生了分工的不同角色，如外包、代工等，还衍生出了多个不同的概念，如原始设备制造/贴牌代工、原始设计制造/设计代工等。因此，外包行为构成了产品内分工的企业行为基础。

全球分工体系的发展，使得生产分工的范围越来越广，分工的程度也越来越深。因生产环节而联系紧密的各企业共同合作，这就形成了产品价值链。从产品价值链的视角，将组成价值链的每个企业所对应的生产过程定义为生产阶段。此处的生产过程为广义的生产，既包括生产制造活动，也包括服务活动。根据生产过程的可分性，每个生产（或服务）阶段又可分割成可分离的若干环节，这里称为生产（或服务）环节，如图 10.1 所示。

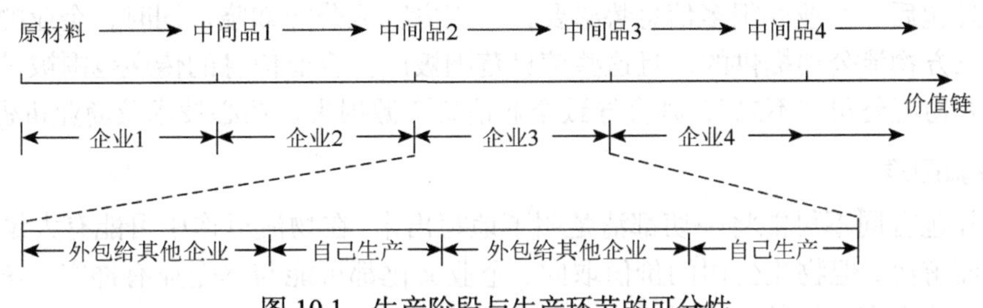

图 10.1　生产阶段与生产环节的可分性

物流外包的前提是，物流业务如上述生产阶段一样，具有物流活动的可分性。这可以体现为价值链的分割。也就是说，企业在进行物流外包决策时，只能将可分离的物流活动进行外包。

外包服务承担企业，只有在为其他企业提供物流业务的过程中才能升级其自身的价值链，才有动力去强化其物流业务的专业化。只有专业化的提升，才能够推动我国广大的第三方物流企业真正具备物流业务的高增值服务能力。其中，包括三个层面的升级。

一是物流服务功能的升级，即物流业务外包的内容从基础业务（如中转运输、市内配送、仓储保管等业务）向更具有外包潜在效益的其他业务（如成品分销、包装、流通加工和库存控制）方面扩展，同时物流系统设计及物流信息管理服务功能的开发也将是高增值外包业务转化的趋向。

二是合作关系的升级，即随着物流服务功能和合作关系的升级，物流外包需求企业和物流外包服务承担企业从市场交易关系发展到战略联盟的合作伙伴关系。

三是物流外包价值链的升级。随着产业分工的继续深化，物流外包不仅是简单地由第三方物流企业来完成企业内部的物流工作和流程，而是由多家企业进行融合，甚至融入了其他产业共同形成的新型的物流服务业，随之完成物流外包价值链的升级。

10.1.3　企业物流外包的风险

由于各种风险因素的作用，企业物流外包可能出现不同的风险表现形态，并对企业的生产经营活动造成巨大的危害，归纳起来物流外包风险及其危害主要有以下几种表现形式。

1. 服务质量下降

在企业将物流业务外包给第三方物流公司的过程中，由于执行主体的转移、信息不畅或扭曲及技术与监控手段的制约，企业难以对服务的全过程进行全面的监控和跟踪管理。如果物流公司的服务能力存在缺陷或组织管理水平下降，就有可能出现交货延迟、货物缺损等情况，进而影响客户的满意度与忠诚度。

2. 失去业务控制

在自营物流业务处理过程中，制造企业往往需要和客户进行直接沟通。如果物流外包，企业将失去和客户直接交流的机会，在客户交往和其他方面会过度依赖第三方物流公司，这可能会导致物流渠道的失控。

3. 企业机密外泄

物流外包后，企业的很多信息势必要让第三方物流公司知晓。同时，企业的很多信息也是由第三方物流公司提供的，且这些信息范围极广。企业信息的传递范围被扩大，并且如果第三方物流公司“不忠”，则会导致企业信息资源损失、核心技术及商业机密泄露。

4. 协调困难

物流外包合同不可能将一切都清楚明了地写出来，在物流运作中可能有大量的问题需要双方协商解决，但物流公司的价值取向、企业文化都可能与本企业有冲突。在双方协商的过程中可能会存在困难，尤其是存在较大的利益冲突时。

5. 转置管理成本上升

转置管理成本是拥有部分物流能力的企业由自营转向外包时所增加的管理成本。但当外付给外包服务的费用及服务相应的风险成本之和高于企业自行整合物流资源的成本时，企业将放弃业务外包而选择自营，这会促使企业重新构建自身的物流系统，这无疑增加了企业的运营成本。

6. 生产物料供应断档

企业物流管理目标是：生产过程零缺陷，经营过程零库存。JIT 供应和 JIT 配送是实现上述目标的主要手段。JIT 要求核心企业的上游企业能及时按质按量地直接将原材料或零配件送到企业的生产车间，而且要求来自不同上游企业的原材料或零配件必须同步配合，否则供应链就有出现断裂的风险。在物流外包模式下，企业对原材料或零配件供应材质的要求越严格，上游供应商越多，供应链越长，这种潜在的风险就越大。

7. 影响产品市场销售竞争力

如果企业在分销过程中，因为产品传递速度慢或物流受阻、串货等情况导致其物流服务水平下降，一方面会降低客户的满意度从而影响产品销售；另一方面会让竞争对手抢占市场先机，这些有可能会致使企业产品的市场竞争力丧失或市场占有率下降。

8. 导致企业供应链库存增加与混乱

由于物流外包风险的不确定性，企业必须增加原材料、零部件、产成品的库存以保证生产与销售的正常进行。当供应链上各节点的企业只根据其相邻的下级生产或销售商的需求信息进行供应决策时，就会产生牛鞭效应，从而人为地增大了供应链中上游供应商在生产、供应、库存管理和市场营销等方面的风险。另外对下游的经销企业而言，物流服务水准下降或物流受阻，经销的产品到不了位，不但会影响企业的产品销售，而且也会使经销商产生不满，降低经销商对该企业的忠诚度。如果是核心企业物流外包的过程发生失误，那带来的冲击与波动就可能导致供应链内企业的供销混乱，进而降低整个供应链的竞争力。

10.2 第三方物流的概念与原理

10.2.1 第三方物流概述

1. 第三方物流的基本概念

第三方物流是20世纪80年代中期由美国提出的——在1988年美国物流管理协会的一项服务调查中，首次提到“第三方物流服务提供者”一词。

在美国，第三方物流提供者被定义为：通过合同的方式确定回报，承担货主企业全部或一部分物流活动的企业。其所提供的服务形态可以分为与运营相关的服务、与管理相关的服务及二者兼有的服务三种类型。

日本对于第三方物流的理解是：供方和需方以外不拥有商品所有权的业者为第三方，其向货主企业提供物流系统，为货主企业全方位代理物流业务。它强调物流的全系统、全方位代理。

从美日两国对第三方物流的理解中可以看出，第三方物流形态的独特点不在于由谁去承担物流服务，而在于是以什么样的方式提供物流服务，提供什么样的物流服务。如果聚焦于承担物流服务的主体，就会误将已有的大部分专业物流企业（包括运输企业、仓储企业）全部等同于第三方物流企业，也会误将社会化运输和仓储服务全部理解为第三方物流服务。实际上，社会化的运输服务存在已久，但不能都归结到第三方物流的范畴，或者说不属于现代意义上的第三方物流。现代意义上的第三方物流是指社会化物流企业所提供的现代和系统的物流服务活动，其主要标志如下。

（1）有提供现代化的、系统的物流服务的企业素质。

（2）可以向货主提供包括供应链物流在内的全程物流服务和特定的、定制化服务的物流活动。

（3）不是货主与物流服务提供商偶然的、一次性的物流服务活动，而是采取委托-承包形成长期业务外包形式的物流活动。

（4）不是向货主提供一般性的物流服务，而是提供增值物流服务的现代化物流活动。

第三方物流是独立于供需双方，为客户提供专项或全面的物流系统设计或系统运营的物流服务模式。作为一种特殊的物流服务模式，第三方物流与传统物流的区别如表10.1所示。

表10.1 第三方物流与传统物流的区别

项目	第三方物流	传统物流
服务功能	提供功能完备的全方位、一体化的物流服务	仓储或运输单功能服务
物流成本	规模经济、管理方法和技术先进，物流成本较低	资源利用率低、管理方法落后、物流成本较高
增值服务	可以提供订单处理、库存管理、流通加工等增值服务	较少提供增值服务
客户关系	客户的战略同盟者，长期的契约关系	临时的买卖关系

续表

项目	第三方物流	传统物流
运营风险	需要较大的投资、运营风险大	运营风险小
利润来源	与客户一起在物流领域创造新价值	客户的成本性支出
信息共享程度	每个环节的物流信息都能透明地与其他环节进行交流与共享，共享程度高	信息的利用率低，没有共享有关的需求资源

2. 对第三方物流的理解

进一步地，可以从物流业务对外委托的角度来分析第三方物流的特点。企业物流业务对外委托的形态有以下三种。

一是货主企业自己从事物流系统设计及库存管理、物流信息管理等管理性工作，而将货物运输、保管等具体的物流作业活动委托给外部的物流企业。例如，家电零售商在某个区域建立了自己的销售网络和配送网络，整个网络的管理也由零售商承担，但其将从存货点到商店的电器产品的运输交给某运输业者承担。

二是由物流企业将其开发设计的物流系统提供给货主企业，并承担物流作业活动。例如，目前在我国已经出现的快递服务。快递公司根据顾客的普遍要求设计出不同类型的速递服务产品，这些服务产品都是标准化的产品，客户可以在这些速递产品中选择自己需要的品种。

三是由物流企业站在货主企业的角度，代替其从事物流系统的设计，并对系统运营承担责任。例如，电器零售商将电器的运输、存储、配送等一系列环节的活动都交给物流企业承担，由物流企业按照合理化原则进行网络布局。这种情况相当于零售企业将物流职能委托给了物流企业，是物流职能的外包，而不是仅停留在个别物流环节上。这才是真正意义上的第三方物流。

换句话来说，现代的第三方物流企业站在货主的立场上，以货主企业的物流合理化为目标，基于此去设计物流系统和实施系统运营管理。而且，第三方物流企业不一定要具有物流作业能力，也就是说，它可以没有物流设施和运输工具，不直接从事运输、保管等作业活动，而只是负责物流系统设计并对物流系统的运营承担责任。具体的作业活动可以再采取对外委托的方式，由专业的运输、仓储企业等去完成。第三方物流企业的经营效益是直接同货主企业的物流效率、物流服务水平及物流系统效果紧密联系在一起的。

10.2.2 第三方物流的服务内容

1. 第三方物流服务的内容

在客户需求和市场竞争的推动下，第三方物流服务已经从简单的运输、仓储等单项物流活动转变为更全面、更高级的物流服务活动。而且，现代的第三方物流企业与其客户之间的关系不再是一单对一单的简单交易关系，而是一种长期的业务伙伴或者物流联盟关系，它们利益共享、风险共担。从表 10.2 可以看出，第三方物流的服务内容涵盖了物流活动的各个方面和环节，在生产物流和消费物流领域都发挥了重要的作用。

表 10.2 第三方物流提供的服务

最常提供和使用的服务	一般服务
设计和开发物流策略/系统	咨询
EDI	库存管理
提供管理和服务水平的监测报告	组装、维修和包装
货物的仓储和集运	退换货处理和维修
选择和考核承运人、货运代理和海关代理	海外分销和采购
信息管理	国际通信
运费支付	进出口许可证、业务操作和海关通关
运费谈判和费用监督	信用证审单和制单

总的来说，第三方物流的服务内容主要集中在物流战略咨询、物流管理、物流规划、物流作业和物流信息系统维护等方面，较为常见的包括以下内容。

（1）设计和开发物流策略/系统。它包括提供物流管理信息系统的设计、配送方案、配装方法、运输方式的选择等。

（2）信息管理。高质量的服务水平和全方位的服务内容必然会引起物流成本的攀升，而第三方物流企业的信息管理能力则是提高物流服务质量的关键因素。其实质就是通过信息管理系统来控制物流的各个环节，使服务和成本这两个目标达到最佳的平衡点。

（3）货物的仓储和集运。仓储服务往往是第三方物流企业的基本服务内容，而货物的集运则需要物流企业在仓储、铁路运输、公路运输及海运等方面具备综合运输能力。

（4）选择和考核承运人、货运代理和海关代理。第三方物流企业很难依靠自身的力量来为客户提供全方位的服务，这时就需要与其他的战略伙伴来协作完成。

（5）咨询。例如，利用第三方物流企业在消费者和货主之间的桥梁作用，为货主提供前期的市场调研及预测；根据不同国家的贸易等级要求，建议货主使用不同的包装材料及包装方法等。这些服务拉近了企业与货主的关系，符合双方的经济利益。

（6）运费支付。它主要指给提供协作的其他第三方物流企业支付运费，这符合社会化分工和分工细化的经济规律。

如上所述，第三方物流不仅要提供货物购、运、调、存、管、加工和配送全过程的服务，而且要提供网络设计和使商品整个物流过程最优化的解决方案。

2. 第三方物流企业的类型

由于不同的第三方物流企业的核心竞争优势和资金能力是不同的，所以其服务的业务范围和客户群体也各有差异。

按第三方物流企业提供服务的种类，可将其划分为以下三类。

（1）以资产为基础的第三方物流企业。

（2）以管理为基础的第三方物流企业。

（3）提供综合物流服务的第三方物流企业。

以资产为基础的第三方物流企业主要通过运用自己的资产来提供专业的服务，这些资产可以是车队、轮船或仓库，如中储发展股份有限公司、敦豪航空货运公司、A. P. 穆勒–马士基集团等企业。以管理为基础的第三方物流企业则是通过系统数据库和咨询服务来提供物流管理服务。许多大的物流服务提供商都建立了独立的业务部门，提供以管理为基础的服务，如德迅公司。与前两种企业不同，提供综合物流服务的第三方物流企业一般拥有卡车、仓库等资产，它们提供的服务，并不以使用自己的资产为限，一旦有需要还会与其他提供者签订子合同以提供相关的服务，如 UPS、联邦快递、宝供物流企业集团有限公司（以下简称宝供物流）等企业。

按其所属的物流细分市场可将第三方物流企业划分为以下四类。

（1）操作性的企业。

（2）行业倾向性的企业。

（3）多元化的企业。

（4）顾客化的企业。

在操作性的企业中，承运人通常以成本优势进行竞争，它们一般精于某项操作，如快运企业中的敦豪航空货运公司、UPS、联邦快递等企业。行业倾向性的企业，又称行业性的企业，它们常为满足某一特定行业的需求而设计自己的作业能力，如荷兰的 Pakhoed 企业为满足化工行业的需求而配备了相应的基础设施，具备了行业需要的作业能力。多元化的企业开发出了一系列相关又不具相互竞争性的服务，如在班轮运输中的相关服务，包括集装箱、码头、汽运、仓储和水运等服务。顾客化的企业则是面向一些有很高的专业需求的客户，它们之间的竞争主要在于服务而不是费用，如 Frans Maas 与一家欧洲大公司有着密切的服务关系，它不仅为原料的运入和产成品的运出安排运输，还提供最终产品装配的操作及为顾客做产品测试。

10.2.3 第三方物流的运作价值和利益来源

第三方物流企业发展的动力就是要为客户及自己创造利润。第三方物流企业要以优质的服务吸引顾客，而且它提供的服务必须符合客户对于第三方物流的期望，使客户在物流方面得到利润的同时，第三方物流企业自己也获得收益，以此达到双赢。

相较于外包企业，第三方物流公司必须体现出专业性和先进性，为客户提供比其自身物流运作更高的运作价值，帮助其获得效益。这种效益可能源于技术进步或者物流系统提升等带来的物流作业改进，产生作业效益；可能源于规模化运作带来的成本节约，促进不变成本向可变成本转变，产生经济效益；可能是源于对活动的梳理和管理的规范化，管理系统得以升级，产生管理效益；也有可能通过提供服务，帮助客户企业进行资源整合，集中资源和精力在主业管理上，助力企业的战略发展。

具体而言，第三方物流公司给客户带来的运作价值包括：①提高运作效率；②整合客户运作；③横向或者纵向的资源整合；④发展客户的组织运作。

物流运作效率的提高意味着要对每一个物流环节进行优化升级。例如，仓储的运作效率提高可能得益于设施设备的升级及运作技能熟练度的提升。一方面，第三方物流企业要能够协调连续的物流活动；另一方面，第三方物流企业还需要有较强的协调和沟通技能。

第三方物流企业提高运作价值的第二个方法是引入多客户运作，在开拓新客户的同时，对已有的客户资源进行整合。然而，第三方物流企业实现对客户资源的整合，是个复杂性很高的工作，需要不断地运用新型信息技术和技能。但是，整合客户运作带来的规模经济效益也是递增且可观的。

客户运作的整合主要是内部整合。其实从第三方物流企业的角度来说，其也可以进行资源整合。在纵向上，第三方物流企业可以通过购买具有成本和服务优势的单项物流功能作业或资源，发展同单一物流功能提供商的关系。这也是其创造价值的一种方法。在横向上，第三方物流企业如果能和类似的但不是竞争对手的公司合作，联合为客户服务，则可以扩大其为客户提供的服务的领域。

最后一种价值是通过发展客户的组织运作来创造价值。这种第三方物流服务基本上是接近于传统意义上的物流咨询公司的工作，不同的是此时提出的解决方案要由物流提供商自己来开发，并完成运作。最简单的办法就是在客户所属的供应链中创建单一的节点或在单一节点（如配送节点）的基础上运作、控制和管理相关活动，并连接物流上下两个方向的运作。

另外，第三方物流企业自身的获利保障，必须扎根于物流作业的高效化、物流管理的信息化、物流设施的现代、物流运作的专业化、物流体量的规模化，由此来体现其价值，创造利润。

10.3　企业物流外包的决策

10.3.1　外包决策流程及合作商的选择与管理

1. 外包决策流程

企业涉及物流外包决策的第一步，就是在自建物流和第三方物流之间进行权衡。自建物流是指企业独资经营物流业务，自主建立一套完整的物流体系来为企业的物流配送业务服务。第三方物流是指多项物流活动的采购行为，是对多种或综合服务的采购，涉及计划、控制和实施过程的采购，通常涉及长期业务关系。第三方物流基本的价值增值来自于管理信息和知识，尤其是EDI、信息系统、卫星通信等技术服务。

表10.3描述了自建物流和第三方物流之间的差异。基于此，企业需要从战略、竞争力、物流运营能力及经济效益等多方面来进行权衡，如图10.2所示。

表10.3　自建物流和第三方物流的优劣势

类型	优势	劣势
自建物流	自控权：企业对自建物流拥有完整的自控权，能够对仓、运、配等各环节进行有效协调，保证物流服务的及时性和安全性 稳定性：在节假日等特殊时间段，企业可以有效避免运力不足 认可度：稳定的优质服务能够帮助企业获得客户的高度认可	高成本：成本高昂、回本周期漫长，对企业资金流动性造成巨大压力 难管理：自建物流需要庞大的员工队伍，这也带来了管理、培训等方面的难题 分散性：资金、人才等资源的分散使企业无法专注于核心业务

续表

类型	优势	劣势
第三方物流	低成本：减少企业物流方面的资源投入，在物流低成本运营的同时，规避经营风险，并专注于核心业务提升 多选择：蓬勃发展的第三方物流为企业带来了更多选择，企业可以根据实际情况选择最佳的第三方物流提供商 信任度：成熟的第三方物流公司拥有丰富的物流经验，也具有相当的市场知名度，可帮助企业获取客户信任	难以控制：企业难以充分控制商品流通过程，甚至难以及时获取物流信息 运力不足：在节假日等特殊时间段，第三方物流往往也会出现运力不足的情况，从而造成订单积压

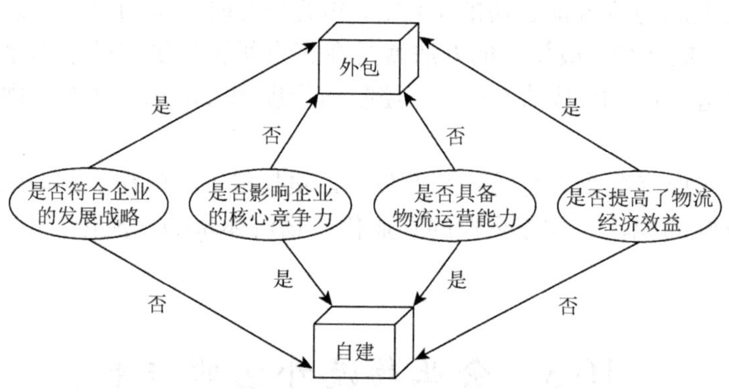

图 10.2 自建物流和物流外包决策的着眼点

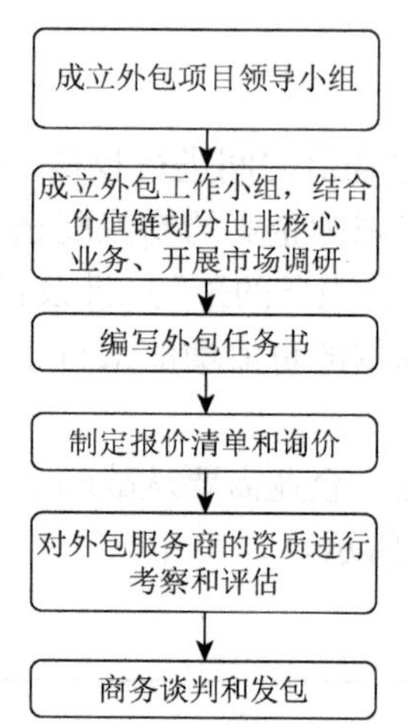

图 10.3 企业物流外包的决策流程

一般而言，企业物流外包的决策流程如图 10.3 所示。

首先，成立外包项目领导小组，为外包项目做出战略决策，并制定出项目实施后应达到的目标。其次，在外包项目领导小组下成立外包工作小组，该小组应结合企业战略，结合价值链对企业的活动进行分析，划分出非核心业务，并针对该业务的外包市场开展调研。再次，编写外包任务书，至少应该包括企业概况（如企业规模、生产产品品种、产量、设备状况等）、外包任务具体描述（这是核心部分）、奖赏条例、外包时间、结算方式等内容。接着，外包工作小组制定报价清单，为各家外包服务商提供一个统一且明确的报价。将外包任务书和报价清单发放给可能提供相关服务的外包服务供应商，向它们寻求方案和价格。根据相关外包服务商的回复，企业需要组织专业技术人员和管理人员对其资质进行考察和评估。最后，采购部门在收到技术部门的评估意见后，与技术合格的外包服务商进行商务谈判，经企业决策层讨论后选定外包服务商，然后签订合同，发包。

2. 物流外包合作商的选择与管理

企业与第三方物流后期的顺畅合作，在很大程度上取决于前期的正确选择。和供应商的选择一样，企业在选择第三方物流供应商时，也需要关注资质、匹配度和配合度等指标。只有符合企业需求的第三方物流供应商，才能成为精益物流、智慧供应链的助力。

企业选择外包合作商的首要标准是识别和评估第三方物流企业的资质，其核心是需要明确第三方物流的关键服务类别，即针对第三方物流的运输服务、仓储服务、国际互联网服务及其他特别服务进行具体类别的区分。聚焦于上述四大关键服务类别，企业能更好地认识第三方物流的资质，并做出正确的选择。

企业在选择物流合作伙伴时，要对其进行全面的考察、评估，以确保选择到合适的物流供应商。选择好物流供应商后，必须对其运作进行严格监督，对其运作绩效进行及时考评，同时要运用适当的激励机制促使第三方物流企业不断改进业务流程，采用新技术，提高服务质量，降低服务成本，从而使双方合作获得圆满成功。

选择物流服务供应商是一个复杂的过程，要从众多的第三方物流企业中选到能满足企业要求的物流服务供应商是比较困难的。一般可采用直观判断法、招标法、协商选择法和层次分析法等方法进行选择，这些方法各有优缺点，企业应根据自身物流业务的特点进行选择。根据实践经验，招标法应用较多，层次分析法较为科学，招标法和层次分析法结合使用效果更好。

对于发包的企业而言，第三方物流服务提供商属于供应商，也需要对其实施供应商关系管理。对企业运营而言，供应商关系管理的重要性并不弱于客户关系管理、经销商关系管理或公共关系管理。对此，企业要避免一些误区导致的问题，常见的误区如下。

误区一：物流供应商关系管理只是采购部门的事。事实上，如果没有其他部门的需求汇总和业务协助，第三方物流供应商关系管理难以有序进行。

误区二："一刀切"的物流供应商关系管理方法。"一刀切"虽然简化了关系管理，但是容易适得其反。企业应具体问题具体分析，而非死板生硬地"按章办事"，否则，很难与优秀的供应商建立稳固的战略合作关系。

误区三：压缩物流供应商的利润就是为企业谋利。正是在这样的误解下，企业与供应商很容易陷入对立关系。当企业不惜压缩供应商的利润为自己谋利时，最终必然会出现各种问题，而在缺乏供应商配合的情况下，企业的最终成本其实不降反增。

误区四：只需维持基本的合作关系即可。松散型关系虽然能够形成一定的合作，但一切以协议为准的合作机制都难以使企业获得协议之外的收益，采购战略的达成也将因此受限。企业同样应当将第三方物流看作战略合作伙伴，在协同共进中实现双赢。基于长期合作伙伴关系，企业可以与第三方物流深入探讨精益物流的方法，增强双方的协同能力，进而提升双方乃至整个供应链的竞争力。

10.3.2 物流外包的风险管理与控制

1. 物流外包风险的识别

根据外包风险的来源，我们需要识别不同类别的物流外包风险，风险类别主要包括以下几类。

（1）外包依赖性风险。

（2）外包可靠性风险。

（3）外包控制性风险。

（4）外包信息风险。

（5）委托-代理关系的固有风险。

外包依赖性风险。企业往往需要在依赖单个第三方物流服务供应商和多个第三方物流服务供应商之间权衡。选择单个第三方物流服务供应商可以降低企业的交易成本，提高物流服务的质量，但企业难以控制。但选择多个第三方物流服务供应商，又使企业的交易成本增加。

外包可靠性风险。在双方洽商物流外包协议时，物流服务提供者为了获得物流业务、迎合购买方的物流需求，往往会夸大其物流服务能力。在这种情况下，如果发包企业缺乏有效的外包评估机制，很可能导致物流服务供应商选择不当。

外包控制性风险。物流外包使企业失去了对物流服务的直接控制和对物流运作全过程可控性的把握，进而可能导致物流系统输出的不一致、产品可得性的降低。

外包信息风险。物流外包后，企业的很多信息势必要让物流服务供应商知晓，如采购计划、新产品开发等商业秘密。有些信息属于企业的核心信息，如果这些信息外泄，将会给企业带来相当大的风险。另外，企业的很多信息也是由物流服务供应商来提供的，如市场需求信息、销售预测信息、库存信息等，这些信息属于保密的信息。物流服务供应商的参与扩大了企业信息的传递范围，使信息更容易泄露。

委托-代理关系的固有风险。由于信息不对称和信息不完全，委托人往往比代理人处于更不利的位置，从而不可避免地给委托人带来一定的信息风险。比如，大多数物流服务供应商由于自身服务能力的限制，往往需要寻找二级甚至三级物流服务供应商，外购部分物流服务，这就可能造成信息传递的延迟，进而增加货主企业物流外包的风险。

2. 物流外包风险的评估

物流外包风险评估指标的选择有以下四个原则。

（1）全面系统：选取的所有指标应尽可能展现评价物流外包风险的各种特征，特别是对于主要影响因素要做到既不遗漏也不重复，以保证整体评价时能够全面地反映情况。

（2）充分必要：各指标应是最主要的和必不可少的，各指标之间应尽可能相对独立。

（3）科学设计：选择任何一项指标，都应该有足够的根据，选择的指标要能够客观、真实地提供物流外包在某一方面的信息，能够科学地反映这一方面风险的大小。

（4）定性和定量指标相结合：影响物流外包风险的因素大都是无法用定量指标来描述的，因此选用定性和定量相结合的方法是非常必要的。

根据上述原则，可从以下几个方面构建物流外包风险评估指标体系。

（1）外部环境风险：主要包括不可抗力的自然环境因素、国家对物流行业发展的宏观政策、物流服务的需求趋向、外包市场的成熟度、物流行业的竞争激烈程度等市场环境影响因素。

（2）信息风险：企业与物流外包服务供应商之间可能会出现沟通不畅、信息反馈滞后、信息失真等情况，从而导致在整个物流外包合作的过程中形成信息风险。

（3）管理风险：企业物流外包的管理决策、外包企业和物流外包服务供应商的管理模式之间存在着差异，由此可能造成合作上的管理风险。

（4）财务风险：主要包括交易成本的控制、外包业务成本核算的准确度、隐含成本的控制等。

3. 物流外包风险的防范

物流外包不仅对企业有非常重要的意义，而且对国家的经济发展也是非常重要的。因而，物流外包风险防范除了企业自身风险管理体系的完善外，还需要政府、行业协会、保险公司等多主体的参与。

从企业层面来看，首先，企业可以设立动态的外包风险管理机构，在识别企业核心竞争力后选择合适的外包模式，并对整个物流外包业务的流程进行监督管理。其次，企业应努力建立与第三方物流企业的协调机制。物流外包业务涉及多环节、多通道，比较复杂，且随着内外部环境的变化，企业和第三方物流企业之间容易发生冲突，因此建立协调机制是十分必要的。再次，鉴于信息风险是构成物流业务外包风险的重要因素之一，为了避免潜在的信息风险，企业应改进物流运作方案，缩短外包链，建立信息共享机制，强化双方的合作关系管理，建立完善的危机处理体系。最后，企业应加强物流外包风险管理的专项工作，可以将物流外包风险管理的基本流程分为风险的识别、风险的计量、风险管理决策、风险管理决策方案的执行、风险管理后的评价等五个阶段。

从政府层面来看，政府需要为物流外包提供信息引导，减少物流外包过程中的信息不对称；并应继续加强物流基础设施的规划与建设，尽快形成配套的综合运输网络、完善的仓储配送设施、先进的物流信息网络平台等，为现代物流发展提供重要的物质基础；同时应完善物流服务提供商采用国际标准产品标志制度，积极推进物流标准化的实施。

从行业协会层面来看，在市场经济条件下，行业协会作为连接政府和企业的桥梁，具有不可或缺的作用。行业协会需要加强对物流服务供应商等行业信誉的管理，为物流外包企业提供真实可靠的信息，减少物流外包过程中的逆向选择，推动物流服务供应商和物流外包企业之间的互动发展。

从保险行业层面来看，保险行业也应积极开展物流外包业务保险。从理论上讲，哪里有风险哪里便有保险。实际上，由于诸多障碍的存在，物流外包保险未能有效拓展，如物流企业外包风险的评价、外包风险责任的认定、保险费率的确定、损失的估测均极为复杂。但是，物流外包业务保险仍然不失为一种防范和转嫁物流企业风险的好方法，有大力发展的必要和空间。

10.4 第三方物流企业管理策略

10.3节主要针对需要外包物流的企业，介绍了相关的决策流程及实施物流外包的风险管理。实际上，提供物流外包服务的第三方物流企业在战略、运作等方面，也需要做出相应的决策。

10.4.1 第三方物流企业战略管理

第三方物流企业，需要充分了解物流服务的需求类别，并对比物流外包服务的需求，确定自身的服务内容，从而明确自身的战略。以欧洲为例，物流外包服务的需求包括联运、仓储管理、运输车队管理、产品回收、流通加工、物流信息系统等。而从物流服务的供应方来看，美国第三方物流服务的内容主要包括开发物流系统，提供 EDI 服务，提供货物集运支持，帮助选择代理商，辅助企业信息管理，提供仓储服务及其他咨询服务等。

在我国，第三方物流市场起步较晚，但很多企业的物流外包意识在不断增强。目前，第三方物流服务的主要内容还集中于传统意义上的运输服务和仓储服务。尽管物流公司积累了单项服务的经验，但实际上这还不是真正意义上的第三方物流。如何将这种单项服务的内容有机地组合起来，提供物流服务的整体方案，才是第三方物流发展的关键。在这一背景下，提供第三方物流服务的企业需要不断地调整自身的战略定位，采取战略措施，这样才能真正地增强综合物流服务的能力。图 10.4 描述了第三方物流企业战略管理的主要措施，包括兼并、合资、战略联盟和信息合作等。

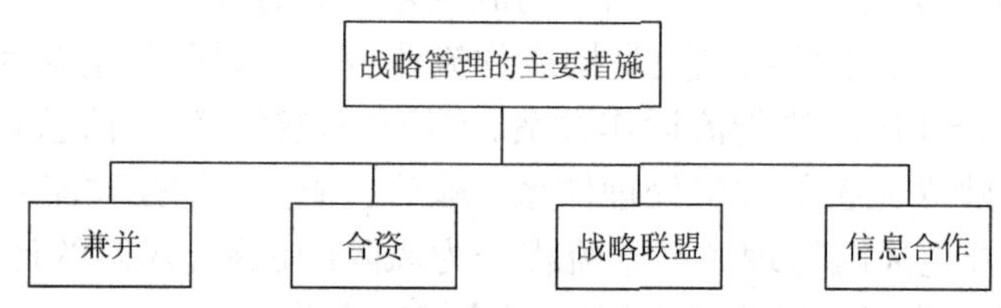

图 10.4 第三方物流企业战略管理的主要措施

10.4.2 第三方物流企业运作管理

如图 10.5 所示，第三方物流企业的运作管理既包括影响其服务效率的信息管理，也包括物流外包风险的安全管理，还包括物流服务的能力管理和设备管理。其中，后两者往往与第三方物流成本密切相关。

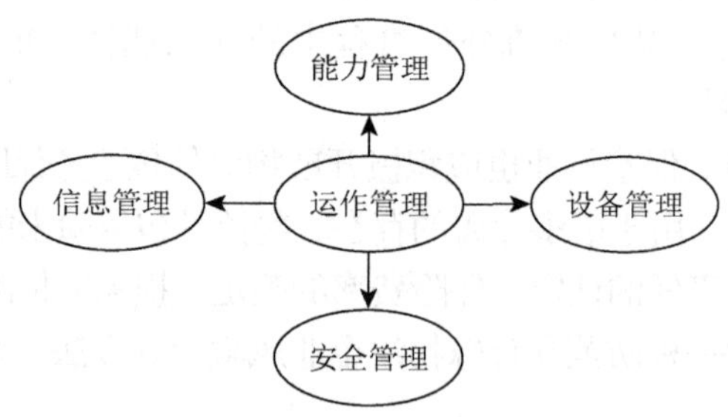

图 10.5 第三方物流企业的运作管理

1. 第三方物流信息系统及管理

物流信息系统与各种物流作业活动密切相关，具有有效管理物流作业系统的职能，是有助于实现物流外包企业作业利益、经济利益、管理利益和战略利益的法宝。第三方物流信息系统主要有七大功能模块，如图 10.6 所示。

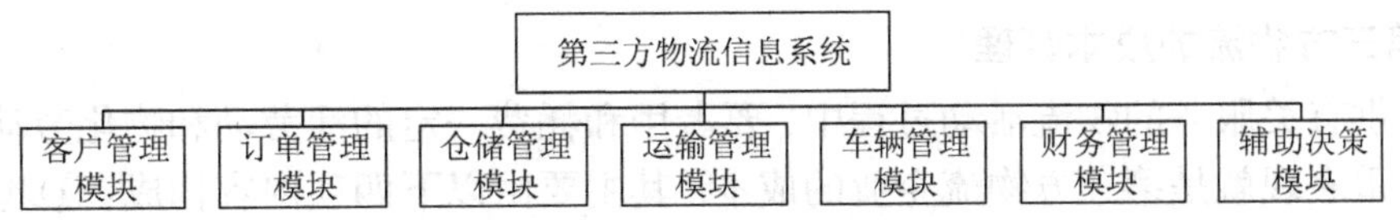

图 10.6 第三方物流信息系统的功能模块

支撑第三方物流信息系统的技术，除了我们熟知的条码技术、EDI、GPS、地理信息系统之外，还包括大数据、云计算、物联网及物联网的“排头兵”技术——RFID。

对于第三方物流企业而言，物流信息系统是其参与市场竞争的关键，是提高服务水平的基础。更重要地，它是其自身系统与客户信息系统的集成，可以使其与客户共享物流信息，获得物流运作的基础信息。因此，相应的物流系统应具备以下特点。

（1）可得性：第三方物流信息系统必须具有容易而又始终如一的可得性，当企业需要获得物流活动的重要数据时，应该很容易从计算机系统中得到，这对于客户服务与改进管理决策是非常必要的，且可以减少作业和制订计划上的不确定性。

（2）精确性：第三方物流信息系统必须精确反映当前的物流服务状况和定期活动，以衡量订货和存货水平，精确性可以解释为物流系统报告与实物技术或实际状况相吻合的程度。

（3）及时性：一系列物流活动发生的时间点与该活动在物流信息系统可见的时间点之间的时间差。第三方物流信息系统必须能够提供即时的、最快速的管理信息反馈。

（4）识别异常情况：第三方物流信息系统应该具备智能识别异常情况的功能，这样在物流管理中就能够利用系统去识别需要管理部门引起注意的决策，计划人员和经理人员可以把他们的精力集中在判断分析上。

（5）灵活性：第三方物流信息系统必须具有灵活的反应能力，以满足系统用户和顾客的需求。

（6）界面友好规范：第三方物流信息系统提供的物流报告的界面应该友好和规范，以适当的形式对物流信息进行表述，建立正确和规范的物流信息表达结构，方便客户查询、阅读、打印和存档。

2. 第三方物流的安全管理

物流外包企业在决策物流外包模式并选择第三方物流企业时，需要识别和评估物流外包的风险。对应地，第三方物流企业也需要进行风险管理，特别是安全管理。专家指出，危化品行业亟须将物流外包，希望能通过第三方物流的介入，让企业摆脱危化品运输过程中事故频发和成本居高不下的困境，提升相应的安全系数。具体而言，危险品第三方物流企业对于运输安全管理的有效对策包括以下内容。

（1）提高应急能力：既包括对安全和风险的评估能力，也包括应急的学习能力。

（2）提高安全监控能力：其核心是车辆跟踪监控和超速停车报警。

（3）健全责任体系并完善货物运输安全管理职责：以安全生产为基础，以安全管理的规范化、现场作业的标准化、安全检查整治的常态化为要求，从管理入手，搭建安全管理的新机制。

3. 第三方物流的成本管理

在提供有关服务的物流活动过程中，要占用和耗费一定的活劳动和物化劳动，这两者的具体货币表现就是第三方物流企业的成本。其主要由以下四项内容构成：①基础设施成本；②运转设备成本；③营运成本；④作业成本。

其中，基础设施成本占有较大比重，如仓库和配送中心的建设成本；运转设备成本是指牵引机车、动力机械等运输工具方面的投资，如汽车、集装箱等；营运成本是指运输过程中所产生的能源、材料和人工等方面的开支；作业成本是指第三方物流作业过程中因分拣、组配、装卸、储存等发生的各类费用。

物流成本的降低是企业获得利润的重要来源。从长远的角度来看，降低物流成本可通过以下几个途径来实现。

（1）物流活动合理化。

（2）加强物流质量管理。

（3）提高物流速度。

物流活动合理化就是使一切物流活动和物流设施设备趋于合理，以尽可能低的成本获得尽可能好的物流服务。根据物流成本的效益背反理论，物流的各个活动的成本往往此消彼长，若不综合考虑，必然会造成物流成本的增加。对于一个企业而言，物流合理化是降低物流成本的关键因素，它直接关系到企业的效益，是物流管理追求的总目标。物流的合理化要根据实际的流程进行设计、规划，不能单纯地强调某环节的合理有效。

加强物流质量管理，也是降低物流成本的有效途径之一。物流质量的内涵丰富，不仅包括运送的商品的质量，还包括物流服务的质量（客户满意程度）、物流工作的质量（包括运输工作质量、仓库工作质量等），以及物流工程的质量（把物流质量体系作为一个系统来考查）。只有不断提高物流质量，才能避免各种差错事故的发生，降低各种不必要的费用支出，降低物流过程的消耗，从而保持良好的信誉，吸引更多的客户，形成规模化的集约经营，提高物流效率，从根本上降低物流成本。

提高物流速度可以通过加快采购物流、生产物流和销售物流的速度来实现。

10.5 我国物流外包行业的概况

由于物流发包企业和提供物流服务的企业之间一般都签订一定期限的物流服务合同，所以在实业界，第三方物流也被称为“合同物流（contract logistics）”。特别地，行业内常将第三方物流默认为 B2B 的物流类型，并不触及个人消费者。

第三方物流的概念自 20 世纪 90 年代中期传入国内，经过多年的发展，已经有了长足的进步。尽管和国外发达国家的物流外包相比，我国的第三方物流仍处于发展初期，但是未来市场潜力很大。特别是随着外资企业的进入和市场竞争的加剧，企业对物流重要性的认识逐渐加深，对专业化、多功能的第三方物流的需求日渐增加。

10.5.1 我国第三方物流行业的分析

1. 我国第三方物流市场的规模

2018 年我国第三方物流规模达到 2406 亿美元，增速达 17.1%，远超社会物流总费用在 2018 年 9.8%的增速。同时，第三方物流在社会物流总费用中的占比不断提升，从 2018 年的 12%上升到 2020 年的 13.9%。

尽管我国第三方物流的市场规模在不断扩大，但是我国物流的整体社会化程度并不理想。中国产业发展研究院发布的分析报告显示，我国第三方物流占物流市场的比重尚不足 30%（日本、欧洲各国和美国等已超过 70%）。特别是从服务对象和交付模式的角度来看，现代第三方物流行业中既包括传统的 B2B 的第三方物流，也包括新兴的基于电商业务的 B2C 的第三方物流。在前者领域，第三方物流主要服务于广大的工业企业。在工业企业的物流体系中，2016 年，第三方物流仅分别占原材料物流和产成品物流的 19%和 31%，而在商贸企业当中，第三方物流所占比例仅达 17%。

不同行业的产品的属性不同，不同企业的供应链网络结构、生产销售模式、对于物流的布局与管理也各有差异，对于第三方物流的需求也因之各异，因而第三方物流的定制化程度很高。

2. 我国第三方物流企业的竞争格局

表 10.4 描述了我国第三方物流企业的几种类型。

表 10.4 我国第三方物流企业的类型

企业类型	代表企业
以运输为基础的综合性物流公司	中国远洋物流有限公司
以仓库和配送业务为基础的物流公司	中国物资储运集团有限公司
以货运代理为基础的物流公司	民生国际货物运输代理有限公司
以托运人和管理为基础的物流公司	IBM、海尔
以财务或信息管理为基础的物流公司	Cass Information Systems，Inc.
独立组建的物流公司	华运通物流有限公司

我国第三方物流主要面向的是企业客户。目前国内该行业门槛较低，经营模式大多停留在“仓干配”等基础的物流环节，较为粗放，同质化高，与发达国家存在一定差距。我国目前大型、专业的第三方物流企业较少，不仅规模小，而且高度分散，在 1 万至 1.5 万家第三方物流企业中，没有一家企业能占到 2%以上的市场份额。大多数物流公司只是局限在供应链功能的某些部分，而无法满足客户一体化的物流服务需求，这导致供应链效率低下，企业缺乏足够的市场反应能力。

我国第三方物流企业的竞争十分激烈，缺乏公认的物流服务标准，企业之间经营能力的差别不是十分明显，要素主要集中在资金规模、网络覆盖面积、拥有的车/船/仓库量等方面。总之，这是一种以粗放式增长为主的竞争格局，会导致竞争对手之间的模仿相对容易。另外由于中国的物流企业并非完全意义上的新产业，大部分是从原来的储运企业转型而来的，因而企业的技术水平与管理水平不高，且未形成核心竞争力。

近些年来，我国第三方物流行业发展迅猛。首先表现在第三方物流的市场规模上，中泰证券发布的研究报告预计，2025 年我国第三方物流市场规模为 2.24 万亿人民币，五年年均复合增长率为 7.2%，其中新能源汽车，智能制造装备，医疗器械，计算机、通信和消费类电子产品等先进制造业物流赛道拥有较高景气度。其次，在行业内的企业发展方面，著名物流咨询公司 Armstrong & Associates 发布了 2020 年全球第三方物流 50 强名单。该榜单按第三方物流公司 2020 年物流总收入/营业额排名，我国有多家公司上榜，其中中国外运股份有限公司排名第 7，嘉里物流联网有限公司排名第 17，上汽安吉物流股份有限公司排名第 32，港中旅华贸国际物流股份有限公司排名第 44。

3. 我国第三方物流行业的问题与挑战

我国第三方物流行业面临的问题主要体现在以下几个方面。

（1）行业壁垒不高，同质化严重。

（2）第三方物流的基础设施亟须完善。

（3）第三方物流公司缺乏专业性的物流人才。

（4）企业规模不大，信息化程度偏低。

（5）缺乏科学的管理方法，服务水平有待提高。

正如前文分析中所呈现的，目前我国大量的物流企业聚集在中低端市场，产品和服务同质化严重，在大型客户和外资物流企业的供应链中处于被整合、被挤压的地位，从而缺乏定价权。

我国的第三方物流企业起步较晚、规模比较小，很多的基础设施都没有配备齐全。另外，随着我国物流行业对外开放程度的不断扩大，大批知名的外国企业涌入中国市场，一方面给本土第三方物流企业带来了激烈的竞争，另一方面也引入了先进的理念，推动着本土第三方物流企业的不断思变和整合。

目前，我国第三方物流企业发展不够成熟。首先，第三方物流企业不能充分把控其内部管理；其次，企业没有构建先进的经营理念来实现优质服务；再次，企业在物流外包中不能细化工作范围，这样一来，第三方物流企业不能及时完成业务以满足客户的要求。

我国第三方物流的门槛较低，且物流企业将市场细分得比较小，再加上企业的资金有一定的限制，导致很多物流企业提供技术含量较低的服务。由于资金的限制，各企业对公共信息平台的建设更是缓慢乏力，这导致各个企业的信息不能有效共享，进而使企业与客户之间的信任度降低。

以第三方物流为代表的合同外包领域，层层外包和转包等不合理现象已经引起了广泛的关注。为了推动科学管理和监管，维护市场秩序，国家相关部门相继出台了多项措施以促进外包市场的规范化和标准化，但是政策的落实还需时日。

另外，随着我国物流行业对外开放程度的不断扩大，外国企业的进入对本土第三方物流企业也构成一定的竞争。

10.5.2 第三方物流的发展趋势及第四方物流

1. 第三方物流的发展趋势

物流外包与第三方物流是一个有广阔前景的产业，同时也面对着国外强有力的竞争。未来，第三方物流市场必将迅速发展壮大，并由此带动第三方仓储的发展。仓储业占第三方物流的比重将会进一步提高。第三方物流的主要发展趋势如下。

（1）智能化、数字化。

（2）提供综合性物流的解决方案。

（3）通过外延式并购提高市场份额。

从信息管理的角度，推动智能化、信息化、自动化物流，可以更有效地服务 B2B 和 B2C 模式。通过整合企业端和消费端的客户大数据，运用信息技术，打通信息壁垒，并根据客户需求安排定制化的物流采购、运输、仓储、配送、信息服务等，可以实现物流系统的自动化、系统化，降低物流的管理成本。我国正在积极推行“互联网＋物流”的发展模式，各大电子商务龙头企业已经涉足智能物流，建设了自己的智能物流平台。例如，阿里搭建的菜鸟网络物流平台利用大数据，对物流配送选择进行规划，为客户提供耗时最短、最优的运送服务；京东的智慧物流以“无人仓、无人机、无人车”研发为基础，打造了全程自动化、高效的物流体系。

综合性服务，是指企业客户将其物流相关需求外包给有全程操作能力的物流服务供应商，物流服务供应商整合后端所有的资源为客户提供包括运输、仓储、配送、装卸搬运、信息、包装、流通加工等多环节、多模式的物流服务。第三方物流不仅要做业务的运作，而且要在系统能力、规划能力上与甲方的供应链负责人沟通，从物流上、系统上多维度地支撑并提供一个完整的解决方案。

国内第三方物流起步较晚，行业市场广阔但分散度高，企业规模普遍不大。大多数物流公司只是局限在供应链功能的某些部分，而无法满足客户一体化的物流服务需求。在这种情况下，规模较大的企业会通过横向或纵向并购来扩大市场份额，完善服务种类，并向产业上下游拓展。

2. 第四方物流简介

随着企业要求的不断提高，第三方物流在整合社会物流资源以解决物流瓶颈、达到最大效率方面开始显得力不从心。虽然从局部来看，第三方物流是高效率的，但从一个地区、一个国家的整体来说，第三方物流企业仍旧各自为政，这种加和的结果很难达到全局最优，难以解决经济发展中的物流瓶颈，尤其是电子商务中新出现的物流瓶颈。另外，物流业的发展需要技术专家和管理咨询专家的推动，而第三方物流恰恰缺乏高技术、高素质的人才队伍的支撑。

随着全球经济的发展，世界环境发生了三方面的变化：供应链的全球化、复杂化；由互联网兴起带来的透明化；市场需求个性化，即同步化。传统的第三方物流已经不适应、满足不了这些变化，于是第四方物流应运而生。

第四方物流的主要作用是对制造企业或分销企业的供应链进行监控，在客户和它的物流及信息供应商之间充当唯一“联系人”的角色。因此，有人把第四方物流称为总承包商或领衔物流服务商。

从第一方物流到第四方物流，事实上是一个概念延伸的过程，都是在提供物流服务。学术界一般用三个坐标值来对物流服务进行衡量，即复杂性、信息技术和增值服务。而物流服务从一方、二方、三方发展到现在的四方，事实上就是对这三个坐标值的不断突破。如果将来还能够对这三个坐标值进行突破，到时一定会出现多方物流。因此，学术界普遍认为，第四方物流的出现的积极意义在于它指出了第三方物流的局限性，同时第四方物流的出现是对现有的第三方物流服务能力的一种挑战。

事实上，第四方物流的出现是市场整合的结果。过去，企业试图通过优化库存与运输、利用地区服务代理商和第三方服务提供商，来满足客户增长的服务需求。但是现今的客户提出了更为多样化的需求，包括电子采购、订单处理、虚拟库存管理等服务，而很多规模不佳的第三方物流服务提供商缺乏对应的综合技能、继承技术、战略和全球扩展能力。一些企业经常发现第三方物流供应商缺乏当前所需要的综合技能、集成技术、战略和全球扩展能力。为改变窘境，某些第三方物流供应商正采取措施，通过与出色的服务提供商联盟来提高自身的技能。其中最佳的形式是和相关的咨询公司、技术提供商结盟。随着联盟的逐渐壮大，以及联盟内团队关系的不断深化，一种新的外包选择开始出现。由它们评估、设计、制定及运作全面的供应链集成方案，这正是第四方物流。所以，第四方物流是物流业发展和提升的助力器。

第四方物流不仅控制和管理特定的物流服务，而且对整个物流过程提出策划方案，并通过电子商务将这个过程集成起来。作为能为客户在制造、市场及分销数据上进行全面、在线连接的一个战略伙伴，它会在可预见的将来得到广泛的应用。

第四方物流的前景非常诱人，但是第四方物流的门槛也非常的高。发达国家的经验表明，要想进入第四方物流领域，企业必须在某一个或几个方面具备很强的核心能力，并且有能力通过战略合作伙伴关系很容易地进入其他领域。有可能成为第四方物流企业的前提条件主要包括以下内容。

（1）有世界水平的供应链策略制定、业务流程再造、技术集成和人力资源管理能力。

（2）在集成供应链技术和外包能力方面处于领先地位。

（3）在业务流程管理和外包的实施方面有一大批富有经验的供应链管理专业人员。

（4）能够同时管理多个不同的供应商，具有良好的关系管理和组织能力。

（5）有全球化的地域覆盖能力和支持能力。

（6）有对组织变革问题的深刻理解和管理能力。

现有第四方物流主要有以下四种来源。

（1）第三方物流企业直接演化成第四方物流企业。

（2）行政性物流信息平台演化成第四方物流企业。

（3）行业物流信息化平台演化成第四方物流企业。

（4）物流枢纽信息平台演化成第四方物流企业。

第三方物流企业可以直接演化成第四方物流企业。以宝供物流为例，在完成向第三方物流的转变后，宝供物流开始向提供增值化的供应链一体化物流服务方向努力，并将物流基地的建设作为提高供应链服务能力的重要突破点。宝供物流建设中的物流基地是集采购、配送、分拣、拼装、简单加工、保税、通关、检验检疫和国际金融结算等功能于一体的一站式物流中心。2002年，宝供物流向外界宣称与IBM合作进入供应链服务领域，向供应链方向转型。这意味着宝供物流的主要业务变成了两个方面：一是与需要服务的企业一起制定合理的供应链解决方案，不仅涉及它们的产品物流，还要对其销售、生产、采购的各个环节的物流业务做综合性的规划，提供整体优化方案；二是通过物流服务来确保这个方案的实施。目前，宝供物流的转型已取得了一定的成绩。联合利华公司整个工厂的仓库管理都在由宝供物流来做，像飞利浦照明、红牛饮料更是将整个供应链业务都交给了宝供物流。

行政性物流信息平台可以演化成第四方物流企业。从2006年开始实施的中国电子口岸已逐步发展成一个跨部门、跨地区、跨行业，集口岸通关执法管理及物流服务为一体的大通关统一信息平台。宁波国际物流发展股份有限公司则是在电子口岸平台上逐步建立起来的第四方物流企业，其旗下有宁波电子口岸和第四方物流市场两大平台。2009年国内首家由双运营主体组建的第四方物流交易平台"四方物流市场"正式开展了第四方物流的实际交易与运作。

行业物流信息化平台可以演化成第四方物流企业。作为一家以大数据技术为核心的科技公司，菜鸟网络实质上是国内最大的第四方物流公司。菜鸟网络在全国范围内形成了一套开放的社会化仓储设施网络，同时它利用先进的互联网技术建立了开放、透明、共享的数据应用平台，为电子商务企业、物流公司、仓储企业、第三方物流服务商、供应链服务商等各类企业提供优质服务，支持物流行业向高附加值领域的发展和升级。

物流枢纽信息平台也可以演化成第四方物流企业。例如，南京王家湾物流中心将国内物流、国际物流与电子商务连接起来，成为第四方物流平台。南京王家湾物流信息网络系统有效地把上游供应商、中间制造商和下游物流服务商有机地结合起来，并通过与相关政府部门及其他物流服务商的连接，为企业提供快捷、通畅的信息服务。它通过信息平台提供的物流信息服务对第三方物流资源加以系统整合，以道路货物运输为切入点开展服务，通过物流信息平台对物流信息的收集、处理、发布和交易，以及在此过程中各物流信息的反馈，为客户提供货物采购、运输、仓储、加工、装卸配送及信息服务。

思 考 题

1. 请简述企业物流外包的原因与条件。
2. 请简述企业物流外包的流程。
3. 请分析企业物流外包的风险，并提出解决办法。
4. 请分析第三方物流企业的利益来源，并试结合现实案例，说明第三方物流企业是如何创造运作价值的。
5. 请结合现实案例，谈谈如何从总成本的角度降低第三方物流企业的成本。
6. 请结合课外资料，分析我国第三方物流行业面临的问题与挑战，并尝试提出应对方法。

第 11 章

电子商务物流

电子商务作为一种新的数字化商务方式，代表了未来的贸易、消费和服务方式。在实业界，如生鲜电商、跨境电商等新兴模式正在进行不断的尝试和推广。“新零售”“全渠道销售”等新概念的核心是线上电子商务平台、线下实体店及现代物流的深度融合。在这一背景下，电子商务与物流的协同发展势在必行。2018 年 1 月，国务院办公厅印发《关于推进电子商务与快递物流协同发展的意见》，2019 年针对细分电商领域（如生鲜电商、跨境电商等）的政策也陆续出台。政策旨在完善相关法律法规，协调电子商务与现代化物流，促进各方面的衔接和融合。电子商务物流是电子商务行业的配套和支持，在与电子商务的不断磨合中，体现出了数字化、信息化、系统化的生态发展趋势。

本章理论与实践并重，较为系统和全面地介绍电子商务与电子商务物流的关系，概括电子商务物流市场的特征和主要模式；然后聚焦生鲜电商和跨境电商这两个细分领域，深入剖析各自市场中的典型运作模式，以及各自领域中热门企业的创新探索；并从物流系统和物流总成本的视角，探讨电商物流体系的构建和相关决策问题。希望读者通过本章的学习，能够掌握电子商务物流的基本知识，理解电商务物流行业的诸多挑战和发展趋势。

引入案例：宜家（中国）的电子商务之路

2018 年，已经是宜家集团进入中国市场的第 20 个年头。宜家（中国）投资有限公司（以下简称宜家）已在 20 座城市开设了 25 家实体商场。不过，因为脱节于中国电子商务（尤其是家居电子商务）快速发展的新形势，近年来宜家在中国的业绩增速不断下滑——2016～2018 财年的销售额同比增速分别为 19.4%、14%、9.3%。

2008 年，宜家首次将电商业务提上议事日程，但被创始人英格瓦·坎普拉德否决。他驳回运营电商的回复是这样的：“网页上可以做买卖，却会减少来店的客人，这样便会失去一些额外的生意。比如，有些商品是顾客随手挑拣的，并不一定是他们需要的东西。”这就是众多业界所担心的“开展电商后的线上、线下业务左右手互搏”问题。

中国电子商务市场的迅猛发展，让宜家在发展电子商务问题上也面临不小的诱惑。2016 年 9 月 1 日，宜家在宜家网上商城上线了 9500 种宜家商品，但购物功能仅对上海地区开放。宜家网上商城的小件物品由亚马逊物流配送，大件商品则采用宜家此前的物流体系，以上海宝山商场为供货商场。

经过多年试水，宜家正从一家只有门店生意的公司变成一家多渠道的零售商。宜家上海网上商城 2018 财年接待了 780 万人次用户，销售额超过 7000 万元，约占当年宜家总销售额的 0.5%。在 2018 年 10 月底，宜家正式上线中国网上商城（www.ikea.cn），将网购范围从上海一地扩展至 149 个城市。

相较于踏上电商之路，线上布局和网上商城运营则更加关键。从 2018 年 11 月 27 日开始，宜家完全基于自有官方网站做电商。按照 2018 年上半年中国网络零售 B2C 市场交易额份额数据，天猫、京东、拼多多、苏宁、唯品会已分别占据 55%、25.2%、5.7%、4.5% 和 4.3%。这些购物平台自带巨大的流量效应，但也面临竞争而致的分流挑战。宜家尽管有在非自有线上平台展示和销售产品的打算，但至今还没落实，也没明确具体的购物平台。消费者仍需要通过应用宝或苹果商城免费下载宜家应用程序。

资料来源：中国工商管理国际案例库。

请结合案例思考以下问题。

（1）为什么宜家在中国雄心勃勃地进行线下扩张后，又在反复矛盾和犹豫中涉猎电商领域？

（2）你怎么看待家居电子商务的迅速发展？

（3）在家居电商市场逐渐依赖社会化物流的背景下，宜家是否有必要引入第三方物流？第三方物流的引入将给宜家带来什么？

11.1 电子商务下的物流概述

11.1.1 电子商务物流管理的概念及特征

1. 电子商务的概念

电子商务，是经济发展和信息技术发展相互作用的产物。作为一种新兴的商业模式，电子商务至今仍没有一个较全面且广泛认同的定义。表 11.1 分别展示了国际组织、政府机构、电子商务公司及学术界中比较典型的电子商务的定义。

表 11.1 电子商务的概念

定义方	定义描述
国际组织	经济合作与发展组织在有关电子商务的报告中对电子商务的定义为：发生在开放网络上的包含企业之间、企业和消费者之间的商业交易
	世界电子商务会议对电子商务概念的权威阐述如下。电子商务，是指对整个贸易活动实现电子化。从涵盖范围方面可以定义为：交易各方以电子交易方式而不是通过当面交换或直接面谈方式进行的任何形式的商业交易。从技术方面可以定义为：电子商务是一种多技术的集合体，包括交换数据（如 EDI、电子邮件）、获得数据（共享数据库、电子公告牌）及自动捕获数据（条码）等
	全球信息基础设施委员会将电子商务定义为：运用电子通信作为手段的经济活动，通过这种方式人们可以对带有经济价值的产品和服务进行宣传、购买和结算

续表

定义方	定义描述
政府机构	美国政府在其《全球电子商务纲要》中比较笼统地指出，电子商务是指通过互联网进行的各项商务活动，包括广告、交易、支付、服务等
	加拿大电子商务协会给出了较为严格的电子商务定义：电子商务是通过数字通信进行商品和服务的买卖及资金的转账，它还包括公司间和公司内利用电子邮件、EDI、文件传输、传真、电视会议、远程计算机联网所能实现的全部功能（如市场营销、金融核算、销售及商务谈判）
电子商务公司	IBM 公司的电子业务是在网络计算环境下的商业化应用，它既是硬件和软件的结合，又是通常情况下所说的狭义的电子商务，还是把买方、卖方、厂商及其合作伙伴在互联网、企业内部网和企业外部网络结合起来的应用
	惠普公司对电子商务的定义是：通过电子化手段来完成的商品的交易，使我们能够以电子交易为手段完成商品和服务的交换，是联系商家和客户之间的纽带，既包括商家之间的电子商务，也包括最终消费者之间的电子商务
学术界	美国著名学者瑞维・卡拉科塔和安德鲁・B. 惠斯顿在其编著的《电子商务前沿》中提到：广义地讲，电子商务是一种现代商业方法，通过改善产品、服务质量及提高服务传递速度，满足政府组织、厂商和消费者的低成本需求
	我国著名学者李琪教授在其编著的《电子商务概论》中提到：电子商务是指在技术经济高度发达的现代社会里，掌握信息技术和商务规则的人，系统化地运用电子工具，高效率、低成本地从事以商品交换为中心的各种总称

综上所述，我们可以从两方面认识电子商务。从宏观角度来讲，电子商务是计算机网络带来的又一次商业革命，其利用电子手段建立了一种新的商业模式。它不仅很好地使电子技术和商业交易结合起来，而且影响了诸如金融、税务、教育等社会的各个层面。从微观角度来讲，电子商务是指各种具有商业活动的主体（如生产企业、商贸企业、金融机构、个人消费者等）利用网络和先进的信息技术所进行的各种商业贸易活动。

值得一提的是，随着电子商务的高速发展，它已经不仅包括购物的主要内涵，还包括物流配送等附带的服务，且这些服务的重要作用日渐凸显。

2. 电子商务物流的概念与特征

电子商务物流就是在电子商务的条件下，依靠计算机技术、互联网技术、电子商务技术及信息技术进行的物流活动。

电子商务物流的特征主要表现在以下五个方面。

一是物流信息化。在电子商务时代，先进的信息技术是核心，要想提供最佳的物流服务，必须要有良好的信息处理和信息传输系统。换言之，信息化是物流的基础，没有信息化，任何先进的技术设备都不可能应用于物流领域。

二是物流自动化。物流自动化的基础是信息化，核心是机电一体化，外在表现是无人化，效果的最终体现是提高物流作业能力、提高劳动生产率、减少物流作业差错。物流自动化的设施非常多，如条码识别/语音识别/RFID 系统、自动化立体仓库、AGV 等，这些设施已成功应用于物流作业流程中。

三是物流网络化。全球信息化的发展为物流的网络化提供了基础，物流网络化成为电子商务时代物流活动的主要特征之一。网络化有两层含义：一是物流信息的网络化，物流配送系统的计算机通信网络和移动通信网络的应用，可以将原本存在于配送中心、供应商或制造商、顾客之间的联系在计算机网络上传递和交互；二是组织的网络化，即利用内部网络采取外包的形式组织生产，再由统一的配送中心将商品迅速发给客户，这一过程的实现离不开高效的物流网络。

四是物流智能化。智能化是物流系统自动化、信息化的一种高层次的应用。因为物流作业中有大量的决策，如库存水平的确定、运输路径的选择、AGV 的运行轨迹等都需要借助于大量的专业知识才能解决。所以，物流智能化已成为电子商务物流发展的一个新趋势，它的实现需要利用专家系统和机器人等相关技术。

五是物流柔性化。柔性化的物流正是为适应生产、流通与消费的需求而发展起来的一种新型物流模式，是配合生产领域中的柔性制造而提出的。物流柔性化对配送中心的要求就是根据多品种、小批量、多批次、短周期的特点，灵活组织和实施物流作业。

3. 电子商务物流的作业流程

电子商务物流作业的主要环节和一般物流的作业环节大体上是一致的，包括商品的包装、运输、储存、装卸搬运、配送及物流信息管理等，如图 11.1 所示。但电子商务的物流作业流程和普通商务的物流作业流程又是有所区别的，因为往往电子商务需要处理的订单种类多且物流需求分散，每个订单都要在比较有限的时间窗内完成送货上门，所以电子商务的物流成本相对来说会更高，配送路线的合理规划、配送时间的准确确定和配送车辆的合理调配等方面也更难实现。

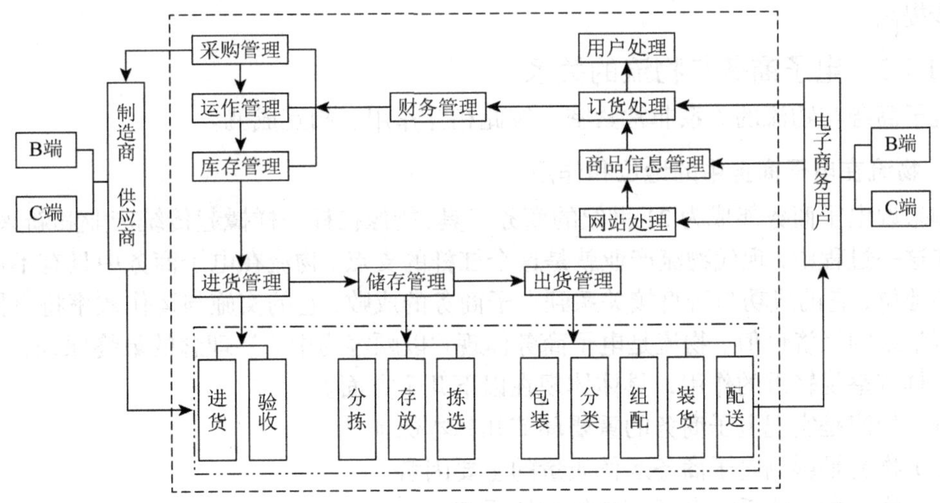

图 11.1 电子商务物流作业流程

4. 电子商务物流管理的含义与原则

电子商务物流管理，是指在社会再生产的过程中，根据物质资料实体流动的规律，应用管理的基本原理和科学方法，对电子商务物流活动中的可利用资源进行计划、组织、指挥、协调、控制等，使各项物流活动实现最佳的协调和配合，以降低物流成本，提高物流效率和经济效益。简言之，电子商务物流管理是研究并应用电子商务物流活动的规律，对如图 11.1 所示的物流的全过程、各环节、各方面进行管理。

电子商务活动本身就是信息高度发达的产物。现代电子商务物流管理为了满足和支持电子商务的要求，也必须采用先进的科学技术与管理方法，以实现相关的智能决策、控制和协调等，因而具有智能性和创新性的特点。除此之外，电子商务物流管理涉及商务、物流、信息和技术等领域，不仅面向电子商务物流企业，而且面向物流供应链上的各个环节，借助综合性、系统性的管理手段，达到降低物流成本，提高物流效率，提升客户服务水平的目的。

电子商务物流管理需要遵循以下三个原则。

一是系统效益原则。系统效益原则也称整体效益原则，这是管理原理的基本思想。由于物流管理具有复杂性，所以要求电子商务物流管理从整体和系统的角度出发进行管理。在管理过程中，要同时兼顾物流活动本身的效益的最大化和与物流相关系统的整体效益的最大化，要妥善处理当前与长远发展、经济与社会效益和生态效益的关系。

二是标准化原则。电子商务物流按其重复性可分为两大类：一类为重复发生的常规性活动，如货物的领用和发出、搬运装卸等；另一类为随机性或非常规性的活动，如用户需求的随时变化、运输时间的不确定性等。物流管理的标准化要求常规性活动按标准化原则实施管理，实现自动化和智能化，以提高效率、降低成本。随着物流技术的不断更新、电子商务物流信息技术的广泛应用，可以逐步将随机性活动拆解为标准化的操作。

三是服务原则。服务原则是指在电子商务物流管理的全程，努力促使各级、各类员工牢固树立服务观念，切实恪守职业道德，严格执行服务标准；通过文明、高效、优质的服务，发挥分工体系的协同效应，塑造物流企业的整体形象，确保企业经济效益和社会效益的同步提高。

11.1.2 电子商务与物流的关系

电子商务与物流的关系非常紧密，彼此相互作用、相互成就。

1. 物流在电子商务中的地位和作用

如果说电子商务能成为 21 世纪的商务工具，能像杠杆一样撬起传统产业和新兴产业，那么在这一过程中，现代物流产业就是这个杠杆的支点。物流在电子商务中具有不可替代的重要地位，它的成功与否直接关系到电子商务的成败，它的实施与运作效率将直接影响网络所带来的经济价值。物流是电子商务体现“以顾客为中心”理念的最终保证，在电子商务中具有举足轻重的作用，具体体现在以下几个方面。

（1）物流是实现电子商务的重要环节和基本保证。

（2）物流是影响电子商务运作质量的主要因素。

（3）物流配送体系是电子商务的支持系统。

（4）物流是电子商务企业实现盈利的重要环节。

在传统的交易过程中，除了非实物交割的期货交易外，一般交易的商流都必须伴随相应的物流活动，即按照需方（买方）的需求将商品实体由供方（卖方）以适当的形式、途径向需方（买方）转移。在电子商务下，消费者通过网站点击购物，完成了商品所有权的交割过程，即商流过程，而此时电子商务的活动并未结束，只有商品和服务真正转移到消费者手中，电子商务活动才算结束。在整个电子商务的交易过程中，物流虽然是以商流的后续者和服务者的姿态出现，但是如果没有现代化的物流，任何商流活动都将化为一纸空文。

电子商务的出现，目的在于方便消费者或客户，使他们不必跑到拥挤的商业街，一家又一家地挑选自己所需的商品，而只需在互联网上搜索、查看、挑选，就可以足不出户地完成他们的购物。但试想，如果他们所购的商品迟迟不能到达，或者所送非所订，或是商品质量出现问题，那么消费者还会选择网上购物吗？没有准确、及时的物流，电子商务给消费者带来的购物便捷就是没有意义的，消费者必然会转向他们认为更安全的传统购物，网上购物将不再具有吸引力。

现代物流配送可以为电子商务用户提供多方面的服务，从电子商务的特点出发，对整个物流配送体系实行统一的信息化管理，按照用户在网上输入的订货要求，配送服务商家在物流基地进行理货、配货作业，并根据计算机选择的最优送货路线将配好的货物送交收货人。先进的配送方式对物流企业提高服务质量、降低物流成本、优化社会库存配置，从而提高企业的经济效益及社会效益具有重要意义。现代配送作为物流的一种有效组织方式，代表了现代市场营销的发展方向，电子商务催化了传统物流方式的革命。

良好的物流管理可以大大降低企业的成本。在传统的商品成本中，物流成本可以占到商品总价值的 30%～50%，而现代物流业可以大大降低该部分的成本。电子商务网站不管采用什么配送形式，都会将物流配送与电子商务网站的盈利联系起来，通过物流配送的规模化和标准化运作，可以大幅度降低成本，提高电子商务网站的盈利能力。

综上所述，电子商务物流有助于提高电子商务的效率和效益，实现电子商务的目标，扩大电子商务的市场范围，实现基于电子商务的供应链集成，整合电子商务中的商流、信息流和资金流，支持电子商务的快速发展，促使电子商务成为最具竞争力的商务形式。电子商务下的物流配送，是信息化、现代化、社会化的物流配送。只有摒弃原有的“重信息流、商流和资金流的电子化，忽视物流的电子化”的观念，大力发展现代化物流，才能进一步推广电子商务。

2. 电子商务发展对物流的影响

由上文可知，物流对于电子商务的运作和盈利都至关重要，反过来，电子商务的发展对物流的影响也非常深远，体现在以下几个方面。

（1）电子商务改变了人们传统的物流观念。

（2）电子商务改变了传统的物流运作方式。

（3）电子商务将促进物流基础设施的改善，提高物流技术及管理水平。

（4）电子商务改变了物流网络。

（5）电子商务为物流企业实现规模化经营创造了有利条件。

电子商务是一次高科技和信息化的革命。它将商务、广告、订货、购买、支付、认证等实物和事务处理虚拟化、信息化，使它们脱离实体变成能在计算机网络上处理的信息；又使信息处理电子化，强化了信息处理，弱化了实体处理，为物流创造了一个虚拟性的运作空间。物流企业成为社会生产链条的协调者，为社会提供全方位的物流服务。

传统的物流活动中，物的流动都是以商流为中心，从属于商流活动，因而物流的运作方式是伴随着商流的。而在电子商务中，物流的运作是以信息为中心的，信息不仅决定了物流的运动方向，而且决定了物流的运作方式。电子商务下物流运作方式的变革，主要体现在分散物流的集成化和网络的实时控制。传统的物流活动，受到通信手段和管理模式的限制，信息流和物流都是逐级传递的。然而在电子商务的环境下，可以通过网络及时、准确地掌握产品的销售信息和顾客信息，能够有效地实现物流的实时控制和物流的合理化。不仅如此，在传统的物流活动中，物流往往是由某一企业来进行组织和管理的，而电子商务则要求物流从社会的角度来实行系统的组织和管理，这打破了传统物流分散的状态。

电子商务全球性和高效率的特点，要求物流也必须达到这一目标。而物流要达到这一目标，良好的交通运输网络、通信网络等基础设施则是最基本的保证。除了基本设施外，物流技术水平也亟待提升，不论是机械等硬技术，还是管理技术方法等软技术，物流技术水平的高低是影响物流效率的一个重要因素。此外，只有提高物流的管理水平，建立科学、合理的管理制度，将科学的管理手段和方法应用于物流管理当中，才能确保物流的畅通进行，实现物流的合理化和高效化，促进电子商务的发展。

物流网络是在网络经济和信息技术的条件下，顺应物流系统化和社会化的要求而发展起来的，是物流组织网络、物流基础设施网络和物流信息网络三者有机结合而形成的物流服务网络体系的总称。电子商务的发展给这三方面都带来了冲击和改变。首先，电子商务的发展要求物流组织网络呈现动态的发展，每个物流组织都在进行自由网络的扩张及与其他网络的合并扩张。其次，电子商务下的物流节点是多功能的仓库、配送中心、流通集散中心等，物流中心被认为是各种运输方式的货站、货场、仓库、转运站等演变和进化而成的一种物流节点，这样的节点既具有集散功能，也具有物流衔接功能，因而整个基础设施网络发生了根本的变化。最后，物流信息网络化是电子商务下物流活动的主要特征之一，信息化、智能化、透明化、复杂化、系统化都是未来电子商务物流的发展趋势。

电子商务这一现代商业模式为物流企业实施网络化与规模化经营搭建了理想的业务平台。物流企业借此契机，可以较方便地建立自己的营销网、信息网、配送网，还可以依托第三方物流企业的社会化资源进行集成和整合，如物流渠道与商流渠道的集成、物流渠道之间的集成、物流功能的集成、物流环节与制造环节的集成等。越来越多的电商企业认识到物流是获得竞争优势的重要战略手段，把“价值链”的概念引入物流管理，把单纯的物流服务融入一体化供应链之中。

综上所述，电子商务的高速发展离不开物流的支持，它也推动了物流的巨大变革。无论是运作模式的改变、技术水平的进步、管理方法的提升，还是网络的优化、资源的整合，都使得电子商务物流不再是电子商务行业的附属，而是更具规模化和集成度的现代物流系统。这一多层级的现代物流系统不仅具有一般物流的功能，还会借助更多的增值服务和设计，实现行业的提升。

11.1.3 电子商务物流市场的特征与模式选择

1. 电子商务物流市场的特征

电子商务物流市场作为电子商务物流发展的环境，对电子商务的发展有重要影响。电子商务物流市场呈现出以下三个发展特征：①服务市场；②社会化特征；③重视技术。

电子商务物流与传统物流行业一样，都是一种服务，归根结底是要服务于市场，只有这样才能带来利润。因此，电商物流企业都想方设法地改进设施、设计网络、提升信息化技术、集成资源、提升服务效率、提高服务水平。

电子商务背景下的订单范围广，客户对物流服务的时效性的要求高，自建的物流体系有诸多的弊端。目前越来越多的电商平台寻求第三方物流和社会化物流资源，特别是具有专业化能力和深耕于某一行业的第三方物流企业，它们希望借助其服务，满足电子商务客户的要求。

电子商务物流市场越来越重视互联网、信息技术等现代技术，并将其用于物流作业。我国物流技术的水平同欧美发达国家相比尚有差距，需要更加重视物流技术。目前我国所提出的物联网是以互联网、RFID 技术、传感器技术等为基础的，未来物流行业的发展趋势是智慧化物流。

2. 电子商务物流的模式选择

目前已有的电子商务物流模式，主要有：①自建物流；②第三方物流；③第四方物流；④虚拟物流。

其中，自建物流意味着电子商务企业自行组建物流配送系统，经营管理企业的整个物流运作过程。当顾客的服务需求标准较高，物流成本占总成本的比重较大，且自身的物流管理能力较强时，企业一般采用自建模式。目前，采取自建模式的电子商务企业主要有两类：一是资金实力雄厚且业务规模较大的传统商务公司，如京东；二是传统的大型制造企业或批发企业经营的电子商务网站，如海尔。

第三方物流和第四方物流，我们已经在第 10 章物流外包中进行了介绍。作为电子商务物流的模式，这两者充分体现了电商物流社会化、规模化的特点，特别是第四方物流，它有协同运作模式、方案集成商模式和行业创新者模式三种运作模式可以进行选择，如表 11.2 所示。

表 11.2　第四方物流的运作模式

第四方物流的运作模式	第四方物流与企业客户的合作方式	第四方物流与第三方物流的合作方式
协同运作模式	不直接与企业客户接触，通过第三方物流服务供应商实施其提出的供应链解决方案、再造的物流运作流程等	共同开发市场，在开发的过程中第四方物流向第三方物流提供技术支持、供应链管理决策、市场准入能力及项目管理能力等，合作关系可采用合同方式绑定或采用战略联盟方式形成
方案集成商模式	作为企业客户与第三方物流的纽带，为企业客户实现复杂的物流运作的管理，并提出供应链管理的可行性解决方案，只针对一个企业客户进行物流管理	对第三方物流资源进行整合，为企业客户统一规划
行业创新者模式	作为第三方物流和客户沟通的桥梁，向企业客户提供行业整体物流的解决方案，客户是同一行业的多个企业	

虚拟物流的概念，最初是由美国的斯图尔特（Stuart）等于1996年在阿肯色州大学物流协会报告中提出的。当时斯图尔特认为利用日益完善的通信网络技术及手段，将分布于全球的企业仓库虚拟整合为一个大型物流支持系统，可以快速、精确、稳定地完成物资保障任务，满足物流市场的高频度、小批量订货需求。虽然后来有一些国内外学者开始研究虚拟物流，但是到目前为止尚未形成统一的定义，唯一的共识是其有助于企业间物流资源的共享和优化配置的模式。虚拟物流具有动态性、开放性、暂时性、快速性、核心能力互补性的特点，这与电子商务物流的特点和发展趋势不谋而合。

11.2 生鲜电商与冷链物流

11.2.1 生鲜电商与冷链物流的概述

1. 生鲜产品与生鲜电商

生鲜产品，是未经烹调、制作等深加工过程，只做必要保鲜和简单整理就上架出售的初级产品，以及面包、熟食等现场加工品类的商品的统称。果蔬、肉类、水产品、面包和熟食共同组成了“生鲜五品”。

生鲜电商，也就是生鲜产品电子商务，指采取电商方式在互联网上直接销售生鲜类产品，是一种在电子商务环境下进行生鲜产品零售的模式、业态或活动。

在电商的家族中，生鲜电商无疑具有其特殊性，具体表现在以下四个方面。

（1）生鲜电商考验的是整条供应链的运作能力。

（2）生鲜产品的客单价与消费人群的类别有关。

（3）生鲜电商企业注重时间管理。

（4）生鲜电商对冷链物流的依赖性极大。

与传统电商不同的是，生鲜产品的生产周期较长并且产品很容易发生变质，因此，生鲜电商在运营过程中更加注重运用电商领域的高新技术来整合全产业链并协调好每个环节的运作。

传统购买生鲜食品的群体以家庭妇女、居家老人为主，这类消费者倾向于去农贸市场选购。利用生鲜电商购买生鲜产品一般需经过第三方物流公司的配送才能到达买家手中，物流成本较大，这类消费者不可能为了购买价格低廉的普通生鲜产品而支付高额运费。但是如果降低客单价，生鲜电商企业就很难获得利润，这也是生鲜电商不同于传统电商的一部分。由此，生鲜电商的消费群体普遍定位为白领和高收入人群，这部分消费者更关注生活质量及产品的安全系数，也更乐于在其中投入更多的资金，同时这也在商品品质方面对生鲜电商提出了更高的要求。

对于消费者来说，网购生鲜的关注点在于产品送达的时间及产品品质。而生鲜产品随时间不断腐损的特性，使得其最难以把握的也正是时间，所以对于生鲜电商企业来说，缩短流通时间，有效控制腐损，就是其生存之道。从产品离开原产地到运送至消费者手中的这段时间，如果事先没有信息平台的支持，没有专业的服务团队去规划，生鲜产品的品质很难保证。时间管理最重要的功能是通过事先的规划来影响事件的发展，时间管理不是完全地掌控时间，而是降低事件的变动性。

生鲜电商往往以生鲜产品的“鲜”和“活”作为金字招牌，为了满足这一定位，发达的冷链物流体系被认为是唯一的出路。曾有舆论指出：“冷链物流是物流的珠峰。在生鲜电商的厮杀中，谁赢了冷链物流，便赢了江湖。”特别是在物流的普遍痛点“最后一公里”配送中，行业中各大企业都在尝试冷链物流的新部署。

2. 冷链物流的概念与模式分类

冷链物流是以冷冻工艺为基础，制冷技术为手段，使冷链物品从生产、流通及销售环节，到最终消费者的手中，全过程始终处于规定的温度环境下，以保证冷链物品的质量、减少冷链物品损耗的物流活动。

事实上，冷链物流的核心不完全是“冷”，而是“恒温”——不同类别的生鲜产品需要不同的保存温度。按照温度适用范围，冷链物流的分类如表 11.3 所示。

表 11.3　按照温区对冷链物流的分类

分类	温区/摄氏度	使用商品品类
超低温物流	<–50	金枪鱼等特殊鱼类
低温冷链物流	<–18	速冻食品、雪糕、冷冻肉等
冷藏物流	0～10	大部分蔬菜、水果、奶制品、药品等
冰温物流	–2～2	冷鲜肉
恒温物流	10～20	巧克力、红酒、部分医疗器械、化妆品等

对于冷链物流，社会上有一种广泛的说法——冷链物流无非就是用冷藏车对冷冻物品进行保鲜运输而已。但这种说法是非常片面的，冷藏运输只是冷链物流的一个环节。从全流程来看，冷链物流主要由以下几个部分构成。

一是温控保温。使用恒温冷库，可以对储藏物品的温度和湿度进行精确的控制。使用气调冷库，则可在调节库内温度和湿度的同时，控制库内的氧气、二氧化碳等气体的含量，使得库内的果蔬处于休眠状态，从而达到保鲜的效果。

二是冷链传输。在一定的温度下，使用所需传输机械设备和器具对生鲜、农产品进行分类拣选和包装。

三是冷链装卸。冷藏、冷冻物品卸货时需要按规定要求对卸货车辆与卸货仓库进行密封处理，将卸货期间物品升高的温度控制在允许的范围内。且卸货作业中断时，要及时关闭运输设备厢体门，使制冷系统保持正常运转。

四是冷链信息化控制。信息技术是现代冷链物流的神经系统，通过系统信息平台的支撑，可以及时掌控物品在物流过程的信息，并在相关环节和主体间分享，能够实现对企业资源的战略系统管理，进而降低冷链物流的成本，提升冷链物流企业的市场竞争力，提高冷链物流企业的管理水平。冷链物流信息化系统的关键技术包括信息采集与跟踪技术、信息传输与交换技术和信息处理技术。

五是冷链运输。冷链运输是指在运输的全过程，无论是装卸搬运、变更运输方式还是更换包装设备，都使所运输货物保持一定的温度。

六是冷链检疫。冷链检疫包括一系列规范有序的食品检疫检验工作，安排专人管理运输量大、距离远和污染概率高的运输工具，做好常规的清洗、消毒等卫生工作，并落实冷链物流的实时监控和温度记录，确保食品在运输过程中的质量状态符合要求。

3. 生鲜电商与冷链物流的协同关系

类似于前面的电子商务与电商物流的交织关系，生鲜电商与冷链物流具有以下关系。

（1）冷链物流决定了生鲜用户的体验。

（2）新零售驱动冷链新需求。

（3）冷链仓储决定生鲜电商的胜负。

生鲜电商的供应链，不论是采购、中转、冷藏、仓储还是配送，都离不开冷链的支持，如采购环节需要预冷，运输过程中需要冷藏车，中转的落地仓、中间仓和分拨仓都需要冷链的保障。只有这样才能保证消费者体验到最为新鲜的产品，供应链中任何一个环节的冷链管理不当，都会影响用户的最终体验。

新零售着力于对人、货、场进行重构，其业态发展及消费结构的变化催生了冷链服务对象和模式的转变，“小批量/高频次/送到门”成了基础性服务。无论是点对点省级干线整车运输，还是区域仓的零担专线运输，或是城市前置仓的即时配送，都对冷链提出了要求。因此，冷链物流能力是新零售下生鲜电商的核心竞争力之一。

冷链是生鲜电商供应链中的重要一环。有些实力雄厚的企业，可以通过自建冷链体系来最大程度地保障自身不断链，但这往往会对生鲜产品的生产、采购等的资金投入产生影响。而大多数生鲜电商企业往往依赖于第三方，但是第三方服务的不稳定又会带来一定程度的不可控风险。由此可见，冷链仓储和运输是生鲜电商的“生命线”。

11.2.2 生鲜电商与冷链物流的商业模式

1. 生鲜电商商业模式的类别

根据网站运营、发展品类和线下配送模式等的不同，生鲜电商主要有四大类模式。除了大家普遍熟知的全品类综合电商平台 POP（pctowap open platform）、垂直型电商（专门从事生鲜食品网络零售的 B2C、生鲜线上与生鲜线下实体店融合的 O2O）外，还包括产地直供的全产业链型，即厂商到消费者（factory to customer，F2C），以及轻资产的众包社区模式。

生鲜电商在一定程度上取代了产业链中从农户到消费者之间的层层批发商，它通过从批发市场采购、与供应商合作、产地直采或自建基地的方式取代了传统农产品流通的多级批发商模式。其中，产地直采和自建基地将供应链压缩到最短，直接控制供应端的采购，利用网站平台向消费者进行销售，最后通过物流配送中心将产品送至消费者。对比传统的农贸市场渠道，生鲜经营模式能实现“众多农户—生鲜电商—众多消费者”的“从产地到餐桌”的直线传递。

生鲜电商供应链的整体结构如图 11.2 所示，基于该结构，我国生鲜电商的冷链物流从上游到下游的采购、仓储和配送都衍生出多种模式。

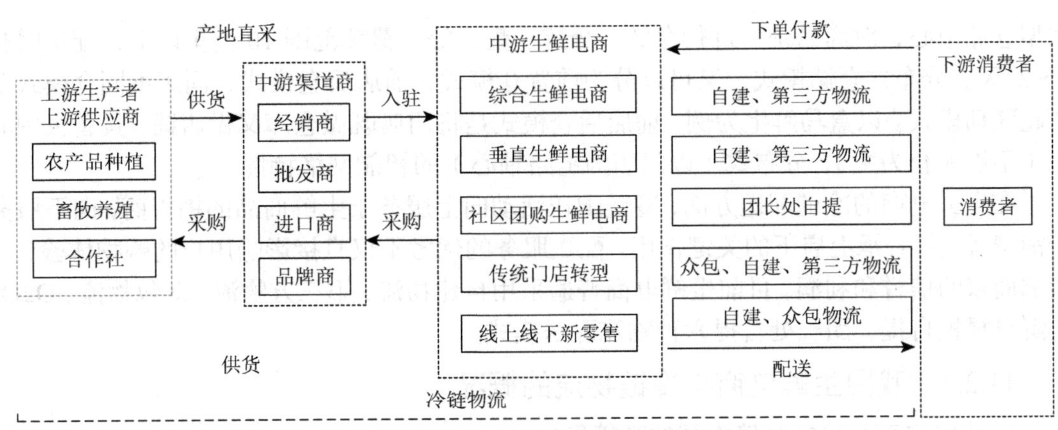

图 11.2　生鲜电商供应链的整体结构

2. 我国生鲜电商冷链物流的模式分类

生鲜电商的冷链物流，主要包括采购环节、仓储环节，以及运输配送环节。

在生鲜电商的采购方面，货源无疑是最重要的起点问题。目前生鲜电商平台的采购模式有产地直采、批发市场采购、供应商和品牌商采购和自种自卖模式，它们之间的区别如表 11.4 所示。

表 11.4　生鲜电商的采购模式的区别

分类	区别
产地直采	生鲜电商与产地直接达成合作，形成长期稳定的供应关系 优势：产品可实现品种和规格的定制；去中介；损耗低；价格便宜 劣势：体量要求高，小体量平台拿不到议价权 应用：目前生鲜电商普遍的做法就是先从单品爆款切入，在某几个单品上做到直采，并相应地布局产地仓、海外仓
批发市场采购	体量大的生鲜电商会在一级批发市场采购，体量小或者刚起步的生鲜电商会向更下一级的分销商采购 优势：库存多；批发价格合理 劣势：中间环节多，损耗大；质量无法保证；价格无统一标准；采购时间要求高 应用：目前批发市场仍是果品流通的主要渠道
供应商和品牌商采购	有的供应商有自有基地或独特品牌代理权，产品不进批发市场，以品牌出售给各零售商，达成供应关系 优势：品质保证；分销渠道成熟；价格稳定 劣势：库存相对单一；知名供应商的数量不多 应用：供应商、品牌商整合产业链上下游，是上游标准化的体现
自种自卖	比产地直采概念更新的“全产业链电商”，即自己有基地，实行自己的生产标准 优势：品质保证；规模化；标准化 劣势：研发要求高；积淀时间长 应用：标准是解决连锁发展的关键，自建基地是实现线上农产品标准化的一种重要途径

生鲜电商的仓储往往是影响其扩张的重要因素。目前生鲜电商的主流仓储模式为集中式仓储模式和分布式仓储模式。其中，集中式仓储模式以京东生鲜为例，即在重要节点建

大型仓储中心，对商品统一进行存储、分拣、配送等，覆盖范围 10 公里以上，配送时长 1～2 天。分布式仓储模式，又可以分为前置仓模式、前店后仓模式、同店不同仓模式及商超联动模式。以盒马鲜生为例，前店后仓模式是将门店既做仓库又做店铺，具备去中心化（不以大仓为主）、分布式（以门店为链路轴心）的智能网络特性。

在生鲜电商的冷链配送方面，冷链配送活动向上服务于生鲜商品的销售商，向下服务于消费者，起着承上启下的关键作用。配送服务的优劣不仅直接影响用户的购物体验，还影响商家的信誉和利润。目前生鲜电商普遍采用自建物流、第三方物流、众包物流、O2O、生鲜自提柜自提、团长处自提六种物流配送模式。

11.2.3 我国生鲜电商与冷链物流的概况

1. 生鲜电商与冷链物流发展的政策导向

国家出台多项政策，鼓励通过“互联网＋”推动农业发展，同时在农产品流通、技术发展等方面出台了利好政策和规范。在此大背景下，“一带一路”倡议和自由贸易区（以下简称自贸区）的建立也促进了跨境生鲜电商业务的发展。不仅有中央的利好政策，地方政府也在不遗余力地支持生鲜电商的发展。例如，2015 年上海市出入境检验检疫局正式发文鼓励自贸区跨境电商的发展，并提到要推进生鲜电商、跨境水果贸易的发展。

生鲜电商的发展，离不开冷链物流的推动和支持。中央一号文件几乎每一年都会围绕农产品的流通，提到冷链物流的保障。自 2010 年《农产品冷链物流发展规划》出台之后，我国的冷链物流建设进入了前所未有的高速发展时期。2012 年 12 月 31 日，中共中央、国务院发布了《关于加快发展现代农业 进一步增强农村发展活力的若干意见》，文件指出要健全覆盖农产品收集、加工、运输、销售各环节的冷链物流体系，冷链物流业的发展更是呈井喷之势。其中，冷库在全国遍地开花，相关标准的制定也为冷链物流的规范发展奠定了坚实的基础。随着时间的变迁，冷链物流的热度却丝毫未减，2018 年在国家层面出台的冷链相关政策、规划超过 35 项，提到要重视顶层设计，不断完善冷链物流相关的标准规范。

2. 我国生鲜电商的概况

在电商发展的诸多品类中，生鲜电商的起步相对较晚，最早可以追溯到 2005 年易果生鲜在上海的创立。生鲜电商从消费端起步，依靠资本的不断推动，逐步呈现出集中化的趋势，一度被称为电商发展的最后一片蓝海。在消费端，2016 年大批生鲜电商陆续倒闭，但在京东和阿里战略投资的背景下，少量生鲜电商生存了下来，盒马鲜生这一新兴业态也于 2016 年问世。2017 年至今，多轮资本的涌动使得生鲜电商的头部得到了一定的集中，新零售下的新业态愈发得到关注。而在企业端，2007 年蜀海供应链的独立运作掀开了生鲜电商企业端快速发展的序幕，以美菜网、饿了么有菜、俺有田、永辉彩食鲜等为代表的生鲜电商企业，都纷纷以餐厅和超市为服务对象，相继涌现。生鲜电商的发展历程如图 11.3 所示。

“电数宝”电商大数据库显示，2019 年生鲜电商活跃人数排名前十的企业分别为：多点、每日优鲜、盒马鲜生、京东到家、大润发优鲜、本来生活、飞牛网、食行生鲜、中粮我买网、天天果园。

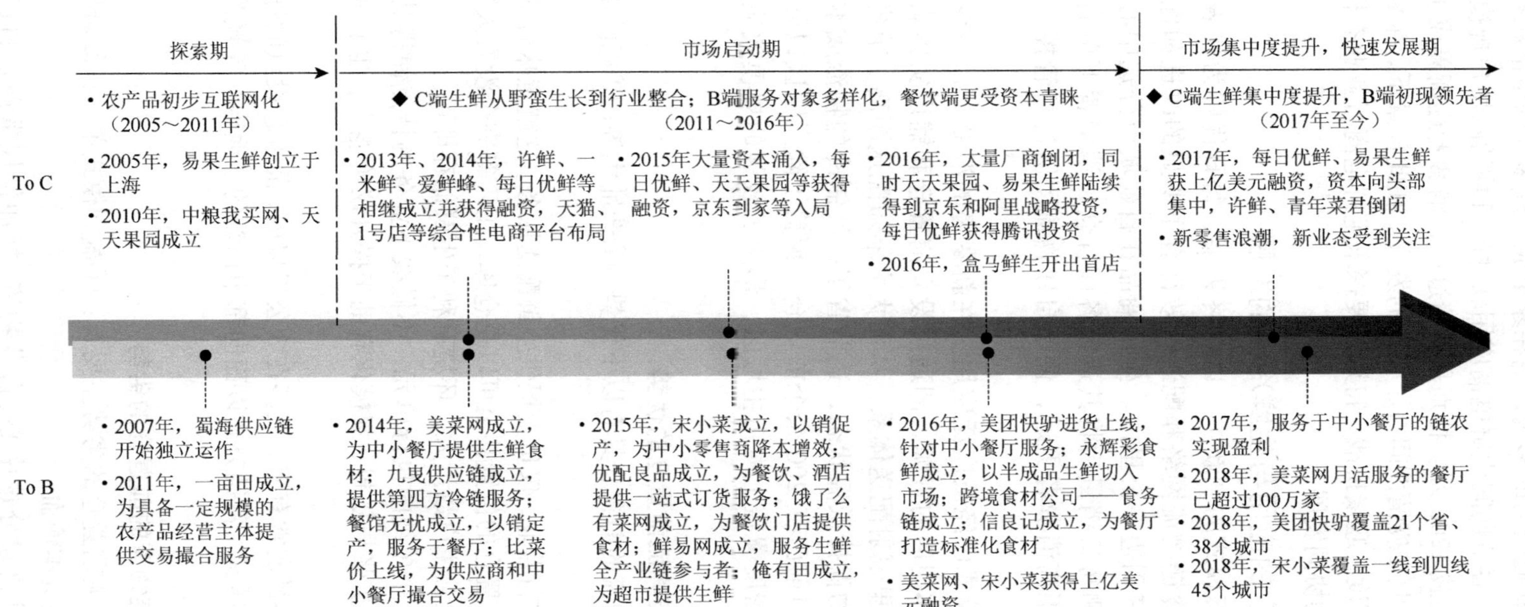

图 11.3 生鲜电商的发展历程

2020 年春节受新冠疫情的影响，宅在家里成了许多人的生活状态，这催生出了“宅经济”。有数据显示，春节期间生鲜电商应用软件的日均活跃用户规模突破 1000 万，而春节后两周保持增长突破 1200 万。特别是疫情过后，消费者逐渐养成了线上购买生鲜的习惯。可以说，生鲜行业在疫情期间有了飞速的发展。在此背景下，生鲜电商行业需要抓住机遇，保持用户留存度，迎接挑战，特别是要探求生鲜电商行业业态模式的创新，寻求生鲜电商与冷链物流的协同发展。

11.2.4 前置仓的应用与生鲜冷链的发展

在生鲜电商业态模式的创新中，以叮咚买菜、每日优鲜为代表的前置仓模式是其中之一。基于此，冷链物流网络和配送时效都有了明显的改进和优化。前置仓模式要求将前置仓建在社区周边一公里内。生鲜商品在自建城市分选中心进行统一标准的加工，根据大数据预测每日销量后将其运至各前置仓，消费者下单后通过自建物流团队配送到家。前置仓距离消费者更近，便于自建物流团队进行管控，并且更加专业，配送效率更高。

目前，前置仓模式已经被广泛应用。在新零售的浪潮下，不少生鲜企业开始尝试整合线上和线下实体门店的资源，即通过设立前置仓和铺设实体店的方式，以“点”带“面”，建立 3 公里辐射配送体系，从而大大缩短配送距离、节省时间。且短距离配送可采用冰袋使货物保持低温状态，这节省了持续制冷的物流成本。比如，叮咚买菜以上海市为核心，目前已有 200 余个前置仓，覆盖了除崇明区以外的全部地区，叮咚买菜通过前置仓高密度覆盖上海市主城区，形成了较强的规模效应，提升了配送效率并降低了采购成本。

1. 生鲜电商冷链物流前置仓的优势

生鲜电商冷链物流的前置仓具有以下优势：①选址优势；②规模化效应；③增加潜在顾客数量。

前置仓不对外进行营业，仅负责提供生鲜配送服务，这就意味着前置仓对于地理位置的要求很低，有些前置仓的位置甚至可以是仓库、工厂等完全没有人流量的地方。因此，选址时只需要做到覆盖住户数量大、环境有利于生鲜储存即可。

前置仓仅作为一个单纯的执行单元，不做线下业务的特点使得其无须过多创新和营销，这更易于管理、扩张与复制。规模化有助于提升议价能力，也有助于简化供应链、掌握加价权。

前置仓的服务半径通常有限，大多在 3 公里以内，前置仓设点的标准为半径 2 公里内 5 万住户且以年轻人居多。营销方式以面向都市白领的“地推”等轻营销方式为主，具有很强的用户挖掘能力。

2. 生鲜电商冷链物流的前置仓的劣势

生鲜电商冷链物流前置仓的劣势主要有：①盈利模式单一；②难以往二线城市复制；③商业模式过分依赖资本输血。

前置仓模式通过自建分选中心、自营物流，把加价权掌握在自己手中并以此盈利。

这种盈利模式过于单一，并且缺乏更多的流量变现形式，这也是前置仓模式的核心痛点。

平均客单价是决定前置仓模式能否往其他城市复制的一个关键性指标。不同地段和区域的消费者存在差异，就会带来产品需求类别的差异，进而产生品类运营差异和价格差异。一个城市内不同区域尚且如此，若将前置仓模式扩展到全国，那么复杂度更会大大增加，尤其是二线城市的消费水平明显弱于北上广深这样的一线城市。因此，前置仓模式能否适用于其他二线城市值得思考。

前置仓模式必须自建分选中心、自营物流来保证产品品质方面的竞争力，这导致前期需要大量资本的投入。只有在通过补贴用户、拓展新用户、预亏开仓等手段获得一定的市场占有率之后，才能进入下一阶段。这意味着前置仓模式十分需要口袋“深”的投资者输血以维持前期开支，一旦融资出现问题，那么整个平台将十分容易陷入困境。

3. 生鲜电商冷链物流的发展趋势

未来，生鲜电商冷链物流的发展会呈现出智能化、短链化、精细化和平台化的趋势。首先，智能化是大势所趋，随着信息技术的升级改进，冷链物流管理将极大优化，冷链物流效率将会得到提升；其次，短链化能够缩短物流链路，减少中间环节并缩短仓库与消费者之间的距离，实现更快的冷链物流速度；再次，精细化是生鲜电商的法宝，随着制冷工艺的完善和冷链设备的创新，冷链物流温区的划分会越来越精细，同时冷链物流的管理也会越来越精细化，这体现在温控、品控、线路优化、人才培养等多方面；最后，很多企业自建冷链物流体系的回报逐渐凸显，平台化的趋势也越发明显，生鲜企业更有望于在增加自身收益的同时，拓宽产业链，实现产业高效发展。

4. 生鲜电商冷链物流的发展对策

目前，生鲜电商冷链物流行业机遇与挑战并存，突出的矛盾表现为生鲜电商冷链物流的效率提升和不断增长的物流成本之间的冲突，对应的改善措施可以从以下几个方面着手。

一是减少供应链环节，可采用源头直采等方式，减少供应链环节，创新供应链模式，最大限度地缩短供应链时间，提升物流中转效率。

二是建设冷链物流体系，即加强完整冷链的建设，加强多样化运输配套体系的建设，加强运输管理信息系统的建设。

三是实行标准化管理，建立以农产品标准为核心的标准体系，同时规范和标准化作业制度，加强规模化经营。

四是创新包装材料，研发使用价格低、重量轻、抗压耐摔的循环保温箱，以满足装载运输和循环回收的轻简需求。

五是发展冷媒技术，如使用超低温蓄冷剂代替干冰，这样可以在降低成本的同时延长保冷时间。

六是走专业化道路，如肉类、蔬菜等不同产品的设备、技术等冷链运输要求各不相同，细分品类可以减少前期投入。

11.3 跨境电商与国际物流

11.3.1 跨境电子商务物流概述

1. 跨境电子商务的概念与运营模式

跨境电子商务，是指分属不同关境的交易主体（个人或企业），通过电子商务平台达成交易、进行支付结算，并通过跨境物流送达商品、完成交易的一种国际商业活动。

跨境电子商务不仅冲破了国家间的障碍，使国际贸易走向无国界贸易，同时它也正在引起世界经济贸易的巨大变革。智研咨询发布的《2020-2026 年中国跨境电商行业发展现状调研及投资前景趋势报告》数据显示：2019 年，中国跨境电商零售进出口额达到 1862.1 亿元人民币，是 2015 年的 5 倍，年均增速 49.5%。在 2020 年全国两会中，跨境电商再次成为热议的焦点。2020 年政府工作报告指出，需要“加快跨境电商等新业态发展，提升国际货运能力”。

目前，我国跨境电子商务的运营模式具有多样化的特点，如表 11.5 所示。其中，跨境出口电子商务的运营模式有跨境大宗贸易平台（图 11.4）、跨境小额批发零售综合门户平台（图 11.5）、跨境小额批发零售垂直平台（图 11.6）和第三方服务平台。而跨境进口电子商务的运营模式则包括直发/直运、自营直采 + 保税备货（图 11.7）、境外代购、导购/返利和境外商品闪购等模式。

表 11.5 跨境电子商务的运营模式

运营模式		模式解释	企业例子
跨境出口电子商务	跨境大宗贸易平台	为会员商户提供网络营销平台，发布商品供应信息，协助完成交易，并收取会员费和营销推广费	阿里巴巴国际站、环球资源
	跨境小额批发零售综合门户平台	独立的第三方销售平台，不参与物流、支付等交易环节，但收取交易佣金、会员费和广告费	阿里巴巴速卖通、敦煌网
	跨境小额批发零售垂直平台	自建团队直接对接境外消费者，买断货源	兰亭集势、米兰网
	第三方服务平台	不参与电子商务的买卖过程，只为跨境电商企业提供物流、支付、客服等解决方案，并收取服务费	递四方、四海商舟
跨境进口电子商务	直发/直运	电子商务平台将消费者的订单信息发给批发商或厂商，批发商或厂商以零售的形式向消费者发送货物	天猫国际、跨境通
	自营直采 + 保税备货	商家自建平台，自己备货，前端获取消费者和后端采购都需大量资金支持	海淘 1 号、中粮我买网
	境外代购	身在境外的人/商户为境内消费者在当地采购所需商品，并通过跨境电子商务物流将商品送达消费者	淘宝全球购、京东海外购
	导购/返利	引流部分，通过导购资讯、社区及用户返利来吸引用户流量；商品交易部分，消费者通过站内链接向境外 B2C 电商或者境外代购者提交订单实现跨境购物	一淘网
	境外商品闪购	限时特卖，定期、定时推出国际知名品牌的商品	天猫国际环球闪购、唯品会全球特卖

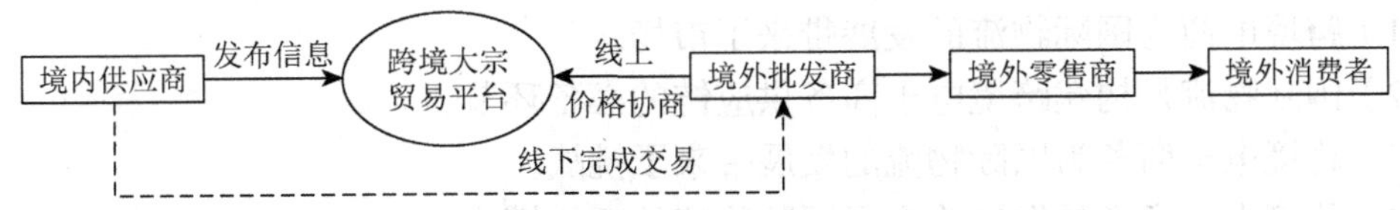

图 11.4　跨境大宗贸易平台的运营模式

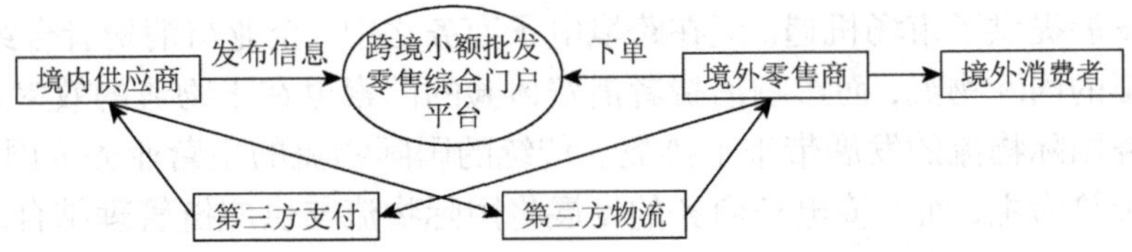

图 11.5　跨境小额批发零售综合门户平台的运营模式

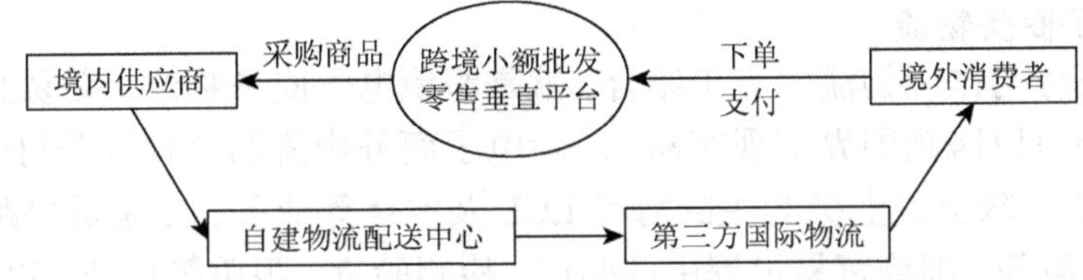

图 11.6　跨境小额批发零售垂直平台的运营模式

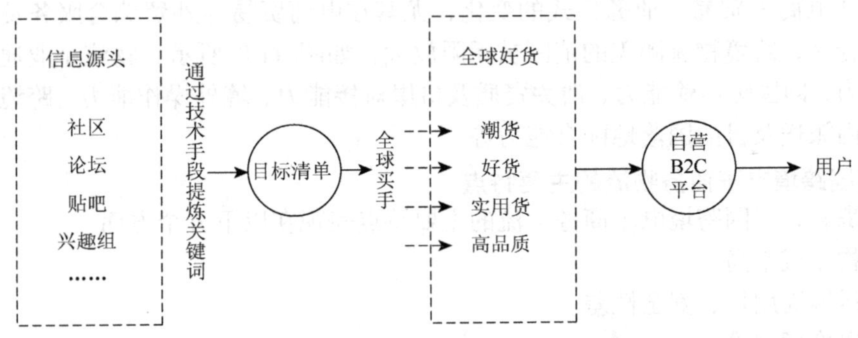

图 11.7　自营直采 + 保税备货的运营模式

2. 国际物流

国际物流是不同国家之间的物流，这种物流是国际贸易的必然组成部分。国际物流与国内物流相比，在物流环境、物流系统、信息系统及标准化要求这四个方面存在着不同。

国际物流的一个非常重要的特点是物流环境的差异，这里的物流环境主要指物流的软环境，如不同国家有不同的与物流相适应的法律、不同的科技条件、不同的标准及不同的国情特征，这些差异增加了国际物流的复杂性。

3. 跨境电子商务与国际物流的关系

跨境电子商务与国际物流是相互影响、紧密联系的两个行业，跨境电子商务为国际物流的发展提供了市场机遇和挑战，改变了国际物流的运作模式，而国际物流的完善则是跨境电子商务发展的必要环节之一。它们之间的关系主要体现在以下四个方面。

（1）跨境电商为国际物流的发展带来了市场。

（2）国际物流是构建跨境电子商务供应链的必备环节。

（3）跨境电子商务为国际物流的发展带来了挑战。

（4）跨境电子商务的发展改变了国际物流的运作模式。

现今很多传统企业都纷纷引入了跨境电子商务经营模式，巨大的跨境电子商务市场为国际物流的发展提供了市场机遇。但在跨境电子商务之中，企业与消费者合约履行的基础就在于非虚拟的国际物流，而影响消费者消费体验的因素也在于物流的效率及成本，这给跨境电子商务国际物流的发展带来了挑战。传统的国际物流的主营业务为国际贸易运输，它以海运集装箱为主，而跨境电子商务的发展将国际物流与供应链管理结合起来。通过贸易和运输将生产企业、供应商、购买商等各环节主体结合起来，是供应商到终端消费者的整个供应链流程的重构与优化。

4. 跨境电子商务物流

跨境电子商务与国际物流的完美结合，就是跨境电子商务物流，交易的货品借助跨境电子商务物流便可以跨越国界实现交易。跨境电子商务物流的全程服务可分为三部分：一是提供以支持 B2B 较大额业务为主的海运 LCL 及空运等业务；二是提供跨境小包快递等业务；三是外贸服务，围绕贸易过程中的验厂、检测验货、跟单等环节，以及一般的通关、货运代理业务等展开。

随着“电商 + 贸易”业务模式的变化，尤其在电商贸易与外贸综合服务及金融增值服务相结合后，跨境物流涵盖的范围被无限放大，如图 11.8 所示。物流企业通常需要具备几项能力，即国际运输能力、清关资质及口岸对接能力、境外操作能力、跨境保税操作能力、国内派送及目的国落地配合能力等。

5. 我国跨境电子商务物流的主要特点

具体来看，我国跨境电子商务物流的主要特点表现在以下五个方面。

（1）物流成本高。

（2）运输周期长、安全性差。

（3）退换货困难。

（4）容易受政治文化的影响。

（5）面临汇率风险。

目前，我国跨境电子商务物流成本占跨境电子商务总成本的 30%～40%，远高于欧美发达国家。物流成本主要由资金成本、人力成本和时间成本构成，跨境电子商务企业在跨境物流中所投入的人力、物力和时间也比一般贸易高。跨境电子商务涉及境内配货运送、跨境通关、境外配送交付等环节，而且在运输过程中还牵涉跨境检查，这些都导致了跨境运输流程的复杂性，从而造成运输成本的增加。

国际顶尖的快递公司最快可在三天内完成跨境派送，而我国国内快递跨境业务一般需要一周甚至半个月才能将货物送到消费者手中，运输周期较长。此外，跨境电子商务物流还存在一个比较严重的问题，就是物流信息难以被全程追踪，不能保证货物按时且安全无损地送到消费者手中。这主要是因为大部分国家或地区的物流系统的信息化水平不高，我国电子商务物流企业难以与其他国家或地区的物流企业建立物流信息共享网络。

• 自贸区仓储/保税仓/监管仓
• 海外仓/海外监管仓
• VMI/JMI
• 库内增值服务/退换货
• 普通备货仓
• 境外转仓/仓配
• 恒温仓
专业仓储
贸易管理
供应链
• 市场采购
• 进出口报关
• 代垫资金/授信
• 跨境支付与收款
• 保险/货权融资
• 物流集成系统
• 贸易进出口许可
• 海淘转运
• 海外仓集货
• 包机/包仓/拼柜
• 口岸操作
• 通关保障/归类资质
• 监管转关
• 港到门提货
空运进口
空运出口
• 国际出口专线
• 包机/包仓/包板
• 海外集货配送到门
• 多式联运/空+派
• 危险品/带电产品
• 邮件/快件/集货提货
• 空港理货
• 租船订舱
• FCL/LCL运输
• 大件/轻泡货
• 货权控制
• 海关监管仓
• 保税区物流
• 港口接驳及理货
海运进口
运输配送
• 国内网点提货及运输
• 港口接驳/多式联运
• 国内快递配送到门
• 深港/中越/中哈专线
• 中欧铁路专线
• 内陆监管运输
• 境外落地配
• 报关报检
• 商品归类
• 展览品/航材清关
• 快件清关
• 邮件/行李物品
• 食药进口许可
• 进区入驻手续
• 税费代办
通关服务
跨境电商
• 出口B2C
• 监管区出口
• 结汇退税
• 出口一站式物流
• 直购/直邮进口
• 订单运营中心
• 保税仓模式进口清关

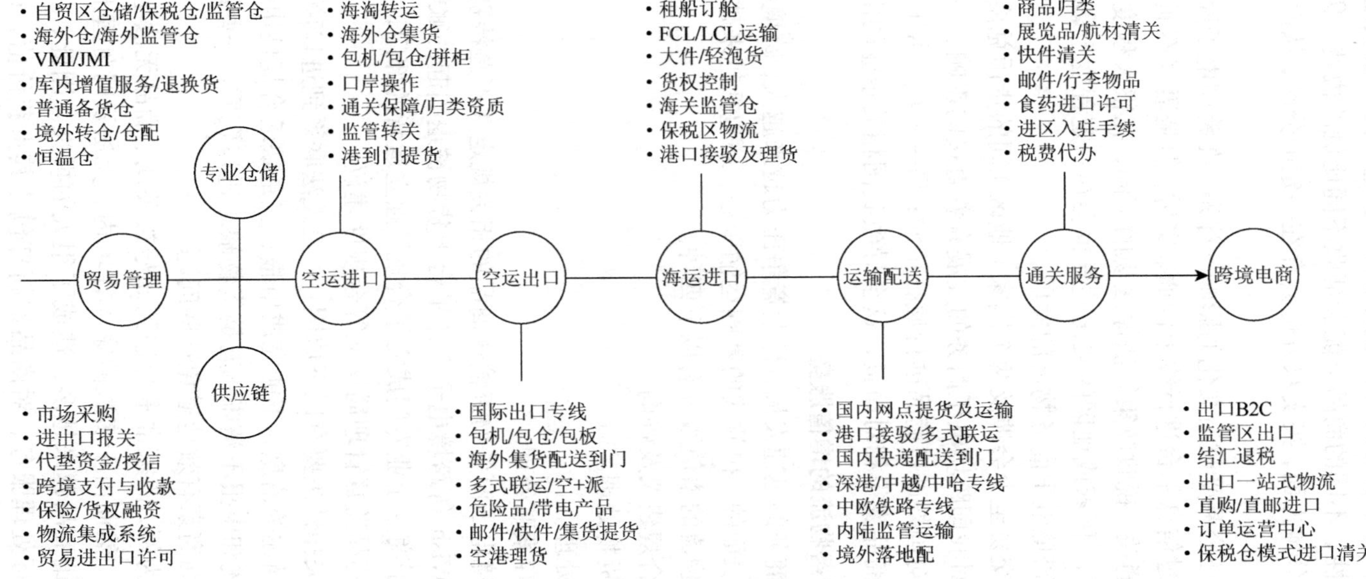

图 11.8　跨境物流图谱

对于电子商务交易来说，能否实现退换货在很大程度上影响着消费者的满意度。一个完整的跨境电子商务物流需要经历境内配货、境内运输、目的地运输和目的地配送等环节，周期长、流程复杂，这导致退换货非常困难。跨境电子商务领域往往需要缴纳进口税，但税费征收具有复杂性，不同的商品可能会征收不同比例的税费。因此，当发生退换货时，在费用重复缴纳和分摊方面，买卖双方也会存在一定的分歧，从而影响跨境交易退换货的顺利进行。

跨境电子商务还容易受政治文化的影响。首先，在跨境电子商务交易中，不同国家或地区的交易双方通过信息平台进行线上沟通、支付，但是语言不通会严重影响跨境交易的信息获取；其次，通关、税收政策等法律法规的不同，在很大程度上也制约了跨境电子商务的顺利开展；最后，国家或地区的文化差异也会在一定程度上影响消费者的信任度和消费热情，进而妨碍跨境电子商务物流的发展。

跨境电子商务交易至少会涉及两个国家（地区）间的货币兑换，所以存在一定的汇率风险，而汇率波动对我国跨境电子商务的发展有着直接的影响。一方面，巨大的折扣诱惑会促使国内消费者对国外进口商品进行疯狂抢购；另一方面，由于某些国家或地区的货币贬值，我国的出口商品变得相对昂贵，这会导致我国相关企业的出口利润减少。

6. 跨境电子商务物流的增值服务

随着跨境电子商务的迅速发展，行业竞争压力越来越大，跨境电子商务企业提供给消费者的不仅是流于表面的、粗放式的基础运输服务，还包括越来越精细化的增值服务。常见的跨境电子商务物流的增值服务有以下四种。

（1）提供境外合规建议及咨询。

（2）境外扣件货物处理。

（3）退货换标处理。

（4）海外仓库存索赔处理。

很多商家对跨境电子商务物流输送商品的相关规定并不是特别了解，错误、不合规的操作导致亚马逊、Wish 等跨境电子商务平台上货物被退引起的账号关闭事件层出不穷。为此，一些跨境电子商务企业专门成立了合规、独立运营的部门，为商家提供包括出口注意事项、美国食品药品监督管理局认证等合规性建议。

商家货物被海关扣件主要有以下原因：一是无法联系到进口商清关交税；二是商品缺乏商品型号、商品描述等信息，不能完成申报；三是缺乏合规性申明，如全面型号认证申报；四是商品的描述和申报不清晰；五是货物缺乏进口资质。一些跨境电子商务企业会提供协助清关服务帮助商家有效地避免这些问题。

以海外仓商品为例，商家常常会遇到账号被关闭、商品无法上架、客户退货等问题，进而导致商品滞销。然而由于多数商家人在境内，无法及时处理和安置海外仓的这些商品，使得积压的滞销商品越来越多，造成了很大的损失。因此，一些跨境电子商务企业会在海外仓提供换标处理服务，对商品重新打包让其重获价值，这能在一定程度上减少损失。

海外仓原因导致的货物损失，商家可以发起索赔。以亚马逊平台为例，只要商家未违规，便可以向亚马逊申请索赔。但很多商家因为不了解相关规则而白白损失了可以得到的赔偿。为此，一些跨境电子商务企业会提供亚马逊库存索赔服务，跨境电子商务企业根据情况写出申诉邮件，由商家将邮件发给亚马逊，便可以在 48 小时内拿到赔偿。

11.3.2　跨境电商进出口物流管理

1. 跨境电商进口供应链

跨境电商进口供应链是利用供应链开展跨境交易、跨境物流、跨境供应等活动，进而把供应商、海关、物流商和网络消费者等连接成一个整体的功能网链。跨境进口供应链如图 11.9 所示。

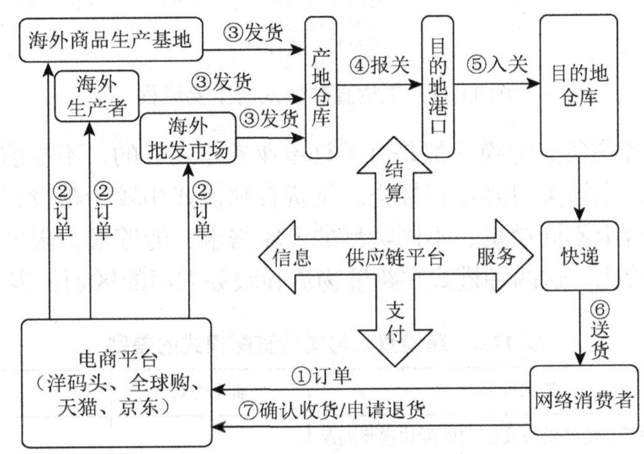

图 11.9　跨境进口供应链

2. 跨境电商进口的发货模式

跨境进口电商的发货模式主要有海外直邮模式和保税仓发货模式两种，而海外直邮又分为跨境直邮和集货直邮，分别对应着不同的物流流程和通关流程。

跨境直邮模式，是指在消费者购买境外商品之后，商家在境外打包，以零售的形式直接通过国际物流发货，并进行境内清关，将商品直接配送到消费者手中。跨境直邮模式更适应消费者个性化、多元化的需求，具有低时效性、高稳定性、低风险性等特点。跨境直邮模式的主要流程如图 11.10 所示。

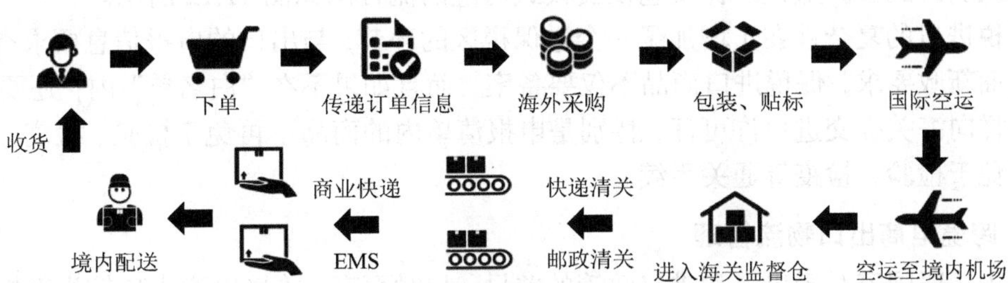

图 11.10　跨境直邮模式的主要流程

集货直邮模式是跨境直邮模式的升级版，也是B2C模式下的常用物流模式。集货直邮模式指消费者购买境外商品之后，供应商集中发货到海外集货仓，货物被打包后通过国际物流发货，然后在完成境内清关后被配送到消费者手中。集货直邮模式的主要流程如图11.11所示。

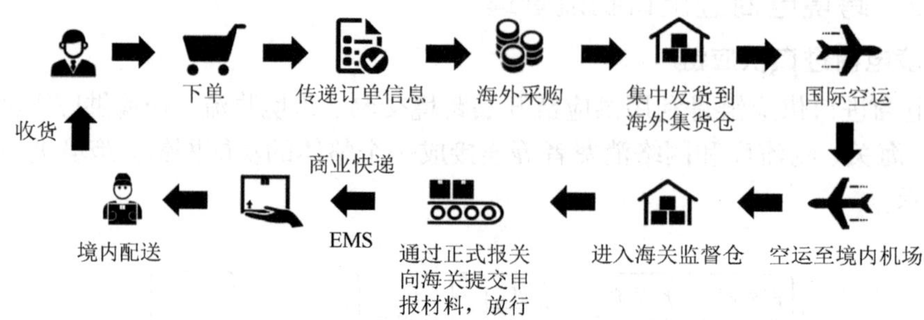

图11.11 集货直邮模式的主要流程

跨境直邮模式和集货直邮模式都是有了订单业务才发货的，不提前在境内备货、在包裹入境时才需清关，由海关对其进行抽查。集货直邮模式相较于跨境直邮模式，更能够适应跨境电子商务平台上不同销量、不同类型的商家需求，能够最大限度地缩短全程物流的时间，大大提升性价比。这两种模式在跨境物流和服务方面的区别如表11.6所示。

表11.6 跨境直邮与集货直邮模式的差别

模式	清关模式	抽检模式	售后服务
跨境直邮模式	确认订单后，境外供应商使用国际快递将商品直接从境外邮寄到消费者手里。如果商家使用机场快递清关，则商业快递自行报关；如果商家使用EMS清关，则可使用万国邮政联盟渠道或两地快递合作来进行报关。订单无海关单据	对于单个快件，如果抽检到就要开包检查，抽检不通过将会退运	由于商家的商品运送到消费者手里要经过多个不同主体节点，如果出现售后问题，将难以定责，所以一般不支持退换货、已发货退款等售后申请
集货直邮模式	商家将多个订单商品集货后运送到境内海关监督仓，办理正规海关通关手续，并经过海关查验后放行。每个订单均附有海关单据	部分口岸不进行国家出入境检验检疫，如郑州口岸	商家的商品提前送至海外仓，可根据平台反馈进行商品退货、换货、补货，能够解决一直困扰消费者的跨境售后服务问题

保税仓发货模式，是先从境外将商品大批量地运至保税区存放，当订单发生时及时进行清关发货，到货时效快。保税仓发货模式对应的流程图如图11.12所示。

保税进口的复杂性在于增加了一个进保税区的环节，与出口的申报信息要求类似。按跨境电商新政要求，保税进口商品不仅要备案，而且如果不在“白名单”内，还要像传统贸易一样向海关提交进口许可证，特别是申报清单内的商品不再免于检验、检疫，而直购商品则免于检验、检疫等通关手续。

3. 跨境电商出口物流管理

鉴于一般国家对于出口和进口政策的差异，相对而言，跨境电商出口较为直接。跨境电商出口的物流示意图如图11.13所示。

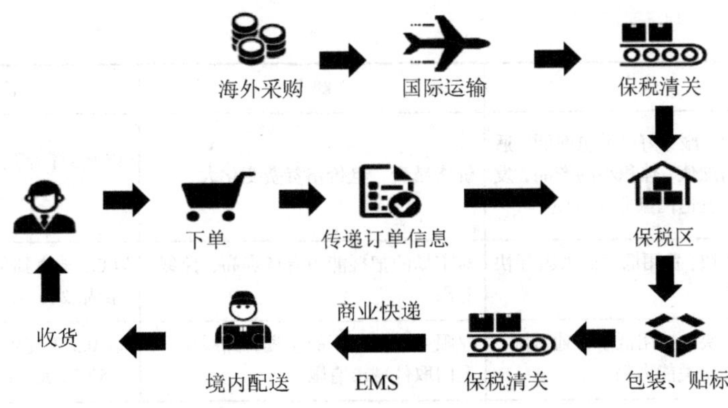

图 11.12　保税仓发货模式的流程图

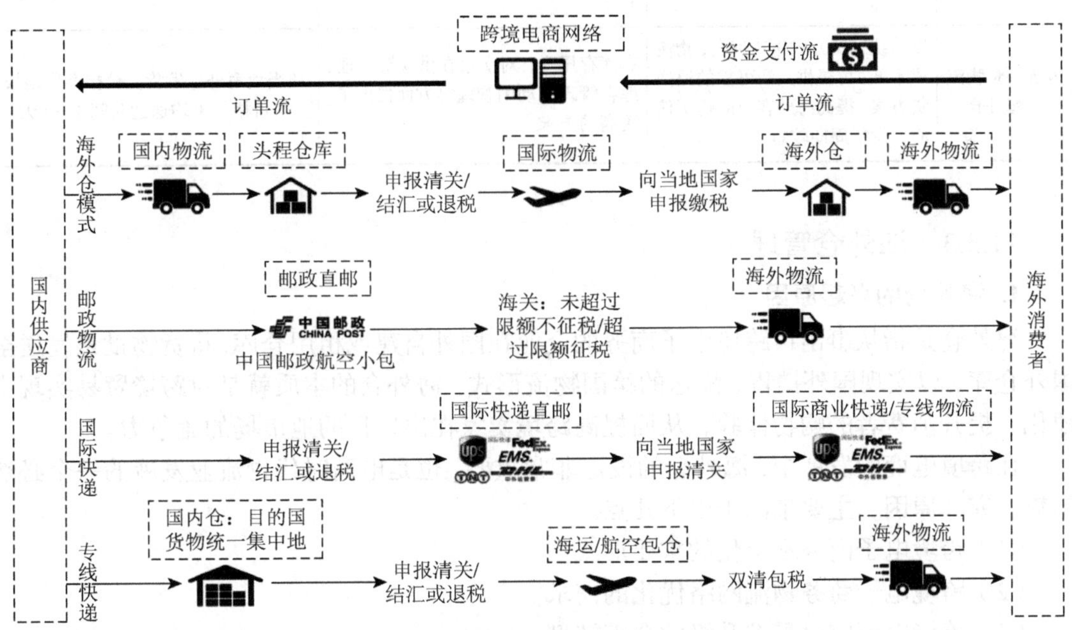

图 11.13　跨境电商出口的物流示意图

跨境电商出口物流主要有以下几种方式：中国邮政航空小包、国际快递直邮、中国邮政国际 EMS 及国内快递公司的国际快递业务、专线物流等，表 11.7 陈列了各种方式的优缺点。

表 11.7　跨境电商出口物流模式的对比

方式	优点	缺点	价格和时效
中国邮政航空小包	邮政网络基本覆盖全球，比其他任何物流渠道都要广，价格便宜。适合邮寄比较轻的物品，以克计算，能寄的物品类别比较广，覆盖全球 220 多个国家及地区	限重 2 千克内 长宽高之和不超过 90 厘米 不建议邮寄价值高于 300 元的物品 时效不稳定，延误、丢失没有赔偿，无目的地妥投信息	以 0.5 千克到美国为例，参考价格 53.4 元，10～20 天送达

续表

方式	优点	缺点	价格和时效
国际快递直邮：DHL/FedEx/UPS/TNT	速度快、服务好、丢包率低，适合高附加值、体积小的产品，发往欧美发达国家非常方便	价格昂贵，且价格资费变化大	以 0.5 千克到美国为例，130～202 元，2～15 天送达
中国邮政国际 EMS	速度较快，费用低于四大国际快递巨头	对市场的把握能力有待提高，路线有限	以 0.5 千克到美国为例，文件 180 元，物品 240 元，5～7 个工作日送达
epacket（中国邮政 E 邮宝）	速度较快，费用低于普通国际 EMS，出关能力强	仅限 2 千克以下的包裹，路线少，上门取件城市有限	以 0.5 千克到美国为例，参考价格 52.25 元，6～23 个工作日送达
专线物流	集中大批量货物发往目的地，通过规模效应降低成本	相比中国邮政航空小包而言，运费较高，且在国内的揽收范围相对有限	以 0.5 千克到美国为例，美国特快专线 58.5 元，7～10 个工作日送达
传统外贸物流＋海外仓	以传统外贸方式送货到仓，物流成本低；可提供灵活可靠的退换货方案，提高海外客户的购买信心；发货周期较短	有库存压力；对卖家在供应链管理、库存管理、动销管理等方面提出了更高的要求	从当地海外仓发货，价格即当地快递价格，平均送达时间 1～7 天

11.3.3 海外仓管理

1. 海外仓的兴起原因

海外仓是指从事出口跨境电子商务的企业在国外自建或租用仓库，将货物批量发送至国外仓库，以实现国外销售、配送的跨国物流形式。海外仓的本质就是对跨境贸易实现本地化，提升消费者的购物体验，从而提高跨境卖家在出口目的地市场的竞争力。

在跨境电商的发展中，海外仓的设定非常重要，也是电商时代物流业发展的一个必然趋势，究其原因，主要来源于以下几点。

（1）跨境电子商务本土化的重要形式。

（2）跨境电子商务物流网络优化的需求。

（3）跨境电商应对需求升级的仓库转型。

（4）跨境电商产业链升级的重要推手。

退换货在国内网购中较为普遍，国外消费者的心态与国内消费者是一样的，也希望购买的东西快点送到手中，不满意还能轻松退换货。即便跨越国界，若能提供与国外电商一样的本土化服务，充分利用中国制造的优势参与国际竞争，就能有效缓解这一问题。这是跨境贸易电子商务实现可持续发展的关键。而实现本土化服务的要点之一就是要把仓库建到海外去。

海外仓是跨境电子商务物流不断升级的产物。对于跨境电子商务物流而言，海外仓可以将零散的国际小包转化成大宗运输，大幅降低物流成本，并且能将传统的国际派送转化为当地派送，确保商品更快速、更安全、更准确地到达消费者手中，提升消费者跨境购物的体验。海外仓的退货处理流程高效便捷、能适应当地消费者的购物习惯，让消费者在购物时更加放心，能够解决传统的国际退换货的问题。

不仅如此，海外仓与传统仓储物流相结合可以规避外贸风险，避免节假日等特殊原因造成的物流短板问题，从而提高我国电商的海外竞争力，真正帮助电商提供本土化服务。海外仓的仓储和配套系统也能给商家带来更好的跨境贸易体验，有助于节省时间，减少出错率。

跨境电商与国内电商最大的区别就是把货物销售到国外，不稳定的物流体系是一大挑战。企业要想把生意做大，不仅要维护好自己的电子商务平台，还需要一个能降低成本、提高配送时效、规避风险的海外仓。

在前期，企业只要把货物大批量地送到海外仓库，就有专门的海外仓工作人员代替企业处理后续的各项琐事，如在线处理发货订单等一系列物流程序，这可以帮助商家腾出时间和精力进行新产品开发，从而获取更大的利润。

随着贸易的发展，跨境电商企业发现，在海外市场消费者相对信任当地发货，且价格相差不大的情况下，消费者更愿意选择购买海外仓的商品。并且境内配送速度更快、安全性更高。速度是与消费者的满意度直接挂钩的，消费者满意度的降低会威胁企业的信誉。

因此，越来越多的国内企业更愿意选择海外仓。海外仓不仅可以将跨境电商贸易中的物流风险前置，还可以提高客户的满意度，增加成交量，企业的信誉和评价提高了，营业额也会有所增长。

根据美国已有的经验，许多海外仓已采取了数据化、可视化的运营方式。从长远来看，数据化物流的日趋完善将进一步带动跨境电商产业链的升级。建立海外仓的数据化物流体系，通过数据管理物流，分析流程中的时间点数据，有利于企业在配送过程、成品发货流程等方面找出问题；在供应链管理、库存水平管控、分销管理等方面提高效率。

2. 海外仓的模式分类

从经营主体来划分，海外仓主要分为商家自营海外仓和第三方公共服务海外仓。

商家自营海外仓是指由出口跨境电子商务企业建设并运营的海外仓库，仅为本企业销售的商品提供仓储、配送等物流服务。在该海外仓模式下，整个跨境电子商务物流体系是由出口跨境电子商务企业自身控制的。

第三方公共服务海外仓是指由第三方物流企业建设并运营的海外仓库，是可以为众多的出口跨境电子商务企业提供清关、入库、质检、接收订单、订单分拣、多渠道发货、后续运输等物流服务的。在该海外仓模式下，整个跨境电子商务物流体系是由第三方物流企业控制的。

不同模式的海外仓除了具有上述备货、仓储、流通加工等功能之外，还具有的增值功能包括：为了缓解跨境交易的代收货款功能，为了实现运输规模效应和小批量订单需求的拆包–拼装功能，以及为了简化海关通关流程和躲避贸易制裁的保税功能。

3. 海外仓的费用结构

在跨境电商物流的成本中，海外仓的相关成本不容忽视。其中，海外仓的费用主要包含：头程运输成本、综合关税成本、仓储管理成本，以及当地配送成本。

头程运输成本是指把货物运送到海外仓库所产生的运费，相关的影响因素有运输量、运输频率、体积、单位运输费率、运输方式等。运输量及运输频率由跨境电商企业的销售量所决定；单位运输费率由跨境电商企业和跨境电子商务企业协商确定。同时，根据海外仓的选址及将货物运往海外仓的运输方式，头程运输成本一般包括内陆运输费、国际空运和海运费用。

综合关税成本是指货物出口到某国，需按照该国的贸易政策征收的费用。这部分成本较高，包括关税和清关费用。综合关税成本与进口国的关税政策、商品特征等因素有关，各国的税目和所征收的税率也不同，如美洲国家只有进口关税，欧洲国家分进口关税和增值税。此外，出口报关也会产生清关费用，通关过程中经常因为货物不符合海关规定而被延期申报，这会导致一系列的费用支出。

仓储管理成本包括仓储服务成本和订单处理成本。其中，仓储服务成本是指商品储存在仓库中而产生的费用，仓储服务成本的影响因素有仓储重量、体积、仓储时间、产品特性及仓储费率；订单处理成本是指买家下单后，由跨境电子商务企业海外仓内的作业人员进行拣货、搬运、打包而产生的费用，订单处理成本的主要影响因素有订单处理时间、订单量和单位时间成本。

当地配送成本是指买家向跨境电商企业下单后，由第三方海外仓储物流企业或其合作企业配送至买家所产生的费用。这部分费用支出与配送量、单位配送成本有关。

4. 海外仓的优势与劣势

经过近些年来海外仓在跨境电商中的普遍实践应用，海外仓的优劣势也逐渐清晰。海外仓的优势包含以下几个方面。

（1）有助于降低物流成本及清关费：跨境卖家以一般贸易的方式将货物输出至海外仓，以批量的形式完成头程运输，比零散地用国际快递发货要节省成本，一些产品还能享受到出口退税的政策。

（2）便于退换货，可以有效缩短配送时间，提升客户满意度：海外仓能给买家提供退换货服务，也就能提高买家的购物体验，提高买家的重复购买率，海外仓还借助本地仓储和配送，大幅缩短了配送时间。

（3）有助于扩大产品库存，提升市场占有率：海外仓能够使企业卖出更多的产品，占领更大的市场，提升产品曝光率，形成品牌效应、规模效应，提升产品竞争力。

（4）能有效避免物流高峰：国内卖家会集中在节后大量发货，而如果卖家已经提前将货物批量发到了海外仓，那么只要下达指令进行本土配送就行了，不会受物流高峰的困扰。

（5）能缩短贸易流程，降低贸易风险：海外仓服务商因地制宜，拥有更专业的团队和更丰富的仓储管理经验，卖家不必再将时间花在产品仓储、库存盘点和打包配送这些环节之上。

相较于海外仓的优势，海外仓的劣势也必须正视。首先，卖家无法像管理自己的仓库一样管理海外仓。不过卖家可以提前去实地考察，如果觉得海外仓服务商提供的仓储环境、货物管理方法都不错的话，再将货物交给对方。其次，海外仓的库存压力大，仓储成本高，资金周转不便。对此，卖家可以选择在店铺销售旺季时使用海外仓，在淡季时则不用或减少使用。

5. 海外仓的选品决策

跨境电商在进行海外仓的设置和相关决策时，首要的就是进行选品决策，包括选品规则和思路的确定。

从海外仓的优缺点可知，并不是所有的产品都适合海外仓。根据海外仓的商品定位，一般来说，适合海外仓的产品包括三类。

（1）尺寸、重量大的产品：这些产品用小包、专线邮递的话，规格会受到限制，使用国际快递的话费用又很昂贵。

（2）单价和毛利润高的产品：高质量的海外仓服务商可将破损率、丢件率控制到很低的水平，为销售高价值商品的卖家降低风险。

（3）货物周转率高的产品：即畅销品，卖家可以通过海外仓更快速地处理订单、回笼资金。

针对上述三类产品，海外仓的选品思路还包括：确定在哪个国家建立海外仓；了解海外仓所处国家的买家市场的需求状况；在国内寻找类似产品，开发海外仓产品；运用数据工具选品。

6. 海外仓现存的主要问题

建设海外仓存在的一些问题是不容忽视的。主要体现在以下几个方面。

（1）海外自行建仓成本高。

（2）存在清关风险。

（3）产品知识产权问题。

（4）存在库存压力。

海外仓储费用高昂且名目繁多，包括仓储费、入仓费、标签打印费、订单处理费、退货费等，这让那些商品利润空间较薄的卖家不堪重负。

当卖家从海外仓发货时，必须自行在进口国海关清关，或者委托第三方海外仓代理清关服务。由于卖家对于有关法规、清关流程的不了解，清关风险大大增加。

长期以来，中国企业的知识产权意识觉醒较晚，对境外的法律体系和法律风险不甚了解，因而产生知识产权纠纷或者侵权的风险较大。过去被侵权者维权成本高，而现在可以利用电商平台进行取证维权。一旦确定存在侵权行为，那么企业就会被冻结账户，甚至查封海外仓，进而陷入困境。

做海外仓需要提前备货，只要有库存就有滞销的风险。而中小卖家对于大数据的运用并不具备优势，对于货品的畅销和滞销并不能做出准确的判断，选品也可能不合理。因此，很难根据市场需求进行合理的备货，这势必会增加企业的库存成本。

11.3.4　跨境电商物流的成本管理

1. 跨境电商物流与成本管理的关系

跨境电商物流服务，包含为满足用户需求所实施的一系列物流活动及其产生的结果。这些伴随着跨境电商企业的物流活动而发生的各种费用，就是跨境电商物流的成本。

实际上，跨境电商物流的成本在很大程度上影响着跨境电商的发展。具体表现在以下几个方面。

（1）影响跨境电商产品的定价：卖家在定价的过程中，需要考虑物流成本，如进货成本、仓储成本、运输成本、包装成本、填充物费用、退货成本等。

（2）影响跨境电商终端客户的体验需求：高成本的物流费用，时效不达标的物流体验，会严重影响终端客户的体验，并制约跨境电商企业的发展。

（3）影响跨境电商的排名：根据部分跨境电商平台排名曝光的规则，跨境电商的排名会考虑单品库存的最低售价及销售量的成交价。这就要求电商企业不仅要控制好产品采购成本，还要力求对应的物流总成本最优，这样才能有希望跻身平台前列。

2. 跨境电商物流成本的组成

跨境电商除了有常规存在的采购成本（与跨境电商平台的采购方式相关）、仓储成本（包括海外仓的仓储和库存管理）、包装成本（需要考虑不同国家对产品包装的规定，以及跨境运输对包装的要求）、装卸搬运成本（因跨境运输方式不同而不同）、流通加工成本（受跨境物流据点的影响）、跨境物流运输成本之外，还有商检和通关成本，以及可能因为清关不利或快件退回等产生的相关成本。

3. 跨境电商物流的成本控制策略

跨境电商已经成为我国经济发展的新动力，但是物流成本占总成本的比重很大，与传统行业相比，控制物流成本对于跨境电商企业而言更为重要。目前跨境电商物流系统不够完善、信息技术系统不能满足物流的快速发展、物流市场集中度低、物流局部环节成本偏高等都在无形中增加了跨境电商物流的成本，影响了跨境电商的作用。因此，物流成本控制是跨境电商物流的核心概念之一。企业可以从以下几个方面对跨境电商的物流成本进行合理控制。

（1）建立供应商优化体系。

（2）简化物流环节和操作流程。

（3）应用战略成本管理工具。

（4）合理避税。

（5）与物流平台建立合作关系。

（6）优化跨境物流服务商的选择。

跨境电商企业要想建立一个良好的供应商优化体系，就要树立起长远的战略观念，把供应商这一环节纳入企业战略合作的范畴，以在供应商进货这一物流环节上实现对物流成本的控制。在选择供应商和管理方面，跨境电商企业要学会摒弃传统的成本管理思路，从多个维度去考虑问题，从而构建多维供应商管理体系。可通过积极洽谈，并采取互利合作的措施来敦促和吸引供应商改进运输方案，提升运输效果，基于此和供应商保持长期稳定的战略合作关系，从而实现对自身物流成本的控制。

跨境电商企业自身也要简化物流环节和操作流程，包括简化操作手续，缩短送货时间，积极地协调跨境物流的各个环节等。只有这样，才能够达到节省和控制物流成本的目的。

跨境电商企业应将战略成本管理视为控制物流成本的一种工具，并将战略成本管理的分析工具运用到解决企业发展所面临的问题上。战略成本管理是一种更加科学与全面的思想，它的理论在国外已经相当科学和成熟，并且这种思想在竞争激励的企业中的运用尤其广泛，且不论企业的规模是大还是小，均取得了较好的效果。因此，对于我国发展不成熟、中小企业较多的跨境电子商务行业来说，战略成本管理是十分必要的。战略成本管理对环境、价值链等因素都进行了分析，它有效地打破了传统成本管理只局限于会计数据的局限性，能在完善企业成本管理的同时，强化企业的竞争优势，帮助企业突破竞争重围，更加科学有效地控制企业的物流成本，从而有利于企业的长期发展。

合理避税，是最为直接的控制物流成本的方法。利用区域内的关税同盟国或在有互惠协定的国家内来实行避税，同时也可以使用自由港，采取转运的方式来实现降低关税的目的。不过，要想采用这些方式来进行避税，一定要充分权衡转运所节约的关税和因此带来的运费的增加，要综合这些信息之后做出决策。

跨境电商企业可以和物流平台之间达成友好的战略合作，这样有利于促进物流平台主动完善自身的基础设施，使物流平台在运输信息的更新方面更加及时、全面，使运输过程也更加透明，减少丢货、货损、延误等情况的发生，进而降低跨境电商企业的物流成本。同时，这种方式也使物流平台收获了稳定的客户，是能够使双方互利双赢的一种战略合作。

在跨境电商物流的成本控制中，若能结合自身的业务需求，甄选合适的跨境物流服务商，无疑是非常有效的降低物流成本的手段。甄选物流服务商时主要考虑以下四个方面。

第一，进口电商一定要对自身的商业模式结合商品品类进行梳理，这是寻找跨境物流解决方案的基础。跨境电商企业需根据自己的需求去了解服务商是否提供仓储、打包分拣、配送、加固保价及特殊清关等服务。

第二，清关是跨境物流的重要一环，如果清关出现问题，企业就会面临退运的风险。因此在选择物流服务商时，跨境电商企业应该优先选择清关能力强、通关效率高的企业，尤其是具备海关高级认证的企业。

第三，跨境运输是跨境电商的核心环节，它决定着货物的安全性与速度。因此，跨境电商企业选择物流服务商时，应当考查其网点覆盖能力、线路资源、是否具备优先仓位支持等。

第四，跨境物流服务商的物流操作能力，如仓储服务与操作能力也是非常重要的。除了仓储服务与操作能力外，能否提供海外仓支持也是一个重要的考量因素。

11.3.5 “一带一路”下跨境电商物流的发展

2015 年国家发展和改革委员会、外交部、商务部联合发布《推动共建丝绸之路经济带和 21 世纪海上丝绸之路的愿景与行动》，强调消除投资和贸易壁垒，拓宽贸易领域，发展跨境电商平台。“一带一路”沿线总人口约 44 亿，经济总量约 21 万亿美元，分别约占全球的 63%和 29%。

从国外需求看，相关国家和我国经济互补性强，各共建国家发展呈现较大的差异。洲际铁路运输线的建成、运输时间和成本的降低都有利于突破跨境电商发展的物流瓶颈。

从产业发展看，跨境电商涵盖营销、支付、物流和金融服务的完整产业链，可以有机结合投资和贸易，以投资带动贸易发展，积极同共建国家共同商建自贸区，加强信息互换、监管互认、执法互助的海关合作，降低非关税壁垒，共同提高技术性贸易措施透明度，提高贸易自由化和便利化水平。

1. 北线：中国（东三省）—蒙古国—俄罗斯—北欧（波罗的海沿岸）

蒙古国人口少、电商体量小，网民约占总人口的 70%，年轻人是网购的主要群体，性价比高的日用品是网购的重点商品。蒙古国的物流配送体系尚可，其自 2011 年起实行户户通邮政，乌兰巴托等市内递送服务开始发展，基本能满足网购配送需求。俄罗斯是跨境必争之地，规模可观、增速很快，我国网店在俄罗斯跨境电商中的份额超过 2/3。在北欧，电商在瑞典、芬兰、挪威、丹麦四国保持两位数的增长。例如，速卖通曾称，其在瑞典的在线购物应用中已经排到了第一。

2. 中线：中国—中亚—西亚及中东—中欧—西欧

中亚五个“斯坦”国生活所需品严重依赖进口，网购算是刚刚萌芽，还没有像样的纯电商网店。由于信用卡使用存在限制，网络支付存在很大风险，货到付款是其目前主要的支付方式。但借助移动互联和对外开放政策，跨境电商必将有重大改变。

在西亚及中东，跨境电商正在爆发。中东电商市场从 2011 年的 70 亿美元到 2015 年突破 150 亿美元，年均增幅约为 20%。中东地区各国电商渗透率较高，阿联酋为 40%，沙特为 25%，科威特为 35%。物流主要是汽运，约 80%是货到付款。以土耳其为首的西亚国家在电子商务方面的发展也值得关注。据悉，在土耳其的人口中，网民所占比重超过一半。

中欧包括德国、波兰、捷克及瑞士等 8 个国家，其中德国是龙头，也是欧洲电商市场增长的强大引擎，2020 年德国排名前 100 家的电商平台销售额约为 500 亿欧元。在西欧，做跨境电商绝不可错过英国。2016 年网络零售占英国总零售额的比例上升至 23%，总值超过 2000 亿欧元。法国的电商发展也不逊色，势头要赶超德国。

3. 南线：中国—东南亚—南亚—东非—南欧（地中海沿岸）

东南亚是全球 B2C 电商发展第二快的市场。印度尼西亚、菲律宾、新加坡、马来西亚等国家电商发展的势头强劲，将迎来电子商务的黄金时代。目前，这里网购仅占全部零售的 2%，阿里、京东等中国电商巨头已经打开了东南亚市场。在南亚，随着无线网络的接入及智能手机的普及，印度的电商市场到 2025 年可以达到 2220 亿美元的规模。各大电商抢占市场，并不是因为印度的电商发展水平很高，而是因为其具有发展潜力。

非洲的线下零售商店非常分散，没有大型商场，且产成品匮乏，这将成为制约电商发展的因素。然而，2023 年的数据显示，非洲整体人口数量在 14 亿左右，年轻人口占比高达 70%，这些群体会成为国际商品的主力消费群体。同时，随着智能手机和新一代网络的广泛应用，非洲的互联网普及率约为 40%，而且这个数据一直在攀升，预计到 2025 年，非洲的互联网用户数将达到近 5 亿，这必将驱动非洲移动电商的快速发展。

在南欧，大多数国家为发达国家，对计算机、通信和消费类电子产品、服装、家居及户外用品的需求量较大。例如，在西班牙，作为全球第 16 大电子商务市场，2021 年的互联网普及率已达 93%，电子商务的普及率超 70%，电子商务用户超过 2700 万，预计在 2027 年，网购渗透率将升至 84.8%，电商收入年复合增长率达 10.63%。

11.3.6 案例：北京某跨境电商物流困境

北京某商贸有限责任公司在 2017 年入驻亚马逊平台后，其初创工作遇到了很多问题，特别是物流管理工作，它成了公司经营过程中最大的短板，也因此浪费了不少资金和管理费用。在公司的发展中，降低跨境物流的运营成本是跨境电商物流管理工作中的重中之重。

回顾公司初创阶段，因为物流原因出现的一些具体问题归纳如下。

第一，初涉境外电商，没有经验。首先，是没有选品经验。在选择产品上，企业更多地凭个人喜好进行选择，却忽视了产品的大小、重量。而产品物流费用结算是按照体积或者重量结算的。因为企业选品比较草率，往往会出现所选产品体积偏大或者超重等原因造成物流费用过高，甚至会超过产品本身价格。除此之外，该公司选择了亚马逊平台，通过亚马逊的海外仓进行收发货，而亚马逊平台每天会按货物所占体积收取仓储费。货物体积过大则会导致较高的仓储费。前期其选择产品的随意是造成物流运费、仓储费偏高的最直接的原因。其次，是没有选择、评估物流公司的经验。对于物流公司的选择，没有做太多考察，没有对物流公司的实力进行评估，没有对合作物流公司的具体航线和承载能力进行考核。因此，该公司发往海外仓的货物会出现积压和滞销等问题，这在无形中增加了物流费用。

第二，没有考虑到出现突发情况的风险，没有及时与顾客和平台沟通。例如，2017 年，北京因为特殊情况全城做消防检查，很多物流公司禁止运行，货物到不了北京，也很难出去。因此，该公司推迟了发货时间，顾客到圣诞节收不到产品便对店铺进行投诉，使得账户被平台冻结，时间长达一个多月。虽然这个突发情况的出现是间接原因，但没有及时有效地去与顾客和平台客服沟通，没有征得顾客的谅解和平台的支持，这是公司管理的疏漏。

第三，还有一些特殊情况发生，如货件丢失、个别物流公司没有双清关资格、货件被海关扣留等。企业对于这些情况没有第一时间处理。

该公司面临的问题实际上在跨境电商中具有普遍性，请读者结合本章的内容，自行思考跨境电商应当如何解决和改善这些物流问题。

思考题

1. 请简述电子商务物流的特征与主要模式。
2. 请简述生鲜电商与冷链物流的商业模式。
3. 请结合课外资料，谈谈我国生鲜冷链的发展问题与趋势。
4. 请结合生鲜产品和冷链物流的特征，思考如何降低生鲜冷链的物流总成本。
5. 请从物流一体化的角度出发，谈谈如何进行跨境电商的进出口物流管理。
6. 请简述海外仓的优劣势，以及如何进行海外仓选品决策。
7. 请结合现实案例，谈谈如何控制跨境电商物流服务的总成本。
8. 请简述我国电子商务物流面临的主要机遇与挑战。

参 考 文 献

白晓娟. 2017. 企业物流外包决策研究[M]. 北京：中国财富出版社.

鲍尔索克斯 D J，克劳斯 D J，库珀 M B，等. 2014. 供应链物流管理[M]. 4 版. 马士华，张慧玉，译. 北京：机械工业出版社.

贝利 P，法摩尔 D，克洛克 B，等. 2016. 采购原理与管理[M]. 11 版. 王增东，王碧琼，译. 北京：电子工业出版社.

查普曼 S N，阿诺德 J R T，盖特伍德 A K，等. 2018. 物料管理入门[M]. 8 版. 范海滨，译. 北京：清华大学出版社.

陈胜利，李楠，雷福民，等. 2015. 仓储管理与库存控制[M]. 北京：经济科学出版社.

董千里，等. 2015. 物流运作管理[M]. 2 版. 北京：北京大学出版社.

傅莉萍，姜斌远. 2014. 配送管理[M]. 北京：北京大学出版社.

韩东亚，余玉刚. 2018. 智慧物流[M]. 北京：中国财富出版社.

韩玲冰，胡一波. 2018. 跨境电商物流[M]. 北京：人民邮电出版社.

汉德菲尔德 R B，蒙茨卡 R M，吉尼皮尔 L C，等. 2014. 采购与供应链管理[M]. 5 版. 王晓东，刘旭敏，熊哲，译. 北京：电子工业出版社.

何庆斌. 2015. 仓储与配送管理[M]. 2 版. 上海：复旦大学出版社.

胡元，帅宇红. 2019. 整车物流运输多式联运与路径优化研究[J]. 交通运输工程与信息学报，17(1)：13-18.

霍艳芳，齐二石. 2020. 智慧物流与智慧供应链[M]. 北京：清华大学出版社.

贾春玉，双海军，钟耀广. 2019. 仓储与配送管理[M]. 北京：机械工业出版社.

莱桑斯 K，法林顿 B. 2018. 采购与供应链管理[M]. 9 版. 胡海清，译. 北京：机械工业出版社.

李蔚田，神会存. 2013. 智能物流[M]. 北京：北京大学出版社.

李毅学，张媛媛，汪寿阳，等. 2010. 物流与供应链金融创新——存货质押融资风险管理[M]. 北京：科学出版社.

刘丽文. 2003. 供应链管理思想及其理论和方法的发展过程[J]. 管理科学学报，6（2）：81-88.

刘云霞. 2009. 现代物流配送管理[M]. 北京：清华大学出版社.

柳荣. 2018. 采购与供应链管理：采购成本控制和供应商管理实践[M]. 北京：人民邮电出版社.

柳荣. 2020. 新物流与供应链运营管理[M]. 北京：人民邮电出版社.

陆端，王凤玲，李伟，等. 2019. 跨境电子商务物流[M]. 北京：人民邮电出版社.

马士华. 2000. 供应链管理的基本思想[J]. IT 经理世界，（S1）：50-54.

马士华，林勇. 2016. 供应链管理[M]. 5 版. 北京：机械工业出版社.

墨菲 P R Jr，克内梅耶 A M. 2019. 物流学[M]. 12 版. 杨依依，译. 北京：中国人民大学出版社.

汝宜红，宋伯慧. 2016. 配送管理[M]. 3 版. 北京：机械工业出版社.

汝宜红，田源. 2019. 物流学[M]. 3 版. 北京：高等教育出版社.

深圳发展银行-中欧国际工商学院“供应链金融”课题组. 2009. 供应链金融：新经济下的新金融[M]. 上海：上海远东出版社.

孙韬. 2017. 跨境电商与国际物流：机遇、模式及运作[M]. 北京：电子工业出版社.

王道平，侯美玲. 2011. 供应链库存管理与控制[M]. 北京：北京大学出版社.

王国文，姜超峰，王佐，等. 2009. 仓储管理与战略[M]. 北京：中国物资出版社.

王雷. 2017. 供应链金融：“互联网+”时代的大数据与投行思维[M]. 北京：电子工业出版社.

王先庆. 2019. 智慧物流：打造智能高效的物流生态系统[M]. 北京：电子工业出版社.
王友丽. 2016. 电子商务物流[M]. 上海：复旦大学出版社.
魏学将，王猛，张庆英，等. 2020. 智慧物流概论[M]. 北京：机械工业出版社.
严建援，方磊，张建勇. 2006. 电子商务物流管理与实施[M]. 北京：高等教育出版社.
羊英，陈建，吴翠红. 2019. 跨境电商物流实用教程[M]. 北京：中国海关出版社.
袁伯友. 2018. 物流运输组织与管理[M]. 北京：电子工业出版社.
袁勇，王飞跃. 2019. 区块链理论与方法[M]. 北京：清华大学出版社.
张立民. 2018. 最后一公里的哲学：电商物流全链条运营管理[M]. 北京：中信出版社.
张旭凤. 2013. 库存管理[M]. 北京：北京大学出版社.
张运. 2010. 物流外包与第三方物流管理[M]. 成都：电子科技大学出版社.
赵小柠. 2015. 仓储管理[M]. 北京：北京大学出版社.
赵晓波，黄四民. 2018. 库存管理[M]. 2 版. 北京：清华大学出版社.
郑时勇. 2020. 仓储管理从入门到精通[M]. 北京：化学工业出版社.
中国物流与采购联合会. 2019. 中国物流年鉴 2019[M]. 北京：中国财富出版社.
Chopra S，Meindl P. 2014. Supply Chain Management：Strategy，Planning and Operation[M]. 6th ed. London：Person.
Ferdows K，Lewis M A，Machuca J A D. 2004. Rapid-fire fulfillment[J]. Harvard Business Review，82（11）：104-110.
Fisher M L. 1997. What is the right supply chain for your product?[J]. Harvard Business Review，75（2）：105-116.
Forrester J W. 1961. Industrial Dynamic[M]. Cambridge：MIT Press.
Grant D B，Lambert D M，Stock J R，et al. 2005. Fundamentals of Logistics Management[M]. New York：McGraw Hill Higher Education.
Lee H L，Padmanabhan V，Whang S. 1997. Information distortion in a supply chain：the bullwhip effect[J]. Management Science，43（4）：546-558.
Lee H L，Padmanabhan V，Whang S. 1997. The bullwhip effect in supply chains[J]. MIT Sloan Management Review，38：93-102.
Seuring S，Glodbach M. 2002. Cost Management in Supply Chains[M]. Berlin：Physica-Verlag Heidelberg.
Somapa S，Cools M，Dullaert W. 2018. Characterizing supply chain visibility-a literature review[J]. The International Journal of Logistics Management，29（1）：308-339.
Sterman J D. 1989. Modeling managerial behavior：misperceptions of feedback in a dynamic decision making experiment[J]. Management Science，35（3）：321-339.
Wang X，Disney S M. 2016. The bullwhip effect：progress，trends and directions[J]. European Journal of Operational Research，250（3）：691-701.
Williams B D，Roh J，Tokar T，et al. 2013. Leveraging supply chain visibility for responsiveness：the moderating role of internal integration[J]. Journal of Operations Management，31（7/8）：543-554.